SONG MEILING DE
WANNIAN SUIYUE

宋美龄的晚年岁月

佟　静　著

团结出版社

图书在版编目（ＣＩＰ）数据

　　宋美龄的晚年岁月 / 佟静著 . -- 北京：团结出版社，
2013.1（2025.5 重印）
　　ISBN 978-7-5126-1406-2

　　Ⅰ . ①宋… Ⅱ . ①佟… Ⅲ . ①宋美龄 (1897 ~ 2003) 一生平事迹
Ⅳ. ① K827=7

　　中国版本图书馆 CIP 数据核字 (2012) 第 259175 号

责任编辑：张　阳
封面设计：阳洪燕

出　　版：团结出版社
　　　　　（北京市东城区东皇城根南街 84 号 邮编：100006）
电　　话：（010）65228880 65244790（出版社）
　　　　　（010）65238766 85113874 65133603（发行部）
　　　　　（010）65133603（邮购）
网　　址：http://www.tjpress.com
电子邮箱：zb65244790@vip.163.com
经　　销：全国新华书店
印　　装：三河市东方印刷有限公司

开　　本：170mm×240mm　　16 开
印　　张：18.25　　　　　　　字　　数：316 千字
版　　次：2013 年 1 月 第 1 版　　印　　次：2025 年 5 月 第 5 次印刷

书　　号：978-7-5126-1406-2
定　　价：58.00 元
　　　　　（版权所属，盗版必究）

目　录

一、哭秦庭

《史记》中《楚世家》曾有这样的记载：楚国伍员怂恿吴王伐楚，借报家仇。吴王出师后，楚兵大败，楚昭王出走。吴王入楚宫恣意淫掠，伍员掘墓鞭打楚平王尸骨。楚臣申包胥不忍国土沦亡，星夜奔走入秦，求秦王念两国姻谊，借兵复楚。秦王未决，申包胥立秦庭痛哭七日，不进饮食，秦王为之感动，出兵击败吴师，楚国得以恢复。

几千年后的1948年，又有一幕被人戏称为现代版的"哭秦庭"在美国上演了。已过知天命年龄的宋美龄①为了夫君，也是为了挽救"蒋家王朝"在中国大陆的覆灭，她亲自出马，到美国朝野呼吁求援。

1947年，中国的政治经济情况迅速恶化，中国的法币在夏季已跌落到三万元兑一美元。物价飞涨，外汇锐减，交通、运输和工业活动由于通货膨胀和战争的双重打击而陷于混乱，老百姓怨声载道，社会秩序难以维持，在全国各个战场上，国民党军队节节败退。

蒋夫人目睹时局，心急如焚，不顾蒋介石和外交部长王世杰的劝阻，执意飞往美国去乞援。希望能像几年前罗斯福时代那样受到热烈欢迎，并得到紧急的军事和经济援助。

宋美龄如此寄希望于美国是事出有因的。她曾在美国受过大学教育，和美国朝野保持良好关系，抗战期间，她出席美国参众两院联席

宋美龄

---

① 据美国斯坦福大学胡佛研究中心《蒋介石日记》记载，宋美龄应为1899年生人。而多数公开出版物以及1997年李登辉和国民党为其祝百岁华诞都采用1897年生人之说。如用蒋氏说法，此时宋美龄未过半百。——作者注

会议，发表过动人演说，受到罗斯福总统非常隆重的接待，获得了"出色国民外交家"的美誉。

此次赴美，为了蒙骗国内舆论，宋美龄还耍了个小花招。由于国内的绝大多数国民党人不理解美国对中国政府的意图和看法，往往把她的访问看做是美国政府提议的，因而认为宋的访美是受到美国关注和援助大有希望的标志。国民党驻美国大使顾维钧就曾写道：蒋夫人可以对国内舆论说，她的仓促赴美是因为华盛顿希望她去访问。她之所以这样说，一方面是为了在国内唤起希望，另一方面是为了说明她出访有理。这纯粹是玩弄权术。顾维钧还说："蒋夫人以那种理由解释她的突然访问美国是必然的，因为她的访问绝不能被认为是一件平常的事情。她是一位妇女，在政府中没有正式职位，但是常常在国家危急的时候作为'第一夫人'被赋予重大使命，特别是她一到美国就下榻马歇尔家，这很容易被国内舆论曲解。"

中华民国驻美大使在 1948 年秋得到了如下的口头指示：第一，蒋夫人将以私人身份访美，她将应美国各团体的邀请向她在美国政府中和美国人民中的朋友们介绍中国的局势；第二，她不得公开露面；第三，她将是马歇尔将军夫妇的客人；第四，孔家的人，无论长幼，均不得参加她的活动，她的一切活动均须通过驻美大使馆并与之商议安排；第五，她将在华盛顿逗留一周到十天，至多不超过两周。结果她在美国待了近十四个月。

1948 年 11 月 28 日，宋美龄的秘书飞往美国，由于通知大使馆蒋夫人到达时间的电话来晚了，结果原定的迎接计划被搞得一塌糊涂。

宋美龄于 12 月 1 日到达美国首都华盛顿机场。美国方面到机场迎接的，最显要的人物有马歇尔夫人、美国务院礼宾司官员伍德沃德及其夫人、巴特沃思夫妇，以及代表总统的白宫空军武官兰德里上校。马歇尔将军当时因病住院观察，未能亲到机场相迎，按照预先安排的顺序是，当蒋夫人走下飞机舷梯时，顾"大使"首先迎接蒋夫人，其次是美国各方代表，最后才轮到孔祥熙。接下来，蒋夫人与新闻界代表见面并合影。

然而，飞机一到，孔祥熙一马当先冲上前去问候蒋夫人，结果出现了宋美龄不得不同时伸出两只手的尴尬局面，她右手和孔握手，左手和大使握手。同时，摄影记者一拥而上，抢拍向蒋夫人献花的镜头。接着更是一片混乱，马歇尔夫人拽着蒋夫人的胳膊走向停在飞机旁的她自己的车子，同时问她是否要发表声明，因为后面跟着一大群记者。蒋夫人说："不"，马歇尔夫人马上把她推入车内。顾

"大使"赶紧跑过去拦住车子，同时把美官方代表兰德里上校从人群中拉过来向已坐在车上的蒋夫人介绍，说明他代表总统，并感谢他到机场来。在此之前，中华新闻社主任倪源卿等人曾建议蒋夫人讲几句话，哪怕只表示致意也好，否则新闻界人士及摄影记者们都会深为失望和不快，但他们的建议未被采纳。

宋美龄和马歇尔夫人

由接机一件小事，不由使人对国民党政府有了一种一叶知秋的感觉。

对于蒋夫人的到来，美国政府没有表现出丝毫热情，杜鲁门总统正好举行一个记者招待会，总统讲了不少，但没有提到中国。直到有在场记者提出问题，他才说他要会见蒋夫人，但尚未安排。杜鲁门对于援华问题未置评论，关于派麦克阿瑟将军去中国的可能性，他断然回答："没有。"同时，白宫的新闻发布官所说的话，给人留下清楚印象的是他们没有制订任何接待蒋夫人的计划。可见，主人为宋美龄准备的是一条冷板凳。

很快，蒋介石给夫人打来一份电报，电文很长，文中敦促美国政府发表支持中国政府的声明，并表示作为委员长的他愿意引退"让贤"。

带着蒋介石的新计划，蒋夫人再一次由马歇尔夫人陪同去医院会见了马歇尔将军，并与

杜鲁门总统

他共进午餐。临走时，一位记者问她是否有收获，她反问道："有谁见到马歇尔将军而不感到有收获呢？"① 然而，给顾"大使"的印象是这次访问并不令人鼓舞，因为从她的面部表情就足以说明了一切。

事实上，宋美龄也确实感到沮丧。第二天，她让秘书告诉顾"大使"，她打算发表一项声明，尽管声明措辞巧妙，但还是流露出强烈的情绪而且用意明显。熟谙政治声明的人一眼便可看出，蒋夫人对在医院与马歇尔的会谈极为失望。声明草稿说，她来美国未与中国或美利坚合众国的任何人商量，因为只有尽心报国，心神才得安宁。她还说："我访问的后果由我个人负责，而且只由我一个人负责。"②

未几，宋美龄又让秘书征求大使的意见，顾"大使"表示现在发表声明为时过早，因为她和最高级人物的会谈还没有结束，她还没有会见总统，而且这是一项感情冲动的声明。

无论美国政府态度如何，宋美龄依旧按计划忙碌起来。在她看来，马歇尔将军是能影响总统制定中国政策的关键人物，所以她忙于和马歇尔商讨各项事务的计划。她应马歇尔夫人的邀请，一起去马歇尔的庄园小住。随后的几日，两位夫人白天在庄园里的菜地劳动，晚上一起谈论马歇尔将军。

临到珍珠港事件周年纪念日，宋美龄又要抛头露面了，她草拟了一份纪念声明，准备参加 12 月 8 日美国援华联合总会华盛顿委员会举办的义卖活动。

12 月 8 日，义卖会如期举行。对于蒋夫人的出席，亲蒋的美国人都到入口处来道欢迎，让宋美龄未料到的是，主办者竟然在扩音器前讲话感谢蒋夫人的光临，因为事前没有答应讲话，所以，虽然宋美龄感到很吃惊，但是她不愧是一位外交家，很快，走到麦克风前即兴讲了几句很得体的答谢词，并赠锦缎一块参与义卖。之后，她就马上离开了义卖会，因为她对援华起不了多大作用的美国民间义卖会并无多大的兴趣。

此时，宋美龄关注的是刚刚上台的杜鲁门总统及美国政府对中国的政策。因为从一踏上这片土地，她就不断得知，白宫的新主人对华态度非常暧昧，尤其是大使告之，近期召开的美国内阁会议上，对中国问题没有作出任何决定。原因是在会议上号称中国问题专家的马歇尔说话最多，很显然他对内阁很有影响，特别是杜鲁门总统过于钦佩马歇尔，当然不愿与马歇尔及国务院意见相悖。所以，宋美龄又一次感到打开华盛顿局面的关键在于马歇尔。

① 参见《顾维钧回忆录》第六卷。
② 参见《顾维钧回忆录》第六卷。

　　身为美国三名陆军五星上将之一的国务卿可以称得上是个"中国通"，他之所以能左右总统的对华政策，主要是因为他曾在 1945 年奉命到华调停国共矛盾，劝说共产党人到国民政府去当官，并由此建立起中国的联合政府。但是，从不轻易认输的马歇尔将军却没能在解决中国问题上找到满意的答案。尽管蒋介石对他毕恭毕敬，蒋夫人也对他敬爱备至，可是他向中国的政府提出要对政治、财政和军事作重大改革，减轻人民痛苦等许多建议，既未被拒绝也未见实行，这使他对蒋介石政府大为失望。

　　宋美龄凭着她与马歇尔的老关系，自信地认为，等到将军手术恢复健康后，与他继续会谈，通过她的努力会使马歇尔了解建议不被采纳的原因，并且决定改变看法，为美援继续努力。

　　她原想与蒋介石相比她对马歇尔一家人和美国更为熟悉，由她亲自出马来把蒋介石和马歇尔之间在中国产生的误会解释开，并向国务卿力陈中国局势的严重性，而中国局势最终会对美国在远东的地位和利益发生重大影响，这样做也许能促使国务卿采取积极的行动。这就好像指望一位美国的国务卿能够如同中国的委员长一样，在美国贯彻其个人决定。但实际上，由于美国政治制度的性质，要作出重大决定必须以广泛的支持为基础，不仅要得到华盛顿和国会的大多数政治领袖的支持，而且要得到舆论的普遍支持。

马歇尔和蒋介石、宋美龄

　　大使顾维钧深为蒋夫人的"哭秦庭"所感动，说："这是中国进行的一项艰巨工作，夫人承担这项工作很有勇气，充满爱国热忱。"蒋夫人答道："当我看到我们的士兵为我们的事业而战斗与献身时，我感到承担这个工作是我的责任，不惜任何牺牲。"[①] 此时此刻，为了外援，为了夫君摇摇欲坠的统治，这种任务也只有宋美龄才愿意承担和能够"胜任"了。

　　为了完成此行的使命，宋美龄可谓是费尽了心机，终于，她得到了杜鲁门总统的召见消息。

　　白宫这一次接待与五年前的那一次热情欢迎有着天壤之别。没有了白宫过夜，没有了国会演讲，也没有了周游全国。尽管她还是"第一夫人"，可华盛顿对她的态度却来了个180度的大转变。宋美龄有些愤愤不平，其实，她应该明白，战争的性质已经改变，蒋介石政权从中国反法西斯战线的主角变成了发动内战、致使生灵涂炭的罪魁，必将被人民所唾弃、被历史所唾弃，任何人、任何国家都不可能帮他改变他与他的政权这种失败结局。

　　会见是在12月10日下午5点开始的。杜鲁门总统夫妇接待了蒋夫人及陪同前来的马歇尔夫人。半小时寒暄之后，杜鲁门总统把蒋夫人领到他的书房去会谈。蒋夫人提出，就稳定中国局势而言，刻不容缓的是美援，她希望美国政府能允诺下列三件事，即总统发表支持中国"反共"的政策声明、派遣高级军官率领的军事代表团和增加援华军用物资。

杜鲁门夫人

　　杜鲁门总统很客气地听完蒋夫人陈述的中国的情况，但却没有给她任何让其乐观的许诺。6点刚过不久，蒋夫人的白宫之行就宣告结束。当记者问她是否有好消息或者她是否将再次会见总统时，蒋夫人冷冷一笑，神色严峻地说："这要由总统来回答。"很显然，从宋美龄的言谈举止中给人的印象是会谈没有取得任何实质性的进展。

　　事隔不久，美方就表明了态度。在国务院召开的记者招待会上，当一位记者向杜鲁门总统询问蒋夫人的今后计划，以及他是否

---

　　① 参见《顾维钧回忆录》第六卷。

将再次会见她时，他生气了，总统很不客气地答道：他不知道蒋夫人的计划，而且不准备再见她。可见，杜鲁门总统并不想去支持一个行将崩溃的政权。南京政府的腐败无能，已经使"华府"的外交政策制定者相信，蒋介石是个扶不起的阿斗。基于自身利益的考虑，他们不得不见风使舵了。

宋美龄落魄白宫，痛感世态的炎凉。可更让她沮丧的是华盛顿正在紧锣密鼓地实施举李代蒋的换马计划。宋到美后一个多月，蒋介石被迫下野，副总统李宗仁代行总统职权。中国的"第一夫人"随之易名。

宋美龄乞援没有丝毫进展，把"罪过"归咎于有人泄露了她准备向杜鲁门总统提出的中方要求。因此，她向驻美大使要求了解消息是怎样泄露的，她要知道是谁把这三点透露出去了，使她与总统会谈那样为难和尴尬。蒋介石也密令外交部调查中国驻华盛顿大使馆打字员泄露重要情报的问题。

一时间，中华民国驻美使馆兴师动众，又是调查，又是开会。顾"大使"还特别召开了一个会议，目的是要求管理大使馆机密文件的人员特别提高警惕，并提出新的保密措施，特别是关于密码电报的保管、分发与传递，密码与其他保密文件的缮打和向大使馆馆员分发，以及对中外人士的谈话等，并制定了细则，以确保大使馆机密文件的保密。其实，对于所谓泄密问题，顾"大使"早已向外交部做过解释：美国驻华大使馆曾将此消息告诉过《纽约时报》的记者利伯曼，利伯曼当即向他的报社发出报道。时至蒋夫人访美，《纽约时报》又旧事重提。此外，这些消息通过其他来源也登载过电讯、传媒，已不是什么新奇的事情。早在宋美龄赴美之前，已为人所知。时至今日，中华民国的驻美使馆也不想当这个"替罪羊"。

宋美龄的美国之行宣告失败，美国务院发出声明："美国驻华外交代表与军事代表将最新消息随时向美国政府详细报告。"[1] 这已暗示蒋夫人没有继续留在华盛顿的必要了。顾"大使"也通过她的秘书转告宋美龄说："某些接近马歇尔家的美国友人劝告蒋夫人搬出利斯堡，而不要逗留到不受欢迎的时候。"同时，外交部长王世杰向蒋介石建议，既然夫人已经见到杜鲁门总统，委员长应立即嘱她回国。可是蒋介石回答，蒋夫人已打来电报告之马歇尔夫人挽留，在马歇尔住院期间，不能丢下她离去，而且她认为马歇尔可能会有所作为。事实上，这不过是马歇尔夫人为了给这位夫人不成功的访问留些面子而已。

---

[1]　参见《顾维钧回忆录》第六卷。

此时，宋美龄的心情不好，为她的使命和她遭到的冷遇感到烦恼。她把自己局限在她的亲戚和亲信的小圈子里。为了不使这位"第一夫人"空手而归，太丢面子，她的"军师"们又给她出谋划策，另辟蹊径。他们根据军援的情况，讨论了 1945 年价目表的原来计价，按此计价就可以全部完成七军三师的装备计划，而如按重置成本的现行价格计算则只能完成计划的一半。某人也曾要求按 1945 年的价格计算，但显然难以获得马歇尔的允诺。另一个意见是要求提供海军飞机、轰炸机和 PB-4Y 飞机，换句话说，由于原协定的未支付部分已无货可供，"军师"们出的主意是要求美国政府以现金而不以维修器材付与中国。但顾"大使"指出，美国不会拨款，美国政府是弄不到现款的。最后，"军师"们又建议要求美国为其在中国修筑的各个飞机场支付 8000 万美元。顾"大使"说，这个关于飞机场的具体建议是行不通的，而只会激怒美国政府。"军师"们回答说，他们急于设法使蒋夫人不空手回去，否则她无法"交账"。

在此期间，宋美龄锲而不舍地于 12 月 27 日又去拜会了代理国务卿洛维特，仍然是"重申以前的援华请求"。但是，美国方面充其量只是表现出一种"同情地倾听"，而不作任何有实质性的答复。

其实宋美龄访美失败是预料之中的必然结局！当她离开南京时，援华的谈判早已在华盛顿、南京和巴黎进行了一些时候，对国民党政府的各项要求已经予以详尽讨论。美国的态度和政策显然是坚定不移的，虽然其中的一个问题即迅速装运援华物资，在华盛顿和巴黎有些进展，但对其他问题，美国均予以坚决拒绝。在蒋介石夫妇看来，这都是根据马歇尔的意见行事的。所以蒋夫人访美的重点是马歇尔而不是杜鲁门。尽管拜会总统以使他了解这些问题并直接向他请求美援是必要而且十分恰当的。但无论如何，进一步地敦促也不可能改变美国的立场，因为这个立场事实上是奠基于马歇尔作为特使来华的经历。特别是战局急剧恶化，其恶化的性质远远超出了预期之外，不仅更令人失望，而且也进一步捆住了华盛顿的手脚，使之难以提供迅速而充分的援助。此外战局的情况还必然使马歇尔感到他是正确的，并使他有理由说"我早就说过是这样"。无论宋美龄作何解释也不可能起作用，美国人必定正视中国的现实，当美国政府特别是马歇尔感到中国局势已发展到美国无能为力的地步，而且在蒋夫人访美之前，这种情况已经很明显了，美国人当然不会给她任何许诺。

宋美龄与杜鲁门交谈

那么，蒋夫人访美的幕后原因到底是什么呢？

白宫和美国务院人士曾经盛传蒋夫人来美其实是为了个人原因，敦促美援的使命只是借口。这些原因有：其一，蒋夫人与蒋介石发生口角，蒋介石从沈阳回到南京，为时局担忧，把美国的态度归咎于宋氏家庭；其二，避免被共产党俘虏的危险和为她个人的安全计；其三，孔家和她在美国总统选举之前曾大做股票投机买卖，指望在"共和党"获胜后哄抬价格，结果大赔，他们来美是为了收拾财务上的烂摊子。

如果排除上述传闻，那么，在当时的情况下，国民党政府通过各方面的渠道与美方联系、会谈与试探，已经十分清楚地了解了美国对华的态度。蒋夫人还要在最后时刻前来访美，难道她不考虑其得失利弊及成功的可能或程度吗？此时，宋美龄为了"党国"确实是大有孤注一掷的味道。

然而，中国国内的军事形势恶化之快是宋美龄始料未及的，1948年11月，东北失守，接着共产党的军队在直捣南京途中开始围困徐州。在国民党内部，主和派逐渐壮大，蒋介石面临政府更迭的强大压力。

尽管如此，宋美龄在已经知道很难获得成功的情况下，为拯救"蒋家王朝"，义无反顾地踏上了出访之路，又锲而不舍地为"蒋家王朝"在美"哭秦庭"长达近十四个月，就这位"第一夫人"个人而言，这的确是一种"爱国"行动。可是，现在看来，总有一种螳臂挡车的味道。

二、院外援华集团的指挥者

宋美龄访美不成功，她离开了华盛顿，但并未离开美国。宋美龄的命运是与"蒋家王朝"联系在一起的，保住蒋介石就是保住自己"第一夫人"的利益，所以她继续为美援奔波着，这一次的手段不是在台前表演她的外交才能，而是在幕后亲自指挥一批从蒋介石那里领取薪金的代理人所组成的美国的"院外援华集团"。

"院外援华集团"的起源

被人称为美国的"院外援华集团"实际上是由两部分人组成的，它的核心是一伙财源充实的中国国民党官员，它的外围是一群美国右翼政界的核心人物。在20世纪40年代到50年代，甚至到60年代这两部分人为了支持蒋介石政府及助他重返大陆这一共同的大目标彼此合作着，曾在美国社会形成了一股援蒋的政治势力。

宋子文

院外援华集团"内部核心"的形成最早可追溯到1940年夏季。当时宋美龄的哥哥宋子文来到了华盛顿。宋子文的任务是为同日军孤军奋战了三年的中国政府谋求美国的援助。宋子文创办了他自己的公司，重金聘用了一些有影响力的美国人。宋子文有一次对一位美国国务院的官员说："事实上，你们政府里发生的任何事情，我在三天以内没有不知道的。"[1]宋子文于1943年才离开了美国。

在宋子文离开以后的这段时间内，华盛顿已

---

① ［美］罗斯·Y.凯恩著：《美国政治中的"院外援华集团"》，第40—46页。

经不需要巧言令色的中国说客了。罗斯福总统坚定地相信可以使中国成为一个大国。此外，他已开始定期把美国高级官员派往重庆，设法使蒋介石相信，他的利益正在得到维护。此外，宋子文在华盛顿刻意结交的一些"朋友"已陆续进入美国政界的一些重要岗位。

　　然而，蒋介石并没有忽视充实他在美国的办事机构。很快他就派他的亲信陈之迈到美国来负责宣传工作。而后，陈之迈成为重振"院外援华集团"的关键人物。

　　1948年夏季，孔祥熙夫妇和他们的两个儿子定居美国，显然也承担了为蒋介石谋求更多援助的使命。

　　以上表明，1948年美国大选以前，蒋介石及亲信利用各种方式谋求到了美国的财政和军事援助，但是这些援助的用途是否合法，这一点常常受到怀疑。当时在美国到处流传着关于宋子文和孔祥熙及他们的家族大量投资并从中获利的传说。而且还有人不断提出指控，声称这些利润的一部分又流回了美国，用以为中国谋求更多的援助。

"第一夫人"亲自出马

　　由于已继任的美国总统杜鲁门对华援助态度不够积极，蒋介石派驻在美国的一些代表也曾在各方面努力游说，希望让杜鲁门在1948年时总统大选时失利。与此同时，蒋介石又派来了亲信陈立夫出访美国，陈交给当时正在再次参与竞选总统的纽约州州长杜威一封蒋介石的亲笔信，并与之进行了密谈。随后不久，陈立夫回到上海，《新闻天地》就发表了下列消息：

宋美龄与宋蔼龄

"杜威州长竞选美国总统，似有操胜券之势……据陈副院长立夫云，如果杜威当选，则将采取特别措施向中国提供军事援助。"①

杜威在 1948 年大选中的失败，使蒋介石感到失望，特别是当杜鲁门政府于大选刚刚结束之际，就开始认真地重新估计整个援蒋计划时，蒋介石更感到问题的严重性了。应该说，这些事态的发展成为促使蒋夫人于 1948 年 12 月 1 日重访美国的部分原因，同时这些事态也是导致"院外援华集团"在随后几个月中整顿和扩大的原因。

宋美龄亲自领导"院外援华集团"工作，大部分时间是在纽约市里弗代尔区她的姐夫孔祥熙的家里。她同各种团体的中国人举行"每周战略会议"，这些人都能在美国政坛进行有效的活动。他们有的正在国民党政府中做官，有的是先前当过官，或是有大量财产的富翁，通常是一个中国人就有上述两种优越条件。据知情者说，参加会议的人大致可以分为两类：一类人包括孔祥熙和蒋夫人的兄长宋子文在内，在纽约市内或者从纽约向外开展活动，其中多数为富豪，却不担任官职；另一类人在华盛顿工作，由蒋介石最信任的代表团领导人组成。这些官员包括中国驻世界银行的代表俞国华、中国驻美国使馆的武官皮宗淦、中国空军购料委员会驻美办事处主任毛邦初，以及陈之迈等人。

1949 年 1 月 21 日，蒋介石宣布下野，但实际上仍然是一人独揽军政大权。就在中国国内存在着这种局势之下，蒋夫人、使馆官员和代表团的其他负责人仍然直接向蒋介石汇报。到了 1949 年年中，也就是宋美龄逗留美国仅仅半年的时间，某些负责争取美援任务的人通知蒋介石，在美国的新"系统"已经建立起来了。

对于宋美龄重整"院外援华集团"，在顾维钧的回忆录中也有佐证：从最近询问陈之迈和皮宗淦得到的回答获知，大约在 1949 年，蒋夫人到达美后不久，就在华盛顿形成了一个小组，其中包括毛邦初、李惟果、陈之迈、皮宗淦和世界银行的俞国华，把美当局对我"政府"的态度及关于中国问题的官方和公众舆论报告给周宏涛转呈蒋介石。这些人经常在毛邦初住处聚会，提出每一个人从报纸上或通过与美国人接触所能收集到的最新情报。然后，汇总拟出电报，这些电报用"公"字押脚（"公"即表示小组），并由毛邦初下令通过其自己的译电员拍发出去。②

显而易见，是宋美龄 1949 年滞留美国后，促使蒋介石对其在美国的游说机

---

① ［美］罗斯·Y.凯恩著：《美国政治中的"院外援华集团"》，第 40—46 页。

② ［美］罗斯·Y.凯恩著：《美国政治中的"院外援华集团"》，第 40—46 页。

构进行了初步的改组和扩大。

网罗美方"人才"

宋美龄除了利用在美的国民党官员四处活动外，还雇佣美国代理人，其中最重要的人物应该算是威廉·J. 古德温，他过去是老"基督教阵线"的一名成员。1944 年他成为美国民主党全国委员会的司库，这个委员会曾反对第四次提名罗斯福为总统候选人。1948 年 4 月 9 日，古德温按照外国代理人登记法，登记为中国全国资源委员会的代理人。合同规定他的年薪为 30000 美元，外加各种经费。以 1949 年 3 月 31 日为期来看，他自 1948 年以来全年的费用达到 22857 美元。同年 6 月，古德温又一次通过中国通讯社登记为中华民国政府的代理人，年薪为25000 美元，外加经费 9776 美元。

古德温声称他的工作是为中国国民党政府获得美国政府的帮助，以建立稳定的秩序。之后，他在中国通讯社工作时，活动主旨为向美国公众提供中国国民党的观点，包括反驳共产党人的宣传，同时，在中国政府代表和报界人士及国会议员之间安排会晤。

知情人提供的 1949 年 7 月和 8 月的两份电报，清楚地表明了蒋介石在美代理人和古德温之间的关系。7 月间蒋介石被告知：古德温欲继续以积极方法从事已开展之工作，共和党、民主党两党要员趋于支持不承认中共且亦欲研究进一步援我之计划。十天之后，古德温的工作又得到了评论：民主党诸首领现已恍然大悟其政府政策在对待中共的问题上可能有错，古德温所为，始终在于促进此种省悟，尤其着力于党的诸首领。[①]

古德温还把这种努力用在国会议员中。1950 年，在同《圣路易邮报》的爱德华·A. 哈里斯的谈话中，古德温估计说，他一年可能要招待大约一百名国会议员。他认为他已经促使其中大约五十人转向支持中国国民党的事业。他还声称，他为通讯员约瑟夫·R. 麦卡锡关于共产党人已渗透到国务院中这一指控"打下了基础"。

台湾当局驻美"大使"顾维钧对古德温受雇的前前后后及与宋美龄的关系曾有较详细的介绍，以此也可作为见证。

1949 年 9 月 18 日星期日，许多晨报上刊载了指责中国人贪污的新消息。《华

---

① ［美］罗斯·Y. 凯恩著：《美国政治中的"院外援华集团"》，第 40—46 页。

盛顿邮报》在头版专门刊载了题为《蒋在国会搞院外活动》的文章。据该报称，由该报工作人员及《圣路易邮报》所做的调查说明古德温以每年 25000 美元受雇于中华新闻社，要他向考虑政策的领导人物，包括一些国会领袖提供共产主义对中国及对美国的安全有哪些危险性的消息，而且就是这个古德温，在与有关方面接触的过程中还要促使他们提高对国民政府的信心，并为国民政府寻求多多益善的同情和物质援助。

许多报纸都援引中国大使馆陈之迈的话说，雇佣古德温是因为他善于影响国会的立法工作。由于美国有一项特别法令规定，一切为外国政府工作的美国代理人都必须进行登记，顾"大使"便问陈之迈古德温是否办过登记手续，陈说："古德温的合同是在司法部登记的，而且是他亲手办理的，但是登记的措辞并未经过仔细斟酌。"即"以期影响美国立法，使之有利于国民政府之大业"。[①] 当时（1949年7月）中华新闻社倪先生说他完全不赞成这件事，但是命令来自蒋夫人，而且寄来的聘书上蒋夫人还作了亲笔修改。总之，大使馆对古德温的聘书毫不知情，是由蒋夫人那里起草、修改并批准的。甚至正式负责宣传业务的中华新闻社主任反对也无济于事，反而让他出面充当雇主，这一切都是在幕后进行的。

顾维钧对此颇有微词，在此时期有一些负有特殊使命的中国人员，包括蒋夫人在内，他们的身份并不明确，他们在做他们认为对中国的局势最有益的事，进行宣传工作，期望使美国人更好地了解中国的局势，以及中国在对共产主义的战斗中迫切需要援助。出于这种热情，他们常常不和大使馆联系而独立行动，并且不知不觉地做出一些损害中国最大利益的行动。诸如雇佣古德温的事，蒋夫人并未与大使馆商量就决定了。

美国的一些军方人员也是宋美龄拉拢的对象。退休的美国海军上将小查尔斯·M. 库克成为美军方与"院外援华集团"的牵线人。库克担任的最后职务是第七舰队的司令官。1949年期间，他写了好几篇文章，支持国民党的事业。于是，1949年下半年，库克作为国际新闻社的记者前往台湾。他到达台湾后，很快找到了一条捷径，即通过蒋介石夫妇出面安排组织了一个团体，叫做驻中国政府的美国军事技术顾问团。蒋介石聘用库克领导这个军事顾问团，在他的领导下，又集合了另外 16 名（有一篇报道说是 30 名）退休的美国军事人员和几名文职人员。

这个顾问团的真正重要性在于，它能够影响军事装备采购工作。他们都是

---

① 《顾维钧回忆录》第九卷，第 547 页。

具有远东经历的退休美国军官，能够向华盛顿施加压力，把更多的钱给蒋介石。1951 年 10 月 19 日，库克特地从台湾回到美国，在调查太平洋关系协会的参议院小组委员会面前作证。他证词的主要内容是猛烈地控诉美国政府在援助蒋介石方面的失败，并敦促政府尽快大量地增加这种援助。他作证的唯一目的是要求提供更多的美元。①

在蒋介石夫妇的代理人网罗的"人才"中不得不提到一位名叫古德费洛的上校。1950 年 3 月，顾维钧听取了一次关于古德费洛上校的汇报，此人希望帮助在中国组织地下武装。本月初，古德费洛上校从台湾返美，据他说，在台湾董显光（当时负责处理蒋介石的公共关系事宜）到机场迎接了这位上校，然后古德费洛初次谒见了蒋介石，并进行了长谈，第二次在蒋介石夫妇设宴招待后又进行了会谈。对两次谈话，古德费洛都很满意。他说，蒋介石请他与麦克阿瑟将军及李承晚总统就有关各节进行磋商，并回报磋商结果，他已照办。古德费洛同麦克阿瑟讨论了对中国大陆开展地下活动计划的意见。由于古德费洛作用不凡，很快，蒋介石就通过他的亲戚俞国华给这位上校送去了支票。

院外援华活动中，除了个体行为外，还有专门为促进对华援助而成立的组织，最活跃的当推美国对华政策协会，在艾尔弗雷德·科尔伯格的领导下展开活动。它成立不久，对美国的对华政策的攻击，不论在规模上和直截了当的程度上都超过了其他一切组织。

另外，还有两个显然是为了迫使美国向中国提供更多援助的目的而成立的组织，它们在 1949 年到 1952 年间，断断续续地开展活动。第一个组织起来的团体是中国应急委员会，到了后期，它的活动日趋平淡。中国应急委员会垮台以后，麦基帮助组织了"援助反共中国以保卫美国委员会"，并担任了这一组织的临时主席。这两个组织的成员写的亲蒋文章，常常刊登在其他许多支持中国国民党事业的组织的出版物上。

海军上将库克和古德温为中国人所做的工作表明，"院外援华集团"在执行计划时需要美国人。因为尽管"院外援华集团"的内部核心有效地组织起来了，并且掌握着大量的钱财，但是，没有大规模的美国国内支持，它所追求的目标是不可能达到的。毫无疑问，正是由于蒋氏夫妇等人意识到了这一点，才促使他们千方百计雇佣各方面的"专家"来推动他们的"院外援华事业"。

---

① ［美］罗斯·Y.凯恩著：《美国政治中的"院外援华集团"》，第 40–46 页，第 56 页。

"业绩"不凡

在宋美龄亲自指挥中国人四处奔走下，美国朝野有了一支人数不少的援华者队伍，特别是国会中最热衷于支持蒋介石及其国民党军队的议员在援华问题上起了很大的作用，这些议员是：

参议院的欧文·布鲁斯特（缅因州的共和党人）；斯泰尔斯·布里奇斯（新罕布什尔州的共和党人，他在1948年接受了科尔伯格赠送的1000美元竞选捐款）；詹姆斯·O.伊斯特兰（密西西比州的民主党人）；威廉·F.诺兰（加利福尼亚州的共和党人）；帕特·麦卡伦（内华达州的民主党人）；约瑟夫·R.麦卡锡（威斯康星州的共和党人）；H. 亚历山大·史密斯（新泽西州的共和党人）；哈里·凯恩（华盛顿州的共和党人）；霍默·弗格森（密执安州的共和党人）；伯克·B.希肯卢珀（衣阿华州的共和党人）。

众议院的有：O.K.阿姆斯特朗（密苏里州的共和党人）；周以德（明尼苏达州的共和党人）；小约瑟夫·W.马丁（马萨诸塞州的共和党人）；劳伦斯·H.史密斯（威斯康星州的共和党人）；约翰·M.沃里斯（俄亥俄州的共和党人）。

为了让这些亲蒋议员发挥更多作用，国民党驻美"大使馆"应议员的要求或为他们提供方便，替议员们代笔起草在国会上发表支持蒋介石中国的演说讲稿。而且想得极为周到，为了保护朋友的声名，大使馆不向政府报告这一隐情。因为书信电文在途中难保不被截取，一旦泄露，就会败露国会中这些亲蒋议员们的"事业"。

议员中首当其冲的是麦卡锡，他直接为"院外援华集团"的一个主要论点披挂上阵了，他坚持说，"美国的远东政策是由共产党人为共产党人制定的"。由于调查后证据不足，显然大多数人不相信此观点。但是，自宋美龄访美后，显然有越来越多的人很快接受了这个"院外援华集团"苦心炮制的所谓共产党影响的论点。原因就在于，宋美龄不仅亲自指挥亲信们到处奔走，利用已被收买的"院外集团"来促进其事业，而且与"友好"的美国议员采取了协调一致的行动。他们强调，中国大陆的丢失，就在于杜鲁门的援华政策有问题。

此时的杜鲁门可谓是"两线"作战，既要承受来自共和党的巨大压力，他们无时无刻不在设法从杜鲁门的手中夺回白宫，中国问题就顺理成章地成为贬抑杜鲁门的利器；同时，国会内的"中国游说团"也发现，他们大可以利用援欧计划作为筹码，以压迫杜鲁门政府同样给予蒋介石以援助。[①]

　　蒋氏夫妇的苦心经营终于有了结果。在顾维钧的回忆录中有如下的记载："3月23日，我在日记中写道：参院及众院两外交委员会昨日通过议案，将尚未动用的1.03亿美元援华拨款期限延长一年，至1951年6月底，参院外委会决议表示希望至少将5000万美元用于援助中华民国政府，包括台湾及海南岛；众院外委会决议则表示希望至少将4000万美元用于同一目的。"

　　当时称为"中国集团"的支持援华者已有能力迫使此委员会通过这项议案，因为他们在国会中具有战略政治地位。有些参与表决者投票赞成援助中国并非情愿，然而不管怎么说，反对者退让了，"中国集团"几乎全部由反对政府的共和党人组成，其立场始终坚定不移。[②]

　　上述组织为中国问题时有争论。例如，宋美龄到了美国后，美国援华联合总会的人对于蒋夫人现在应该做什么，产生了分歧。有人主张她既已与马歇尔和杜鲁门正式会晤，应即公开露面，从而以公众舆论来影响他们，因为美国公众对蒋夫人个人和中国是极为同情和仰慕的。但是美国援华联合总会的执行主席鲁斯则认为这样办没有好处，他说："蒋夫人此行是要会见这两个人，而且在美国目前这种情况下，美国民众对于政府的任何对华政策都会予以支持。如果舆论跟不上需要加以激励使其支持政府，那就不一样了。但既然美国政府的对华政策不利，向公众呼吁不仅没有好处，而且会激怒美国政府，这是毫无意义的，或许还有害处。"

　　顾维钧大使把鲁斯的话告诉了宋美龄，她说，"关于鲁斯的意见，即目前她不应向美国公众呼吁，她完全同意。至于美国援华联合总会会员对她的邀请，她向大使表示她很愿意和他们见面。"宋美龄要顾"大使"转达她对美国友人的款待和诚挚友谊的谢意，并且她用非常认真而肯定的口气说，"她一向把鲁斯夫妇看做中国的挚友"。

　　上述结果，可以让宋美龄有所安慰了，1948年的访美总算有了一些收获。

　　以上这些组织和个人的主要工作对象之一是国会议员，工作是卓有成效的。而他们的活跃与发展恰恰与"院外援华集团"的"内部核心"在蒋介石夫人的直接指导下的复兴相一致。这是一种巧合吗？不！这一现象正像美国学者罗斯·Y.凯恩所指出的，在关键时刻，是由蒋介石夫人亲自指挥的结果！

---

　　① 《顾维钧回忆录》第七卷，第380页，第732页，第717页。

　　② ［美］罗斯·Y.凯恩著：《美国政治中的"院外援华集团"》，第59页。

再出高招

国会既然倾向于接受"院外援华集团"对中国问题的见解，在这种情况下，美国新闻界也相应出现这种趋势就不足为奇了。举《纽约时报》态度变化的例子，足以证明美国新闻界采纳"院外援华集团"观点的程度。

早些时候，《纽约时报》的社论曾劝告美国人民不要对中国共产党持有偏见。但到了 1949 年的社论就开始抨击政府发表的对华《白皮书》，之后，又发表社论批评马歇尔将军，说："马歇尔将军担任驻华特使和国务卿的这段经历是美国外交史上最黑暗的一页，美国之所以失去了中国这样一个盟国和朝鲜战争的爆发都归咎于此。"此时的《纽约时报》已清楚表明了它的亲蒋立场。而且《纽约时报》所扮演的角色不仅仅在于报道关于对华政策的争论，它已成为这场争论中的一方。《纽约时报》是全美国大大小小的报纸和期刊态度变化的典型代表，它的转变，也许可以从顾"大使"的回忆中找出一点端倪。

1950 年 4 月 10 日，顾维钧收到电报，"台湾当局"指示他们邀请美国记者、出版商及电台评论员以中央社客人的身份去台湾观光，报道当地的情况。并要陈之迈先于观光团一周返台，准备接待事宜，参加照顾观光人士。顾维钧又从陈之迈那里获悉，请美国新闻界等方面的人士访台的全盘主意出自宋美龄。尽管顾"大使"不赞成此事，他担心会给美国政界的反对派以口实。但他得知，纽约的孔令杰早已直接通过董显光同罗伊·霍华德及其他记者一起进行联系，对这次访台计划做好了安排。[①]

5 月 9 日，蒋介石接见了刚到台湾的美国报界、广播界和专栏作家访问团。会上，他向他们发表一项声明，呼吁美国像苏联帮助中共那样帮助"国府"保卫台湾。这是他第一次公开要求援助。蒋介石提出的理由是，只有确保台湾，才能避免在亚洲爆发第三次世界大战。对于如何在欧洲避免大战，蒋介石不甚明白，但对亚洲，他却自认为很清楚。

宋美龄这一手可谓是一箭双雕，既用主人的热情款待与美国新闻界联络了感情，又为夫君传播了思想。

频起波澜

"院外援华集团"活动频繁，引起了国会中反对派的关注，参议员麦克马洪

---

① 《台湾命运机密档案》，第 155 页。

和莫尔斯都是请求调查"中国院外活动集团"影响的发起人。当时在《华盛顿邮报》上还刊登了德鲁·皮尔逊责难美国对华军援款项被贪污和滥用的几篇文章，而"中国院外活动集团"则被指责使用美援款项来影响国会。

1949 年年初，美国纽约州的共产党组织报告中曾指出：一个强大的"院外援华集团"正在华盛顿活动……设法影响我们的政府当局继续支持反民主和不得人心的国民党分子。这个消息促使众议员迈克尔·曼斯菲尔德建议"院外集团调查委员会……调查目前为了中国国民党政府的利益而在我国进行着厚颜无耻的走廊活动以及与此有关的某些人员"。[①] 曼斯菲尔德的提议没有被国会采纳，但是人们却继续不断地注意着这个"院外援华集团"。

当年的有识之士已看到，在同"院外援华集团"这个名称有关的个人和团体中，有一个共同的特征，即他们都希望替蒋介石政府谋得美国的支持和援助。《国会季刊》在 1951 年对"院外援华集团"进行研究时发现，"形形色色的利益集团——商业的、军事的、政治的、意识形态的、宗教的——都从不同的方面牵扯进来了"。[②]

杜鲁门总统也对宋美龄等人的活动极为反感，他曾对他的夫人说，他为他不是和那种女人结婚而感到高兴。他还说，"如果他按照她对美国的要求办理，那他就'该死'了"。根据国内舆论，杜鲁门也曾下令对宋氏家族在美财产进行过调查。

为了阻止国会调查，蒋介石夫妇又使用起金钱手段。1951 年 8 月，参议员布鲁斯特获悉，前白宫助理克拉克·克利福德和前海军部长约瑟夫·沙利文曾以法律顾问的名义，分别从台湾的"国民政府"得到 7.5 万美元和 5 万美元的酬劳。以此，布鲁斯特认为美国政府不会催促国会对"中国院外活动集团"进行调查。

但是，调查"中国院外活动集团"的要求并不像参议员布鲁斯特想象的那样一下子就被放弃了，9 月，又有几篇文章指责国民党政府企图影响美国政策，揭露魏德迈和鲁斯与"院外援华集团"有联系，以及杜威州长的秘书被国民党政府收买的内幕。

宋美龄的侄子孔令杰技高一筹，他不无炫耀地对台湾"驻美"的顾"大使"说，他有效地对付了参议员麦克马洪和泰丁斯把他牵连到"中国院外活动集团"的调查中去的企图。其实，手段不过是他先设法探听到两位议员的一些隐私，然

---

① ［美］罗斯·Y. 凯恩著：《美国政治中的"院外援华集团"》，第 40—46 页，第 56 页。
② ［美］罗斯·Y. 凯恩著：《美国政治中的"院外援华集团"》，第 40—46 页，第 56 页。

后分别警告他们，如果他们坚持要调查，他将以其人之道还治其人之身，把他了解到的有关他们两个人的情况和他们过去的所作所为公之于众。于是，孔公子略施小技就有效地阻止了反对派的行动。

如果说宋美龄1948年赴美乞援在与美国官方交涉中没有收获，那么，客观地说她在私下的"交易"中收获是不小的，她指挥着一批人拉拢和收买政界、军界、商界、宣传界和宗教界的人士，逐渐形成了美国的"院外援华集团"，这些人奔走于美国政界，游说于议会走廊，大大地影响了美国远东政策的制定与实施，从而帮助台湾渡过了难关。应该说，宋美龄的"贡献"是无人能比的。

台湾学者称宋美龄是"中国游说团"的幕后推动者。在台湾的出版物中是这样评价宋美龄在"院外援华集团"活动中的作用的：他们说"中国游说团"到20世纪70年代以前可算十分成功，有学者称为"百万人委员会"，其声势之大可想而知。"中国游说团"在20世纪70年代后由于各种因素而趋于没落，蒋夫人因身体健康因素未能如过去一样活跃，应该是主要原因之一。[①] 由此可以看出，无论是上面曾提到过的美国学者还是台湾学者都认定宋美龄是"院外援华集团"当之无愧的领导者或推动者。

历史进入20世纪90年代，人们已不再关注或谈论什么"院外援华集团"，但毋庸讳言的是，在美国政治生活中还可以看到"院外援华集团"的影子，但称呼已被美国记者变为"赢得朋友的台湾模式"。应该说这个台湾模式比宋美龄当年是既有实力又有手腕了，可称为"青出于蓝而胜于蓝"。但是洞察他们的"金钱外交"，其实就是：无孔不入、不择手段地在美国"政治市场"发动金钱攻势，笼络、收买政客、传媒和学界人士、学术机构，使其改变美国对台政策。他们称为"度假外交"、"实务外交"，就其手段来看，都不过是宋美龄女士当年搞的花样的翻版。所不同的就是，20世纪90年代的台湾当局更加财大气粗一些，涉及的范围更大一些而已。

---

① 《蒋夫人与元老派》，第16页。

三、告别美利坚

外交是内政的延长。内政已经崩溃，又有谁能在外交上有所作为呢？但是蒋介石不相信这一套，他是靠外力起家的，所以坚信，美国在华的利益和他是分不开的。虽然美援受阻，那只是美方亲共分子的阴谋在作梗，只要忍耐等待，终有一天会柳暗花明的。因此，夫人滞美不归，奉命就地游说，寄希望于把华盛顿的反蒋倾向扭转过来。

一年过去了，不仅美援无望，而且"大使馆"经费也出现了危机。宋美龄安慰顾"大使"说："她已电告委员长，要求立即给所有驻外大使馆和领事馆拨款"，她还说，"我们正在力图使美国政府和公众深信，中国有决心进行反共斗争，中国的事业需要援助。此时此刻如果我国的在美外交人员中发生叛变事情，那将会使我们受到沉重的打击"。①

宋美龄的担心不是没有根据的。1949年9至10月间，"中华民国"驻巴黎的"大使馆"发生了严重叛变事件，大部分馆员投共，其主要借口就是领不到薪水。驻美国的"大使馆"人员也有同样的薪水问题。顾"大使"说："1948年，当时我们正在力争从美国政府取得为数可观的援助，外交部就已经把大使馆的经费预算削减了四分之一，后又进一步把津贴削减了四分之一，同时强迫征收两个月的薪金，作为外交部同人的福利基金，又从10月份起追减月薪，这一切只能使困难有增无减。"②为了不拖欠"大使馆"工作人员的工资，顾"大使"有时要动用私人款项来维持局面。其他"大使馆"也遇到同样的问题，"大使"们怨声载道。可见，台湾当局的经济已然山穷水尽，不仅海外各"使领馆"无法维持，就连台湾当局本身也难以支撑下去了。

宋美龄有耐心等待，美国人可没有什么耐心了。华盛顿外交政策的参与者相信，蒋先生是个扶不起的阿斗，也是基于美国自身利益的考虑，不得不见风使舵

---

① 《顾维钧回忆录》第七卷，第643页，第654页。
② 《顾维钧回忆录》第七卷，第643页，第654页。

了。1949 年 8 月，美国政府破例提前发表中美外交文件，史称"白皮书"。

"白皮书"用了相当的篇幅严厉指责国民党堕落、腐败与无能，宣称美国即使采取新的对华政策或额外的援助也无法挽回蒋介石行动所造成的损失。同时，也有一些对中国共产党与中国人民的恶毒攻击之辞。

"白皮书"的作用是双重的：

其一，向美国老百姓作个交代，政府对于调停中国的内战、支持南京的蒋政权已花了大力气，导致蒋介石失败的原因并非杜鲁门政府的过失，而是蒋政权太腐败。

其二，提醒世人，美国已尽其盟国的责任，同时也明示新中国的主人，不要投到苏联人的阵营，与美国为敌，假如威胁到亚洲邻国的安全，美国人是不会袖手旁观的。

应该说，美国政府发表这份长达 1054 页的外交文件，表明自己的立场是无可厚非的，但却选择在蒋家王朝已面临生死存亡的时期予以公布，对蒋介石及国民党犹如落井下石，使蒋介石如遭五雷轰顶。

当时有人劝蒋介石对美国此举发表抗议声明，蒋介石考虑到国民党兵败大陆退台后还要仰仗美国，故未敢发表个人抗议电，只是令外交部长发一声明，抗议美国政府对国民党的诬陷。

对于蒋介石的抗议，美国并不在意，他们只关心自己的利益受不受到影响。

"中华民国"外交的困局终打不开，就连一贯亲美的夫人亲自出马也未见成效，蒋介石终于明白了"远水解不了近渴"的古训，只好下决心抓实力保台湾了。

蒋夫人也受命打道回府。1949 年 10 月的一天，顾维钧"大使"仓促地得到宋美龄召见并被告之说，她不久将回国，还堂而皇之地说什么，因为她相信，现在回国会给美国人民以中国事业并未见败的印象，而且也会长中国民众的志气。紧接着她向"大使"布置，发表一篇声明，否认美国报纸指责的蒋介石应对白崇禧部队从衡阳撤退，并对广州的撤离负责的宣传报道。尽管蒋介石一直在幕后指挥，但蒋夫人同意在声明中把兵败大陆的责任推给李宗仁和白崇禧的建议。

10 月 30 日是蒋介石的诞辰，按原计划蒋夫人要及时赶回台湾祝寿。可宋美龄未说明原因又推迟了行期。大概蒋夫人还在幻想上帝会给她创造出一个奇迹吧！

终于有一天，内外压力全来了，马歇尔夫人用温和而坚定的语气暗示，蒋夫人该回国了。夫君蒋介石又从台湾派来了他忠实的追随者董显光（董年轻时教过蒋介石英文）捎来了口信，已为夫人准备好一架飞机接她返回台湾。在一切希望已趋于破碎之际，宋美龄才感到应与夫君"共赴国难"，该回家了。

家在哪儿呢？宋美龄 1948 年 11 月底由大陆出来，不到一年的光阴，即物换星移、人事全非，"蒋家王朝"在大陆已踪迹皆无，代之而起的是，1949 年 10 月 1 日毛泽东在北京向全世界庄严地宣布了中华人民共和国的诞生。"中华民国国民政府"早已在 8 月 1 日被迫迁到了海岛台湾。1948 年一别，这位"中华民国"的"第一夫人"就再也没能回到她的家——大陆。

宋美龄通知顾维钧"大使"为她办理返台手续。同时，她也准备好了告别美国的演说词。

1950 年 1 月 9 日，宋美龄强打精神，故作镇静地在纽约电台向全美发表了共赴"国难"演说。

她说："我今天对你们讲话，就是要向你们辞行，谢谢你们殷切的款待。希望我下次再到美国来的时候，空气或许比较更为愉悦，敝国并已自异族侵略者的铁蹄下，重新获自由了。

每次离开美国，我总不免意绪茫然。我不仅是一个前来访问的旅客，而且我曾在这里度过多年的少女生活，我在这里接受了我的全部教育，也获得了使我能为本国人民服务的许多启示。

几天之后，我就要回到中国去了。我不是回到南京、重庆、上海或广州，我不是回到我们的大陆去，我要回到我的人民所在地台湾岛去，台湾是我们一切希望的堡垒，是反抗一个异族蹂躏我国的基地。

不论有无援助，我们一定打下去。我们没有失败，我们数百万名同胞正在致力于长期斗争。只要我们一息尚存，只要我们对上帝存有信心，我们就要继续奋斗，无一日无一时不用来为争取自由而奋斗。

我们要以毒攻毒。我们要以不屈不挠的精神和生命赋予的毅力，打击敌人，消灭敌人。中国大陆到处都有我们的游击队，高擎着熊熊的自由火炬。敌人的谎语与欺诈，敌人的诱骗和宣传，不但要以子弹来消灭，而且要以真理来战胜。

……

为了达到这个目的，我们抱定贡献生命的决心。

我们给人看见的，可能是各种似已失败的外貌。那些贪生怕死不顾道义的人们，可能认为无可救药而要将中国予以注销了。

我希望无论我的声音传到世界哪一个自由角落，都能唤起爱好自由的人民，让他们认识被遗弃而孤独的中国，现正荷着唯一保卫自由的枪支。世界已被分为自由与共产两大壁垒，在不太久的将来，总还有其他千千万万的人民，非在两者之间作一个抉择不可，究竟他们要为自由奋斗？抑或是要向奴役屈膝？

大家务须明白，我们所选择的是为自由奋斗。它不是——而且全世界应该知道它不是——仅是属于我们的斗争。中国当前的斗争，乃是善恶展开庞大冲突的初期，也就是自由与共产主义搏斗的开始。

我的丈夫领导他的人民从事反共斗争，已有二十九年的历史。1927年的国共决裂，就是由他单独负责的。他深信俄国当时的处心积虑，就在积极窃夺我们的国家。他看出中国成了一切谲谋诡诈的试验品，而这些谲谋诡诈，从此也就成了俄国用来反抗世界的伎俩。

蒋'总统'是世界政治家中首先揭发共产党徒'阴谋'的第一人，同时也是着手'反共'第一人。几年以前，他因有'反共'的勇气与毅力先获得赞扬，现在却被人侮蔑了。时代虽已变迁，但此人并未改变。我的丈夫仍以不屈不挠的精神，领导他的人民反抗异族的侵略和他们的邪说。

我们的人民有继续为作战的决心。只要我们一息尚存，只要有异族盘踞中国的国土，我们就要凭借一个地方，不论其为台湾一样的海岛，抑或其为山间的要塞，来继续我们的斗争。我这样告诉你们，旨在陈述事实，而并非渲染政见。

在道义上怯懦的人们现已正在抛弃我们了。我以沉重的心情，看见曾为盟友的英国，过去虽以数百万生命献在自由的坛前，而今竟已被它的领袖们导入政治阴谋的魔窟。英国为了几块银子的代价，出卖了一个民族的灵魂，我说它'太无耻了'！这几块银子所生的利息，就是他日在自由战场所付出的血汗和眼泪。但凡在道义上是邪恶的，就永远不会在政治上是有公理的。

真理所要求于各个民族的，就是按照它自己的传统，在人类自由与尊严的气氛中生活，这也就是中国文化的精髓。'我国'人民——即或面对异族的威力，甚至他们的身体遭受异族暴力的奴役，只要他们的眼睛看见台湾基地自由的灯塔——永远不会抛弃中国的文化。我们的灵魂是自由的，我们的心境是自在的。因此，我们亦必尽其最大努力。

在这维护自由的战斗中，我们中间若干纵被牺牲，亦必有人继起代为奋斗，侵略者不会一日得到和平。没有任何强国能够签订条约，亦没有任何政治家能够草拟契约来窒息中国人民对自由的愿望。做母亲的会在催眠曲中唱着它，做父亲的会在饭桌上讲述它，青年学生会彼此打着自由的暗号。农夫虽被剥夺，泥土仍能生长，但它给敌人生长的，不是葡萄和无花果，而是满地的荆棘。

中国当初由异族征服者的手中解放出来，完全得力于孙中山先生所倡导的伟大革命运动，这个运动发展成为群众运动之后，终于驱逐了那些侵略者，创建了中华民国。

任何力量不能抹杀这一事实。我们从不信靠武力，而只知信守立身处世的原则。其他民族可因利害得失而抛弃这些原则。但我们在危急存亡的紧急关头，甚至要以更大的毅力来坚守这些原则。这种不屈不挠的精神，或者就是我们具有世界任何民族最悠久历史的说明。

中美两国的传统友谊，具有与美国同样悠久的历史。你们有许多公民曾经寄居在我们的国家。你们的人民给我们援助，也曾给过我们慰藉。你们所给的是爱的赠与，你们从未要求任何报酬，你们的名字将永远被珍视为友谊与慈爱的象征。

我不能再向美国人民要求什么。我在贵国停留的这几个月中，没有发表演说，也没有做过呼吁。我的国家虽然极需你们的援助，但我从未参加求援的竞争。

我要告诉你们我为什么这样缄默。一个国家采取一个正义行动的时候，就和一个人行善一样，必须是出于他的良知，而不是出诸他人的请求或要求。行动有出于仁慈，有出于怜恤，有出于正义。而正义是善因为它本身是善。

也许你们觉得我骄傲吧？我们的朋友们！我的国家受了屈辱，我的政府现在孤悬海外的岛上，苏格兰的布鲁斯（Bruce）曾由山洞出来和他的人民站在一起，我们也要从岛上出来和我们的人民站在一起。"[1]

宋美龄于 1950 年 1 月 10 日飞离纽约，次日下午抵达檀香山，她又对新闻媒体表达了如下意愿："准备付出任何代价。"并对绘图家声称："你们也许要用红墨水标志中国部分，但我们必定要把这些颜色，滴滴点点，一步一步抹去的"。[2]

宋美龄上述的表白，给人以无可奈何和心酸的感觉。尽管她故作镇静，但现实是无情的，历史也是无情的。

蒋夫人于危难中赋归，确实有助于台湾民心的激励，为当时纷纷找寻退路想离开台湾的那些高官富贾们，树立一个正面榜样。所以，蒋介石的儿子蒋经国奉父命专程前往菲律宾首都迎接继母的归来。于是，有人评论说，对"接驾"这一姿态，与其说是表明蒋氏家族的亲和力，不如说更含有高度的政治技巧。此话不无道理。

宋美龄经马尼拉小停，菲律宾总统季里诺和许多当地的华侨领袖，都在机场迎候，接着她于 13 日返抵台北，又受到热烈欢迎。

---

① 李桓编译：《宋美龄传》，第 257 页。
② 李达编著：《宋美龄与台湾》，第 87 页。

四、同舟共济

宋美龄抵台之后，最为关切的是军队的士气，因为毛泽东发出命令一定要解放台湾。而蒋夫人一向仰仗的美国的朋友却隔着大洋看热闹，不仅美援搁浅而且撤走兵马。

美国对台政策是服从于美国国家利益，并根据其国力盛衰、全球战略需要、国际力量对比和中国国力的变化不断调整的。20 世纪 40 年代末期，美国对台具体政策可谓举棋不定。从 1949 年 8 月，美国国务院发表《中美关系》白皮书，至 1950 年 6 月朝鲜战争爆发前的十个月内，美国一方面认为台湾对美有着"重大战略价值"，不愿让它落入赤色政权之手；另一方面又对国民党政府深感失望，对其能否在台湾立足缺乏信心，担心美国采取援台措施会激起中国人民仇美情绪，要付出相当大的政治"代价"。因此采取观望态度，表面上似乎"放手"不管台湾。1950 年 1 月 5 日杜鲁门总统发表"关于台湾的声明"，表示三个"不拟"，即美国不拟使用武装部队干预台湾"现在的局势"；不拟遵循任何足以把美国卷入中国内争中的途径；不拟对台湾的中国军队供给军事援助或提供意见。几天后国务卿艾奇逊在演说中也公开把台湾"摒除在美国岛屿防线之外"。①

政策上的举棋不定必然表现为行动上的矛盾。一方面美国中止了对国民党政府的军事援助，驻华大使司徒雷登在南京与中共代表接触，并逗留于上海数月，不随国民党政府迁台；另一方面美国国家安全委员会、国务院、三军参谋长联席会议又在秘密筹划各种情况下的援台方案。总之，在此时期，美国政府对采取何种方式保住台湾对美有利，显得捉摸不定……

没有美国人的保护伞，国民党要偏安自保，实属万难，因为人民解放军已集结于福建沿海一带，时刻准备渡海作战，而蒋军士气低下，军心涣散，失败情绪笼罩着台湾。

---

① 《美国研究》第 12 卷，第 1 期，第 19 页。

10月17日，厦门等岛屿已在人民解放军的控制之下。

解放军对金门岛构成了包围态势。控制金门岛既可封锁福建厦门的出海口，又可屏障台湾岛。由于金门具有重要的战略地位，故蒋介石令其嫡系将领汤恩伯固守。

10月24日，解放军发起了对金门岛的攻击。在国民党海、空军的立体攻击下，登岛部队大部分壮烈牺牲，小部分被俘。

金门战役后，蒋介石大吹大擂，并派儿子蒋经国从台北飞抵金门慰问。

但是金门之战并未影响解放军渡海作战的士气，1950年4月16日，解放军一举攻占了中国第二大岛海南岛。5月19日，人民解放军一鼓作气，又攻占了舟山群岛。至此，东南沿海除台湾、澎湖、金门、马祖之外，已全部被人民解放军占领。很显然，解放军下一个攻击目标将是蒋家小朝廷所占的台湾本岛了。

20世纪50年代初，美国国务院与中央情报局在研究台湾的现状与前途时，曾断言：在美国不出兵的情况下，台湾将在1950年陷落。

一时间整个台岛人心惶惶，许多追随蒋介石多年的党国要员竞相逃往海外，如蒋介石的大舅子、中国富豪宋子文于1949年1月24日辞去广东省主席职务，偕夫人以治病为由去了巴黎，之后，又为"家庭事务"抵达美国，从此在美定居；宋美龄的大姐夫孔祥熙一家人也于1948年到了美国过起寓公生活；孙中山长子、前"行政院长"孙科辞去职务，举家逃往国外；做过东北方面大员的熊式辉和后任台湾当局驻美"大使"沈剑虹滞留香港地区等，更有许多要员逃得不知去向。

此时的蒋夫人宋美龄急于想替夫君分担一些压力，她到台湾之后，马上积极性颇高地开展了环岛慰问海陆空三军的工作。不论前线后方，不论军营眷区，都有蒋夫人的足迹。除环岛劳军外，她还飞往金门前线和澎湖，亲切地慰问军民，尤其是那些躺在病床上的伤患将士们。"第一夫人"亲到守台前线，确实起到了激励士气的作用。

蒋经国

1950 年 7 月 29 日上午，宋美龄以防卫金门的战友"为国辛劳"，连日捷报频传，为使前后方人心振奋，她亲自顶着酷暑，在台北市慰问金门防卫司令部的军眷，并赠送大批饼干、糖果给该部军眷的小孩。宋美龄表现得非常和蔼可亲，所以，每当她下车抵达一处时，该部军眷及小孩，即一拥上前，献花致敬、热烈鼓掌，以欢迎蒋夫人的到来。宋美龄则对欢迎的人群说："不敢当，谢谢，我今天是特别来慰问你们的，我知道你们的先生们，在金门前线，为国家歼灭'共党'，实在太辛苦了！"军眷们听后，均为之深受感动！

1952 年 2 月 28 日，宋美龄冒着前线炮火和风沙，飞往金门劳军，在战地指挥官胡琏陪同下赴伤患医院及部队驻地巡视慰问，长达六小时之久！在这种场合，宋美龄又发挥了她的演讲口才，她在检阅一支"反共"劲旅时，曾作过动人演说，她说："我知道你们寒冷，知道你们辛苦，我时刻都在挂念你们，总统也很关心你们，所以我一定来看看。"宋美龄以亲切的语气问战士："我代表自由中国妇女送给你们的棉背心，收到了吗？""收到了！"台下传来了一片雄壮而感动的响应声。

宋美龄在劳军时，目睹伤残荣军的痛苦，决定号召推行残而不废运动，为荣军装配假肢，使许多在战争中负伤成残的男儿有了保障。

为了鼓励军人子女勤奋学习，宋美龄还曾在 1958 年指示"妇联会"拨出专款 20 万元设置奖学金，协助政府发挥教育的功能。并广泛征求各方面意见，共同研讨举办"军人子女奖学金"的各项实施办法，决定了此项奖学金的奖励对象和各级学校的分配名额，并作成草案，送呈国民党中常会通过实施。

3 月 1 日，蒋介石在台北发表复职文告，宣称扫除"共党"、"光复大陆"，重建三民主义中国。3 月 13 日，他又发表题为"复职的目的使命"的讲话，提出"现在我把去年'一年反攻、三年成功'的计划，改为一年整训，二年反攻，扫荡'共党'，三年成功。就是说：从现在起，少则三年，多至五年，要来达到我们消灭'共党'，复兴'中华民国'的目的"。[①]

蒋介石此时心情十分复杂，既悲又喜，悲则被赶到了小岛上，喜则从下野到再次"登基"，他偕夫人宋美龄退台后第一次登上"总统府"，并与夫人愉快地阅读各方拍来的复职贺电。

宋美龄的旧属是这样评价她的历史作用的：夫人也是一位杰出的领导者。一

---

① 《蒋介石年谱》，第 400 页。

位领导者若要使人心甘情愿地追随，本身必须先具有使人口服心服的魅力与风范，才能使人同心协力地随着工作，夫人的这些能力都在协助"老总统"及领导妇女的工作上充分地展现出来了。"老总统"是一位标准的军人，平日生活态度严肃，夫人则以她温和的态度与仁慈的作风协助"老总统"，这可说是他们二人共同领导"中华民国"的最大特色。

宋美龄为协助蒋介石鼓吹"反共、复国"，在1950年3月8日"三八妇女节"这一天，发表了《妇女节致词》，提出"应以美国妇女工作和奋斗的精神为借鉴"，号召台湾妇女"应为前线的伤患兵员服务"，并提出组织一个"中华妇女反共抗俄大会"，公开在妇女界打出"反共"旗帜。

4月3日，宋美龄在"中华妇女反共抗俄联合会"第一次全体委员会上发表了《今日中华妇女的重要使命》，又强调"反共、复国"这一主张。

4月17日，台湾"中华妇女反共抗俄联合会"宣布正式成立，宋美龄主持成立大会，并致开幕词。蒋介石在会上作了讲演，他要求台湾同胞饮水思源，以"光复大陆"来报答大陆同胞为光复所遭受的苦难与牺牲。妇女应当与家人共同努力"反共抗俄"，检举"共谍"，节约消费，增加生产。

从当年的《台湾年鉴》中可以看出，该组织确实在台湾建设之初发挥了不小的作用。特摘录如下：

该会设主任委员一人，由"蒋'总统'夫人"担任，常务委员15人，委员150人，并设组训、宣传、慰劳、总务四组及秘书室，此外更组织成立47个分会，127个支会，直属工作队6队，分会所属工作队65队，该会工作除积极组织成立各分支会，加强其工作外，并致力于慰劳及宣传工作之进行，兹就其卓有成效者分述于后：

一、慰劳工作方面：（1）发动捐募50万套衣裤运动，已由该会捐到布匹7569匹28码5丈，经专设妇女工厂，发动妇女3628人，在蒋夫人亲临缝制及指导下，每日轮流到会或自领制成短袖衬衣裤67万套，长袖衬衣裤12.55万套，绑腿20万副，麻鞋5800双，此等制成品或由该会自行送达防地劳军，或送联勤总部统筹分发三军士兵应用，现该会共有缝纫机113架，均是各界捐助（其中菲律宾华侨、黑白篮球队捐助30架，巴拿马公使芝兰夫妇、美武官斐力浦各捐助一台）。（2）收受各方捐助大批毛巾、肥皂、牙刷、牙膏、牛奶、香烟等转赠战友。（3）慰劳空军将士。（4）救济荣军。（5）欢迎舟山撤回国军。（6）参加各种慰劳团，携带大批物品，慰劳驻地三军士兵。

二、宣传工作方面：（1）出版《中华妇女》月刊。（2）举办征文及妇女反共抗俄壁报竞赛。（3）编印成立大会纪念特刊。（4）搜集宣传资料数十种。（5）分赠劳军书报9000余册。（6）印发告英勇将士书2万余册。（7）举办妇女讲座。（8）举办广播及巡回讲演。（9）举办妇女时事座谈会。（10）摄制妇女反共抗俄活动新闻片八万公尺。（11）放映反共抗俄电影及幻灯宣传片。（12）成立歌咏队。①

宋美龄在成立宣言中，号召全国妇女一齐奋斗，同时发表演说："在宣传、组训和慰劳三项工作之中，希望每一位妇女都要选择一项工作。"又说："慰劳工作要深入家庭，要灌输基督精神。"

据台湾报载，成立大会的同一天，国民党当局在特权支配下，为宋美龄在台北特建的"孺慕堂"也于同日开幕。

宋美龄被推为负责人后，为积极全面开展工作，她每天都到"妇联会"办公，带头制作慰劳品。"妇联会"下设有缝衣工厂，每天都有100多位妇女义务为军人缝军衣，宋美龄也亲自参与为将士缝制军衣的工作。有记载，台湾各界妇女缝制的棉背心，三周内达到60万件。不但沟通了军队与民众的感情，并且协助政府解决了许多困难。

每到逢年过节时，宋美龄会带着"妇联会"的人深入军营、幼稚园、学校等地方进行慰问。台湾各机关、学校、社团和海外侨胞，在蒋夫人"精神"的感召下，纷纷成立妇女"反共抗俄"分会。

5月26日，台湾的国民党军队的政治部也建立了"妇联会"的分会，宋美龄又到会致辞。

11月，经过一系列准备，台湾省妇女代表大会开会，宋美龄在会上讲了话。

不到一年时间，宋美龄多次演说、致辞，频频登台亮相，活跃在台湾政治舞台上。其目的就是一个，动员台湾妇女投入"反共复国"的工作中去。真可谓是夫唱妇随。

"妇联会"在蒋夫人的领导下，成绩斐然。在它的十年总结中是这样记述的：

"妇联会"成立以来，迄今十载，工作进展甚速，截至本年度会员人数（包括各阶层妇女）已达225960人。

本会工作可分组训、慰劳、宣传三大项目，兹分述如下：

一、组训工作：以组织加强团结，于各地区、各机关、学校先后设立分支

---

① "中华民国年鉴"，第331页。

会，迄今计有分会 48 个，直属工作队 28 个，支会 338 个，工作队 151 个，纳各阶层妇女于一体，从事"反共抗俄"工作。复以训练工作增加妇女技术知识，本会及各分支会曾先后开设救护、国语、缝纫、烹饪训练班，训练部分学识不够的军眷各种手工工艺、打字、会计等，使她们有一技之长，能在家中作手工艺赚钱以补贴家用。前后毕业者 10 余万人。

二、慰劳工作：慰劳工作可分两大项目，即社会救济工作及劳军工作，本会经常举办各项救济工作，如对贫苦困难者之济助，对老弱疾病者之安抚，其救济方法或施以衣物，或赠予现金，并配合社会各种慈善及救济运动开展工作。至劳军工作，则最为重要。

三、宣传工作：本会自成立以来，曾以文字、艺术、口头各种宣传方式促进妇女了解世界局势、"反共"理论及妇女运动之重要性。文字宣传如出版定期刊物《中华妇女》及《妇联通讯》各种丛书，纪念性报道刊物、壁报，印发各种文告及举办征文比赛；艺术宣传如出版"反共"书集，举办军中及民间电影欣赏会及歌咏队和话剧队，并于国内外举办照片展览；口头宣传如举办各种讲座、广播座谈会等，其中尤以对大陆广播一项颇受各界重视。

此时期还应为宋美龄的"贡献"补充一点：蒋介石政府迁台后，百废待兴，一时无法安置军属，军属们无屋可住，造成严重问题。宋美龄为使军人安心保卫台湾，她首先提出筹建军属住宅，呼吁企业家捐款兴建军人家属宿舍，先是兴建官兵宿舍，后改为军人职务官舍。宋美龄还曾仔细浏览各种设计图样，然后是不厌其烦地指示和修正。在她的号召下，台湾各界踊跃捐赠，一年内完成 4000 幢，分赠军属进住。1996 年又完成了第 18 期 2000 多户军人职务官舍。截至 20 世纪 90 年代已兴建了 5 万多户，第 19 期职务官舍正在筹备兴建中。

应该承认，国民党退台后，宋美龄一直对妇女工作是非常重视的。她常说，妇女是社会基本，社会要改进必须靠妇女，所以妇运的工作特别重要，在家里父母能够把小孩教育好的话，这个社会就没有问题了，"国家"也会复兴健全。她对妇运工作的领导从她对手下做具体工作的人员发布的指示可见一斑。她的要求是：

第一，妇女在哪里，你们就到哪里。换句话说也就是要多和妇女在一起，不能离开妇女，要经常结合妇女的要求开展各种活动。

第二，要非常重视妇女的福利。她认为表面上虽然台湾已达到男女平等，但要真正做到并不容易，许多方面要真正达到平等还有待努力，所以她要求做妇女工作的人一方面积极地推动两性平等，从法律、政治、教育、文化、社会各方面来进行，推动了许多妇女政策的出台，也就是所谓的妇女白皮书；另一方面她非常重视新闻点即有卖点的才有效果，所以"妇联会"编写的《妇友月刊》改变形态，不断地充实内容，真正地成为妇女的园地，每月出有简讯，将"中央"到地方各阶层妇女活动结合起来，利用各种重要节日，如与妇女有关的儿童节、母亲节，在台湾各地举办各种活动，为妇女工作造成一种氛围，而且也有新闻价值。

此外，她们在妇工会门口候车站的墙上开辟了妇女园地，让大家有机会去观看，透过简讯和墙壁的字画、文章报道，让大家对妇女工作有所了解。更重要的通过举办很多活动，如国际妇女会议和定期相关的学术研讨会，对妇女有关的权益——财产权、子女监护权、离婚后妇女第二春的开创及银发族的问题都一一地探讨，请专家学者参与，通过这些渠道让活动不断增多，让人们对妇女工作更加了解，有更深一层的认识。

第三，最重视的是服务观念。宋美龄认为：我们要为千千万万的人服务，就像国父孙中山先生所强调的，聪明才智愈大者当为千万人服务，其次为百十人服务，至少也为个人服务。所以我们要把服务的观念不断地增进，在各方面加以宣导。因此她请了很多学者专家做各地巡回演讲，让大家了解服务的意思，希望大家能参加到服务的行列中来。当今，只有要解决他人所面对的问题，最重要的就是要研究妇女问题在哪里？妇女所面对的困难在哪里？了解之后，才能积极地主动地帮助她们，她们才能有所认同接纳。"妇联会"成立之初，主要是劳军和解除军人的后顾之忧，发展到后来，凡残疾、孤苦无依、贫穷者，都是"妇联会"服务对象。随着台湾经济的发达，人民生活改善，军队官兵的生活也有了许多改善，"妇联会"的工作中心除敬军、爱军、劳军之外，也推动了许多为贫苦同胞服务的事情。"妇联会"的工作遵照蒋夫人的指示，结果是颇有成效的。"妇联会"的经费从开始时的 400 万元到超出了 1000 万元；而且广结社会资源，有许多工商界的妇女参加到"妇联会"的工作行列中，出钱出力，尤其对于孤儿院、养老院，以及很多需要帮助的人群都伸出援手。

宋美龄不仅亲临主持"妇联会"，她还让两个继子的夫人蒋方良、石静宜参加"妇联会"的工作。正如台湾作家江南所说："蒋氏一家，实行总动员，力挽狂澜。"

"妇联会"名曰人民团体，不能由政府拨款，经费从何而来？

最初时当局是在电影院、戏院门票收入上动起脑筋。于是就出现了电影戏剧入场券上面，随票附征一元。然后，假借"大陆救灾捐"名目来分配。当时电影门票采取限价政策，台北的门票一张二元，随票附征一元，变成一张三元，即戏院或片商卖出一张门票，收入三元，先扣去一元为"大陆救灾捐"，而"大陆救灾捐"的分配，则由"大陆救灾总会"、"救国团"、"妇联会"各按三分之一瓜分。于是，经费有了着落。

时至今日电影门票一张已涨到百元，附征的"大陆救灾捐"每张仍为一元，所以"妇联会"早已不把这笔收入看在眼里了。但是当年（1956年以前）在一张门票上个个刮去三角三分三厘三，实是一笔大数字。因片商和戏院余下的二元，尚需负担娱乐税和印花税八角钱，之后，片商和戏院各分一半，每人只得六角，仍须负担各自的营业税等，以及广告费，本身用人和开支。如此结算之后，片商和戏院在卖出一张门票之后能得到的收入分别只有三角三分三厘左右。而片商和戏院所收的，只有在自己发行的影片有收入，戏院也只有这一家售出的门票的收入。而"妇联会"等，却是在全省三四百家戏院，每一天、每一部片、售出的每一张门票上都个个获得与戏院、片商相同的收入。

在蒋氏父子说了算的时代，宋美龄开创的"事业"，要想搞钱何患无辞。

后来"妇联会"经费来源大多是台湾商人的"捐助"，即在结汇美金外汇上，每一元美金附加一元台币，这被商人们称为"雁过拔毛"，台湾一年结汇的外汇，何止百亿美元。"妇联会"所做的大量善事，与其说是蒋夫人的功劳，毋宁说是台商的"贡献"。

该会1965年更名为"中华妇女反共联合会"。

"妇联会"是宋美龄一手创办的，所以，一直为宋美龄把持，凡是"妇联会"的大小事情都会一一请示宋美龄。但是到了后来，宋美龄逐渐把权力转交给了她的外甥女孔令伟。有时，对"妇联会"的事情，宋美龄倒要服从孔二小姐的意见。

尽管孔二小姐在"妇联会"中没有什么职务，但她依仗着宋美龄的关系，对会中一切事必躬亲，"妇联会"的实际负责人倒成了摆设，没有多大的实权。

有一次，"妇联会"的员工们要求增加工资，负责人就写了个报告呈递给宋美龄批准，据闻，宋美龄在看完"报告"后，考虑"妇联会"的员工确实已有几年未加薪了，于是，马上就同意了。但是，消息传到孔二小姐那里后，她立刻叫来有关人士要回了那份加薪报告，并训斥道：她们凭什么要求增加工资？她们做了什么事情？

闹到最后，孔二小姐硬是把这份加薪报告给"枪毙"了，弄得"妇联会"的上上下下对孔二小姐都是敢怒不敢言。居然连老夫人"恩准"的事情也会被推翻，可见，孔二小姐在宋美龄心中的地位了。

当然，"妇联会"的职员们对孔二小姐也有好感的方面。在"妇联会"为那些军人家属建宿舍的工作中，孔二小姐对工作的"敬业"精神就受到人们的称赞。

"妇联会"在宋美龄全权负责的时期，有一项主要的建树，就是为那些自大陆去台的国民党军人家属造宿舍，并且已经建造了不少。孔令伟接手后，"妇联会"仍旧要为那些眷属改善生活条件，孔二小姐对此项工作十分积极。她不仅每天跑到建筑工地亲眼目睹建筑进度，而且还事事过问，包括用料、进料情况等。她除了天天检查工程进度外，再一个"任务"就是监视每一个人的行为，在她的心目中，每一个人都可能随时随地占工地的便宜，对任何人不信任，这也是孔二小姐一生最为典型的作风。

由孔二小姐经手新建了十多期家属宿舍，每一期的用料她都希望能从国外进口，以便使工程质量得到保证。除此之外，由于孔二小姐爱好广泛，加上她对建筑也特别感兴趣，她有时还会直接参与工程的设计工作。虽然许多人对孔二小姐的"管理"方法受不了，但还是有不少人对她的敬业精神和她对工作认真负责的态度赞赏不已。因为在许多人看来，若站在孔二小姐角度，她的出发点并不坏，她只是希望工程质量和进展都能顺利罢了。

1986 年，宋美龄从美返台后，曾有几次前往"妇联会"。后来，由于她行走困难，很少离开她的官邸，也就不能再去她的"妇联会"了，而改由"妇联会"总干事每隔一两天到士林官邸去汇报一次。直到 1988 年 7 月，国民党十三大召开时，她的亲信钱剑秋因"形象不佳"被赶出"妇联会"，宋美龄才最后交出权柄。经过近四十年的风风雨雨，宋美龄创立的"妇联会"为台湾"蒋氏王朝"的确立与发展立下汗马功劳，应该是毋庸置疑的。

1990 年 12 月 20 日，"妇联会"完成了新旧任总干事的交接仪式，在李登辉夫人曾文惠女士观礼下，原任总干事王亚权卸下长达十六年的总干事职务，由国民党中常委辜振甫夫人辜严倬云接棒。辜严倬云曾是宋美龄在"妇联会"中十分信得过的人，与孔二小姐的关系也不一般，由她接管"妇联会"就是孔二小姐向宋美龄推荐的。由此看来，宋美龄又有了交职未交权之嫌。但是，无论上述人选是否与宋美龄有无干系都不影响人们的这样一种共识——宋美龄时代已经过去了！

五、协助"改造"

蒋介石重登"总统"宝座后，除了高喊"反共复国"外，立即着手国民党改造与重建工作。1950 年 7 月，他宣布了改造方案，对国民党动了"大手术"，来了一番彻底的改造与重建。

蒋介石认为，国民党退台之后，其组织虽然极其涣散，但派系斗争犹存，如果让派系争斗的局面继续下去，"则党必归于毁灭，永无复兴的希望"。蒋这句话从表面上看很有道理，他要清除内耗现象。但在讲这句话的时候，他是含有私心的。因为蒋要借国民党改造之机，清除异己，使台湾真正成为清一色的蒋家天下。

蒋介石急于改造、重建国民党，还在于他欲寻找替罪羔羊。国民党在大陆的惨败，使国民党统治集团内部纷纷起来追究失败的责任。美国民主党与共和党之间也在 20 世纪 50 年代初期展开了"谁丢失了中国"的争论。蒋介石说在大陆的失败首先是党的失败，自然党务失败的责任应由国民党总裁蒋介石来负。问题是无人敢指责蒋介石。蒋介石为了开脱失败的罪责，欲将党务失败的责任推到国民党中主管党务的陈果夫、陈立夫兄弟的头上。

于是，"改造"工作首先拿陈氏兄弟开刀了。

在大张旗鼓"改造"开始之时，蒋介石先召见陈立夫，问其对"改造"有何想法，陈立夫察言观色后，主动提出，大陆失败应由陈氏兄弟负责，故不宜参

陈立夫

加党的"改造"。这一点可从日后陈立夫的一次谈话中得到证实。

"到台湾后，有一次在日月潭陪侍总裁检讨国是与党事，我对总裁说大陆失败是国民党历史上的一个大失败，这个失败要有人负责，所以果夫先生与我本人，应当负其全责。我当时建议党的改造，应当把我兄弟二人除去，郑重建议应由蒋经国同志主持此事。"①

7月26日，蒋介石宣布由他个人指定的中央改造委员会及中央评议委员会名单，除谷正纲和张道藩外，包括陈立夫在内的相当一批 C.C. 派要员靠边站。陈果夫则只挂名为安慰性的中央评议委员，此时他已是缠绵于病榻之上的垂危之人，于翌年8月25日病逝于台北。

陈立夫则借1950年8月出席"世界道德重整会议"之机，被迫经瑞士流亡美国。行前，宋美龄想替蒋介石做些安抚工作，借陈立夫辞行之时，宋美龄送给陈一本《圣经》说："你在政治上负这么大的责任，你带到美国去念念，你会在心灵上得到不少慰藉。"陈立夫神情颓丧地指着墙上蒋介石的肖像说："夫人，那活着的上帝都不信任我，我还希望得到耶稣的信任吗？"②宋美龄无言以对。

就这样，蒋介石在"清除派系观念"的口号下，把陈氏兄弟踢出了国民党的权力中心。

由于她的特殊贡献，蒋介石给宋美龄的头衔是国民党中央评议委员（台湾一些杂志称其担任的是"中央评议委员会荣誉主席"，并对其颁发了中山奖章）。但这个头衔却不是什么官职，与宋美龄原来担任的六届执委是不可同日而语的。

原来，蒋介石为了改造国民党，为了在党的系统中取消一批国民党元老的权力，便把这些人改为"评议委员"，既非党的"中央委员"，又非"党中央常委"。

"评议委员"，据台北有关官方文献解释，相当于外国的"元老院"的元老。"评议委员"的成员由党的总裁圈定，不是由什么党的全国代表大会选举，换言之，如果这位元老失去了蒋介石的信任与好感，那么下一届的评议委员会中就会被排挤在外。

而蒋介石把夫人列为"评议委员"的第一名，正是为了堵住下台元老们之口，他们之中如果谁对蒋介石的做法有微词，那么，老蒋会说："你们看，连宋美龄也是评议委员！"所以，国民党退到台湾几十年，元老们顶着这个徒有其名的头

---

① 李松林著：《蒋介石晚年》，第86页、第87页。
② 李松林著：《蒋介石晚年》，第86页、第87页。

衔，只能老老实实地吃蒋家的皇粮，领蒋家的长俸。而且，到蒋介石咽气为止，宋美龄仍然只是个“评委”，在党内没有发言权，对外也只是蒋介石妻室的身份，在台湾当局没有什么官阶。

为了丈夫的利益，以丈夫的大局为重，真够难为这位如此看重权势的“第一夫人”了。由此可以看出，宋美龄真是做到了与丈夫同舟共济。

蒋介石的改造是卓有成效的。1952 年 10 月，国民党在台北召开第七次代表大会，“七大”除产生了 32 名“中央委员”外，还按照“改造”时的模式，设立了中央评议委员会，该会纯属“照顾”性质，仅供中央委员会咨询。落选者中有许多是国民党内的失势元老，特别是 C.C. 派，几乎是全军覆没，像陈立夫这样的 C.C. 派顶尖人物，不但中央委员没有捞到，就是“中央评议委员”也榜上无名。

通过这次“改造”，蒋介石顺利地完成了权力的再分配，将 C.C. 派势力逐出党务系统，让儿子蒋经国和陈诚取而代之，也为后来蒋介石“传子”打下了基础。

在这“改造”的成果里，自然也有宋美龄的一份“贡献”与“功劳”。

六、"度假外交"的创始人

1950 年前后，杜鲁门总统的情报系统对台湾当局前途的评估是预测它会在 1950 年夏天因为中共的攻击及内部瓦解而全面崩溃，这对杜鲁门政府似乎不完全是个坏事，起码这种结果可以使得政府免除来自亲蒋介石游说团的压力。

1950 年，朝鲜战争爆发了，用江南先生的话来说："蒋先生意外地得到一张人寿保险单。蓝钦被任命为驻台公使代办'台湾外交'的职位，军经援助恢复，往昔阮囊羞涩的日子，一去不复返矣。"①

远东局势突然发生的这种有益于台湾当局的变化，也使蒋介石政权奇迹似的自濒临垮台的边缘起死回生，额外地为台美带来了几十年的密切友好关系。

由朝战起，美国的亚洲政策立即作了彻底的调整。

6 月 25 日，美国操纵联合国大会判定朝鲜为侵略者。6 月 27 日，美国操纵联合国大会通过议案，要求联合国成员国出兵援助南朝鲜。同日，杜鲁门下令美国第七舰队"阻止对台湾的任何进攻"，从而推翻了他本人六个月前所作的声明。

6 月 29 日，美国第七舰队的六艘驱逐舰、两艘巡洋舰和一艘运输舰，侵入台湾海峡，并即开始游弋。7 月以后，美蒋关系迅速热予起来。美军侵入台湾海峡，为蒋家小王朝撑起了保护伞，这正是蒋介石梦寐以求的。但是，美国在撑起了保护伞的同时，连带提出了两个附加条件，使台湾当局颇感不快。第一个条件是提出"台澎地位未定论"；第二个条件是要求台湾当局承认"台海中立化"，即美国一方面用优势海军力量遏阻中国大陆在台湾海峡用武，但另一方面也要求台湾当局停止对大陆的军事袭击。无奈，因急需托庇于美国的保护，蒋介石还是强吞了这两颗苦果。至 1950 年年底，台湾当局总算获得了暂时的"安全"。

从此以后，大量的美国军队进驻台澎和金马地区，美国的军事、经济、文化、政治和情报势力，随着中美协防条约，美国军援和经援在台湾的介入，大

① 江南著：《蒋经国传》，第 263 页。

量、广泛地渗入台湾的生活。对此,台湾作家陈映真用了一句贴切的比喻,即"台湾已是吃美国奶粉长大的孩子"。[①]

台湾当局稳住了局势,利用朝鲜战争带来的一段喘息时间,改组了党和行政机构。蒋介石渡过了他一生中的又一次难关。但蒋介石仍要倚夫人为重要辅佐。宋美龄在蒋氏外交上占了极重要的地位。

蒋介石身边有不少外交才干,但似乎都比不上宋美龄,她既是夫人,又是能干的助手,于公于私都是蒋介石不可缺少的人。

20世纪50年代初,有关台湾形势的报道表明,各方面情况大为好转,美台合作的进展也令双方颇为满意。有许多美国文武官员前往台湾访问,同时,国民党政府的官员也应各种邀请到美国旅行。宋美龄又有了施展才华的机会,当然也会有出纰漏的时候。

最先秘密来访的是美方大人物麦克阿瑟将军,之所以说是密访,原因在于杜鲁门总统在获悉麦克阿瑟飞往台湾时,竟至勃然大怒,发了一通脾气。这表明麦克阿瑟访问台湾事先并未得到华盛顿的同意,而且这次访问使得杜鲁门总统大为不满。

蒋介石与麦克阿瑟

---

① 《台湾命运机密档案》,第250页。

　　而过早泄露秘密的，恰恰是蒋夫人本人。因为她到台后一年多来，一直与马歇尔通信。曾经有报载道："蒋委员长的这位夫人，在 1948 年访美期间，同马歇尔夫妇过从甚密，建立了热烈友好的感情。当时，她曾企图劝使杜鲁门总统向正在土崩瓦解的国军提供大规模援助，但徒劳而无功。蒋夫人曾在弗吉尼亚州的马歇尔公馆小住了几个星期。由于蒋夫人写信毫无拘束，马歇尔将军对中国问题的各个方面，特别是麦克阿瑟将军的所作所为都一清二楚，如何对付，自然成竹在胸。

　　蒋夫人一次在信中预示麦克阿瑟即将去台同她丈夫研究台岛防务。那时，五角大楼和国务院对麦克阿瑟这次命驾在即的台湾之行，却还蒙在鼓里。随后蒋夫人驰函马歇尔。该函长达三页，单行打字，把麦克阿瑟和蒋介石的谈话内容，一五一十，和盘托出。如此大事，麦克阿瑟竟然不对华府报告。殊不知马歇尔早已洞悉一切，而且消息竟是来源于蒋夫人这等最高权威人士。"[1] 杜鲁门当然要大发雷霆。

　　宋美龄没有想到的是，马歇尔和麦克阿瑟之间的关系不是那么美妙，而且马歇尔将军作为一名军人，自然而然地赞同杜鲁门总统对麦克阿瑟的态度。

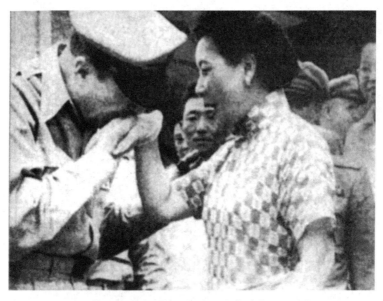

1950 年，麦克阿瑟将军访台，向宋美龄行吻手礼

---

[1]《顾维钧回忆录》第八卷，第 131 页。

美官方人士访台官阶较高的是纽约州的杜威州长，他受到了蒋介石夫妇热情款待，并由蒋夫人亲自做翻译。由于杜威先生在竞选美国总统时，受到过蒋介石的资助，所以，这次来台马上表态说："无论吾国友人'蒋总统'之政府有何缺点，然比毛泽东尚高明千倍。"①

蒋介石通过夫人向杜威表达了他因美国未邀请中国出席旧金山会议，把中国排除在对日和约之外而生气，蒋介石认为美国在这个问题上所持的态度是对他的侮辱。

蒋夫人也探身过来以严肃而诚恳的态度向这位美国官员表达了与蒋介石同样的情绪。

令蒋介石夫妇气愤的"旧金山会议"，是指朝鲜战争的爆发，使美国急于解脱日本，使之成为东亚反共包围圈的中心堡垒。为此，美国于1950年10月开始积极活动，准备在旧金山召集各对日作战国签订对日和约，继而解除对日本的军事管制，使日本重归国际社会。1951年6月15日，美方通知台湾当局，其要点为中国的两个政权都不参加此次签约，另由日本自主决定与中国哪个政权签约。

中国毕竟是第一个抵抗日本侵略的国家，作战时间长达十四年，不但受伤亡之苦，而且财产等损失也在各参战国之首，这是全世界所共知的事实。而既然要举行和会以缔结对日和约，排除中国是极不正常的。美国这一提案，不仅把中国排除在对日和约之外，甚至让战败国日本来选择中国的两个政权之一为媾和对手，这是对中华民族的粗暴侮辱，因此遭到海峡两岸炎黄子孙的共同声讨。

但是，弱国无外交！蒋介石夫妇所表达的这种不满，美国人根本不予理睬。

在依然危机四伏的情况下，他需要美国的保护伞，需要美援。蒋介石没有再用更强硬方式来表示抗议。

蒋氏夫妇对赴台访问的美国人安排得很是周到，让他们在很短促的时间内看到台湾的方方面面，以便他们回国后敦促本国政府向台湾提供更多的全面援助。

仍然，这一做法并没有得到每位来访者首肯。

杜威曾私下说，他对在台湾的所见所闻并不满意。他认为，台湾人民生活本应比日本人统治下更好些；军队吃得太差，怎么能指望这些士兵好好作战呢！

杜威的评价还包括对台湾高级官员的看法。他曾表示对蒋介石没有好印象，但对孙立人将军、吴国桢"主席"和陈诚"院长"印象深刻。

---

① "中华民国年鉴"。

　　尽管如此，碍于他在竞选时曾经得到过蒋介石的金钱支持，到了台湾又受到殷勤接待，所以这位州长只是在背地里讲点真心话而已，绝不会在公开场合对台湾讲半个不字！

　　当然，美国官员中被邀请访台的人，为蒋氏夫妇及台湾大唱赞歌者是不乏其人的。

　　美国前驻俄大使蒲立德就是一个。他对友人兴高采烈地讲起他的访台和在台旅居小憩。他说："他从来没有在任何地方得到过比这更愉快的休息。真希望能多待几天。他很想在下一个冬天去多住些日子。"① 蒲立德还得意地拿出蒋夫人画的一幅中国山水画，上面有蒋介石为他题词和蒋夫人的亲笔签名，而且这幅作品出自仅经一年训练的业余作者之手，令蒲立德称赞不已。

　　蒲立德对台湾的局势印象极佳。他特别注意到领袖们和政府官员们的决心，他们人品正直、具有信念、精神振作、工作勤奋，蒲立德觉得那里的整个气氛是令人振奋的，预示着光明的未来。

　　在中国待了二十五年的基督教长老会传教士詹姆斯·格雷厄姆博士，自从蒋介石撤退至台湾后，他就不断讲台湾的好话。由于他对蒋介石及蒋夫人表示出极大的仰慕之情，所以，这位传教士多次发表谈话，主张美国全力援助蒋介石，帮助其实现"反攻大陆"的计划。他甚至还表示过反对美国政府促使台湾中立化的政策。

　　美国军方的蔡斯将军在访台返美后，马上表示："要敦促当局加速运交对台湾的军援。因为蒋介石使他在台期间，看到了美国运往台湾有相当数量的装备供应，包括轻武器和一些大炮的弹药也已运到，虽不是新型的，但比没有要强。他说，仍急需飞机和重炮。一个雷达系统已经建立起来，虽也不是最新式的，但正在该岛西岸有效地发挥作用。"② 同时，他对台湾和所有其他国民党管辖下各岛守军的士气和质量的改善颇为赞许。

　　五角大楼军事援助计划负责人奥姆斯特德将军在一次宴会上非常友好地告诉顾维钧"大使"，运交台湾的军援比例在所有受援国家中是最高的。而且这些亲台的军方人士还将继续催促装运。

　　正是由于这位将军这番友好表态，所以，当台湾方面得知将军将访问远东时，马上有关人士向蒋介石夫妇建议：给这位将军夫妇发出访台邀请。

① 《顾维钧回忆录》第九卷，第502页、第513页。
② 《顾维钧回忆录》第九卷，第502页、第513页。

对蒋介石赞不绝口的还有美国太平洋舰队的雷德福海军上将。在1952年上半年，应蒋氏夫妇的邀请，他访问了台湾，并得到了当局热烈的欢迎，在与蒋介石夫妇会谈后，他对蒋产生了极好印象。他赞扬了国民党政府领导人的精诚团结，同时，也非常钦佩蒋介石对未来的决心和信心。他相信国民党的利益也就是美国的利益，因为对他的国家来讲，必须有一个友好的"中国"，而这不可能是中国共产党。他还认为，他在台湾所见到的令人满意的情况和军民的良好士气主要是由于蒋委员长领导有方。

随着艾森豪威尔将军的上台执政，美台关系日见亲密。据台湾出版的1954年的年鉴统计：1954年，来台访问的美朝野人士和军政首长共计几十人次。其中国会议员、知名人士大有人在。

得了人家给的好处，自然要为人家讲些好话，这大概是个规律！

受到高度礼遇或度过一个美好的"假期"，当然可以使一些人与蒋介石建立起深厚的"友谊"，也自然会使美蒋关系的改善得到"物质"保证。

蒋夫人可谓用心良苦，也可谓"卓有成效"！

邀请美国名流访台，通过他们在美朝野为台湾呼吁，并以此来加强台美合作。这一精心安排的始作俑者是蒋夫人宋美龄。因为早在几年前，为争取美援，宋美龄已有了这个得意之举，而且通过几年的实践，这一举措越发显示出它对台湾各方面发展的重要作用。特别是它又成为日后台湾掌权者效法的外交"法宝"。之后台湾当局推出的"度假外交"就是从宋美龄的这一创举中演变而来的。

面对大批被邀请的美国客人，宋美龄以她最惊人的恭维使客人们倾倒，也使客人们满意而归。她手头总备有贵重的小礼品——银盒子、银盘子、镶嵌珠母的微型柚木箱子。在一支人数众多但又不让外人见到的工作人员队伍的帮助下，把这些纪念品事先就刻上了每一个人的名字和简短的题词。仅此即足以打动西方人，因为在美国客人的普通生活中绝不会有如此讨人喜好的东方式的微妙礼遇。

1953年，美国共和党的艾森豪威尔、尼克松担任了美国的正、副总统。特别是尼克松这位老朋友上台更让台湾当局兴奋不已。不久，尼克松就踏上访台的行程。

尼克松这样回忆当年的情景：

"1953年暮春，艾森豪威尔要我到亚洲和远东作一次重要的旅行。由于他战争时期的经历，艾森豪威尔几乎比任何一个非欧洲人都更了解欧洲及其领导人。但是他不了解亚洲和中东，所以他是从来不过高估计自己的经验和知识的。而且他感到杜鲁门严重忽略了这两个重要地区，因此他准备在他的任期内弥补这个缺陷。"①

　　到了台湾，蒋介石为欢迎尼克松夫妇举行盛大的欢迎酒会，并且请尼克松在台北蒋介石华丽的官邸会见。他们谈了七个小时，始终是由蒋夫人宋美龄给他们做翻译。

1953 年，尼克松访问台湾

　　尼克松谈到：当我们谈到"中国"时，蒋两手一挥，清楚地表明他指的不仅是这个目前他的权力所及的小岛，而是地平线那边的整个国家。蒋介石和蒋夫人还在做着美梦，拟订着把共产党赶出大陆的计划。我不能直率地告诉蒋，他想在他的统治之下重新统一中国的可能性，实际上是不存在的。但我仍明确指出，美国军事力量绝不会投入支持他可能发动的任何进攻。虽然我觉得他重返大陆的计划是完全不现实的，但他很高的"智慧"和他决定尽全力要把中国人民从共产主义统治下"解放"出来的那种精神仍给我留下了深刻的印象。

　　在他们密谈之后，尼克松对蒋氏夫妇可以说是赞不绝口。于是，就有了在他

① 《尼克松回忆录》，第 157 页。

那本《改变亚洲历史的人物》的书中，对蒋氏夫妇，特别是对宋美龄所作的如此介绍：

"1953年，我第一次会晤这一位20世纪中国最伟大的'领袖'蒋中正。以后我担任'副总统'或平民时，我仍然和他保持接触。我极为珍视我们之间的友谊，因此当我们与北京建立关系时，我个人有一种挫折感。

蒋中正和蒋夫人时常欢迎我到台北。通常是蒋夫人担任我们的译员，有时她也会参加我们的讨论。受过卫斯理大学教育的她，是一位极优秀的译员。除了具有极流利的英语外，她还能完全了解她丈夫的思想，所以她能正确地翻译出彼此的谈话。

蒋夫人除了担任她丈夫的译员外，还具有其他的意义。一般人认为：一位领袖的妻子，是因夫而贵，与个人在历史上的表现无关紧要。这种看法，不但忽视一位领袖妻子在幕后所担任的任务，且玷污了领袖妻子所具有的特质与性格。我相信蒋夫人的智慧。说服力与道德力量，已使她自己成为一位重要的领袖。"①

最后，尼克松对宋美龄下了结论："蒋夫人是一位极文明、美丽整洁、极女性化及极坚强的女人。"②

蒋氏夫妇特别是宋美龄为尼克松访台倾注了大量心血，所以才有了尼克松对蒋氏夫妇如此高的评价，所以才有了日后他在美国名流中六度访台的最高纪录。

应该说，尼克松对蒋氏夫妇的好感是事出有因的。以往他与宋氏家族的来往且不论，只是这次顺路访问，就让台湾当局和"驻美大使"大费了一些脑筋。

在顾维钧回忆录中提到，1953年10月，孔令杰说，"他已接到通知尽快返台，陈之迈也将和他一同回去，完全是为尼克松副总统和夫人访台做准备。"于是，顾"大使"转达了尼克松曾反复提出过的要求：希望访台时尽量少为他举行宴会。顾"大使"说，"原因在于尼克松自就任副总统的高位之日起，在接见人员和发表谈话方面，一直十分小心谨慎。特别他在同中国人会见方面格外慎重。因为他过去亲台的举动已在竞选中被他的政敌所利用。"顾"大使"建议："在台湾同尼克松会谈时，我们应小心谨慎，尊重他在此事上的感情。我们当然了解，他在内心中极为同情我们的事业，我们可以坦率地向他提出我们的要求，但不要强迫他在任何具体问题上做出任何答复。"

① 尼克松著：《改变亚洲历史的人物》，第60页。
② 尼克松著：《改变亚洲历史的人物》，第60页。

1953 年，美国副总统尼克松到台湾，代总统艾森豪威尔向蒋介石赠送艾的照片

　　11 月 11 日，顾"大使"又见到了陪同孔令杰和李骏尧返台协助尼克松访台事宜的陈之迈，陈说："尽管他和孔令杰是应召返台专为尼克松的访问进行安排的，但他感到，在尼克松访台期间，他和孔最好不在台湾。因为《报道者》杂志曾发表文章，把他俩与中国'院外活动集团'联系在一起，所以他和孔令杰在 6 日，刚好在尼克松副总统抵达台湾的前两天去了日本。"（《顾维钧回忆录》第十卷，第 468 页。）陈还说道，顾"大使"发往台北的电报建议将招待副总统的宴会从简，特别是建议为避免使尼克松回想起《报道者》杂志发表的有关中国"院外活动集团"的文章，在讲话和行动上必须小心谨慎（如在招待副总统的宴会上被文章点名的人不要出席作陪），这对政府至关重要。这一建议使政府决定，通知陈之迈和孔令杰在尼克松到来之前离开台湾。

　　由此可见，蒋氏夫妇对老朋友确实是非常"关照"的。

　　在尼克松访台前后，还有许多美国的政界、军界、商界的名流访台。美国国务卿杜勒斯几度访问，宋美龄也都是重要的参与者。

　　从以上史实来看，在蒋介石撤到台湾后，宋美龄虽然没有什么实职，但她确实是蒋介石的左膀右臂。凡与重要外宾会晤，蒋夫人必随侍在蒋介石身边。通过她的翻译，使双方能够互助理解和更好地沟通。在这些会晤过程中，宋美龄理所当然地参与了大量不为一般人所知的机密。

　　无怪乎，台湾一些评论说：宋美龄是一部活的"中美外交史"！

七、重返美利坚

宋美龄对于蒋介石来说，是个不可多得的助手。蒋介石当然不希望夫人经常离他左右。可是这位"第一夫人"没在台湾待两年却又要去美利坚走动走动。宋美龄确实有相当大的"权力欲"，她不甘心只在幕后做事，常常希望主动地走到台前崭露头角。

早在1952年宋美龄就踏上了美利坚的国土。这次访美，美其名曰赴美就医，治疗顽疾，实则是去观察一下美国在大选年的风向，了解白宫新主人是否对台湾继续友好，当然访美也免不了探亲访友。因为她的兄弟姐妹及亲属都在美国各地发展自己的实业。

尽管蒋介石是何等地切望夫人不要离开台湾，但宋美龄还是通过部下办好了赴美的护照和入境签证。

8月的一天，宋美龄一行人先到达了美国的檀香山。之后不久，台湾驻美"大使馆"和纽约唐人街中华公所接到通知，准备到纽约机场迎接蒋夫人宋美龄。

这位夫君已被赶到一个海岛上做"总统"的女人，仍不忘摆一摆"第一夫人"的架子。在纽约"领事馆"安排下，到机场上迎接她的有近百个中国人。当她下飞机时，纽约的"总领事"高声宣布只有少数几个人准许接近飞机。欢迎人群被挡在绳栏之外，飞机舷梯口有一位警官宣布只有霍华德夫妇可以登上飞机。然后宋美龄和霍华德夫妇一同下机，走向孔祥熙为她准备好的汽车。这时有一百来个人拥上去和她握手，其中有许多人被警察撵开了。唐人街的代表们列队夹道欢迎，宋美龄没有和他们一一握手，甚至都没有顾得上向他们致意感谢，就坐进了汽车。这时纽约"总领事"赶上前来招呼暂勿开车。他打开车门，请蒋夫人出来向在场恭候多时的代表们讲几句话。他说代表们未得机会向她致敬，甚至蒋夫人都不知道他们来欢迎她，很感失望扫兴（这些代表那天早上起得很早，又因飞机误点，很多人已经等了很长时间）。宋美龄显然不高兴地下了汽车，"总领事"鼓掌请大家注意，说蒋夫人要向他们讲话，结果宋美龄叫"总领事"代讲几句了事。

事毕，她的汽车就直奔长岛孔家为她举办的午宴欢迎会去了。

仅仅是几个小时前，为了欢迎这位高贵的"第一夫人"也曾有过这样"一片壮丽的喧哗"，只不过地点是在芝加哥而已。

台湾驻芝加哥的"总领事"是这样描述当时的情景的："联合航空公司打电话通知他，蒋夫人乘坐的班机要在芝加哥机场降落，他们把航班号告诉了他，并说飞机约在清晨六时到达。他就行动起来，动员华人社会派出一个人数可观的代表团去机场迎候。并组织华人妇女俱乐部的主席、干事等届时向她献花。可是他们却没有见到蒋夫人。"[1] 原因很简单！飞机到时，秘书告诉他们，蒋夫人正在睡觉，不便惊动。那么多人，大清早来到机场干等一场，真是万分扫兴，怨声载道。

可见，宋美龄"第一夫人"的架子端得足足的！

宋美龄不愧有外交手腕，为了平息侨领们的怨气，她在一家中国餐厅邀请唐人街的华人领袖们开了个茶会来表示她的谢意。但结果并不圆满。因为按惯例开茶会要请来宾入座。而这个会却是从始至终让人们站着，致使侨领们感到，这种弥补的方式没有诚意。

到了纽约，宋美龄先忙于与亲人团聚，休整之后，就招来台驻美"大使"到纽约茶叙，以了解美国政局以及美国竞选活动中的中国问题等。同时，也不忘打开她的社交圈。一会儿，她宴请前美军驻华司令魏德迈一家，一会儿，又与对台友好的菲律宾大使夫妇相见……她急于多结交一些有用的朋友，以便尽快打开台湾在国际交往中的局面。

11月4日，美国大选揭晓，不仅共和党候选人艾森豪威尔赢得总统职位，而且共和党也取得国会参众两院的控制权。这标志着民主党当政20年历史的结束，而共和党则自1932年下台以后，又回到了执政地位。就美国两党来说共和党更具反共倾向，这对台湾当局来说，无疑是一大喜事。

1953年1月，二十多年来的第一次共和党总统就职典礼，是一次盛大的活动，美国全国约有75万人从各地前来观礼。

宋美龄也计划访问华盛顿，参加这一盛典。她命人打电话给顾维钧，说一接到请帖，她将赴华盛顿，并在台湾驻美"大使馆"双橡园小住几日。宋美龄认为，她本人正好在美国，邀请她是顺理成章的事。但事情并非如蒋夫人所愿，是否邀请这位"第一夫人"参加就职典礼，成为当时美国国会委员会总部争论的难题，

①《顾维钧回忆录》第九卷，第610页。

也成了"大使馆"官员接待的难题。

共和党中一些人强烈反对向宋美龄发出邀请，一些亲台的议员却极力主张发出邀请。按美国的传统，新总统的就职典礼纯属国内活动，过去一向不邀请外国贵宾参加庆典，从而难以为蒋夫人安排席位。最后，安排总统就职典礼的国会委员会总部想出一个巧妙方法，即向住在纽约的蒋夫人发电报询问，她是否有空参加就职典礼，而不是主动邀请其出席。顾维钧认为这是美方以此来暗示由于种种复杂原因不便邀请宋美龄出席庆典。

美政府想出了办法对付蒋夫人宋美龄，可"大使馆"却感到无所适从了。

先是接到夫人要来小住的电话。顾维钧立即着手为她安排一次宴会和招待会，并通知双橡园的人员为她准备好住处。主要的困难是，通知来得如此匆匆，要为这样一位高贵而不好伺候的夫人把住处布置好，需要做大量的工作。

翌日，"大使"获悉，由于无法解释的某种原因，请帖仍未收到，据说是国务院反对向蒋夫人发出邀请，因为过去没有先例，故很难为她安排适当座席。所以，宋美龄是否能来又成了问题。当晚，顾维钧经与纽约孔祥熙私邸联络后，孔答复说："蒋夫人已被邀请，但尚未接到请帖。"

离盛典还有几天了，"大使馆"又接到孔祥熙电话通知，蒋夫人还没有决定是否前来华盛顿。"大使馆"只好按她来做准备，购置了新沙发和一些新窗帘，以博取"第一夫人"的好感。

1月16日，"大使"终于接到了电话，蒋夫人决定不来华盛顿，并特别申明是夫人感冒了，不是因没有收到请帖，所以决定不出席华府盛典。

蒋夫人没有来成华盛顿，但是那些亲台的州长、议员们却不断在典礼上向顾维钧打听、询问着。

杜威州长问："蒋夫人收到请帖了吗？我已尽了最大的努力！"

众议院议长马丁说："我赞成向蒋夫人发出请帖，这样可使国民党觉得好些。"

宋美龄虽没有如愿，但有这么多朋友的关心，她也应感到欣慰了。

艾森豪威尔就职典礼之后，果然不负台湾"朋友"的厚望，马上于1月底就决定修改杜鲁门时期台湾中立化政策，以便使国民党的武装部队进入大陆。但是第七舰队将继续在台湾海峡巡逻，以防止共产党方面对台湾的攻打。

蒋介石感到了这位新总统的胆识与自信，他马上作出反应，盛赞总统新政策的明智与正确。他还向"我们海外的朋友"保证，"中国绝不要求友邦以在缅部队协助我作战"。[①]

这一唱一和，使美台关系从此进入了蜜月时期。仍留在美国观察风向的宋美龄又开始了新一轮的外交攻势，她亲自写信给美国新总统，希望他能约定个时间，给这位"第一夫人"一次拜会的机会。于是很快就有了顾维钧第一次真正地收到蒋夫人将访问华盛顿的消息。

宋美龄的随从人员通知顾维钧：已经收到艾森豪威尔的一份请帖，是邀请蒋夫人于3月9日去白宫参加午宴，孔令杰正为她未来日程的所有各项进行安排。

顾维钧表示要为蒋夫人安排一系列宴会和招待会，以便使尽可能多的重要人物有机会与她见面交谈。同时，"大使"召集工作人员开会讨论接待方案。

经核实，白宫只是邀请蒋夫人3月9日去参加一个茶会而不是什么午宴，因为这仅是蒋夫人提出对总统的拜会而已，并非像宋美龄随从所言。

为了能使这位贵夫人满意，顾维钧特地从华盛顿赶往纽约面见宋美龄，和她商讨这次访问计划。顾维钧为她准备了三次宴会和一次招待会，并征询蒋夫人最希望和哪些人会见与交流，宋美龄提出了副总统尼克松和国防部长威尔逊。

宋美龄此行目的很明确，就是希望了解美国对台湾的援助情况，美国新政府关于朝鲜战争的意图，以及"自由中国为自由事业共同斗争"可能作出的贡献。

"大使"把任务一下达，"大使馆"从上到下一阵忙碌。

路途中，为了使这一行中国贵宾满意，有人精心布置了宋美龄这些人仅住一夜的公寓。据说，选购的窗帘布都是当地最昂贵的，而且说什么价格无所谓，购买人唯一关心的是料子必须是最好的。

3月8日，宋美龄一行人如期到达了双橡园。她一住进"大使馆"就同"大使"谈起她所关心的话题——美国对台湾的政策，包括了军事援助问题和英国在台问题上对美国政府的影响等。当"大使"谈到，副国务卿强烈要求尽一切可能说服台北接受从缅甸遣返李弥部队的建议，仰光强烈要求遣返，并以如果台湾拒绝就把此事提交联合国相威胁。蒋夫人完全同意顾维钧的意见，即为了"中美合作"，特别是由于美方答应对实施拟议中的遣返给予财政援助，并协助台湾当局把从缅甸及随后从印度支那遣返的部队改编为两个新的师并予以重新装备，台湾当局应该同意与美国合作，把实施细则交给他们去和缅甸政府谈判，不过要有这样的理

---

①《顾维钧回忆录》第十卷，第22页。

解，即虽然我们愿尽最大努力予以推动和实现，但是台湾当局不能有效控制李弥部队，因而不能保证遣返命令的执行。

接着他们又细致地商讨了在白宫茶会上蒋夫人宋美龄应该对总统说些什么。宋美龄要求顾"大使"在谈话中尽力协助她，以便使总统透露一些消息，从而了解他在对"自由中国"的政策方面的态度和意图以及他希望蒋夫人在有关朝鲜冲突和远东的总形势方面做些什么。

翌日，宋美龄仍不放心，又让她的外甥孔令杰来向"大使"布置"任务"。他说，他对蒋夫人和艾森豪威尔的会见有点担心，唯恐没有机会对艾森豪威尔谈一些重要的事情，特别是有关蒋介石成立"中美联合参谋部"的强烈愿望。成立这个机构是为了制订抵抗中国共产党入侵台湾的计划，以及在必要时达到其他目的。所以特意来要求顾维钧在会见时务必"全力以赴"协助他的姨妈。

尽管宋美龄和"大使馆"方面做了精心安排，但是白宫的新主人却认为这是一次非正式活动。总统夫妇非常和蔼可亲地迎接着客人，桌上放着精美的食品和饮料，总统很周到地安排着宾主的座次，以求完美无缺。

宾主落座之后，很快就进入了一次很轻松但并非宋美龄所渴望谈的话题。先是闲谈了美式中国菜，接下来就是提起了绘画。这是总统作为业余爱好者颇为擅长的。艾森豪威尔派人拿来两幅他的得意之作，一幅是从他办公室的书桌上拿来的，另一幅是从楼上他的卧室拿来的。这两幅作品确实喜人，大家都很赞赏。顾"大使"告诉总统说："蒋夫人本人是一位中国风景画家，在不到两年的时间里，取得了惊人的成就。"

席间，顾"大使"为宋美龄有机会同总统单独谈一会儿，他几次去同总统夫人交谈。当总统的两幅作品拿进来的时刻，顾"大使"又借机重新调换座位，以帮助宋美龄实现她事前的打算。

一个小时在闲谈中很快就过去了，蒋夫人宋美龄只好起身告辞，"大使"机智地又为宋美龄创造了条件，使她能与总统谈论她想谈的事情。只可惜"大使"费尽心机，总统领着蒋夫人一路往外走，根本不打算谈什么公务，而是不断请蒋夫人欣赏着白宫走廊中展示的历任总统的画像。

这场宋美龄期望已久的会见，就这样过去了。白宫仅仅为了礼节应酬了这位"第一夫人"。看来，想作为蒋介石代言人的打算只是宋美龄的一厢情愿。白宫之行宋美龄没什么收获，但在这之后，"大使馆"为她举行的各种形式的招待会、宴会却令蒋夫人心满意足。

宋美龄画作

　　为宋美龄举行的第一次宴会进行得很顺利，许多美国的知名人士出席，例如，众议院议长马丁、新任国防部长威尔逊夫妇、新任司法部长赫伯特·布劳内尔夫妇、新任邮政管理局局长阿瑟·萨默菲尔德夫妇，参议员麦卡伦·弗格森、史密斯·约翰逊和他们的夫人，众议员萧特·富尔顿和他的夫人，女众议员凯瑟琳·圣乔治等。席间，宋美龄大部分时间里同新任国防部长威尔逊谈话，而且谈得兴致勃勃。

　　回到客厅后，宋美龄再次请威尔逊同她坐一起，很显然，蒋夫人对他们之间的谈话十分感兴趣。原因在于，这位美国国防部长认为蒋介石提出的建立"中美联合参谋部"以事先制订应付突然事变的计划的意见是正确的，而且应该予以实现。他还很客气地征求宋美龄对即将任命雷德福上将为参谋长联席会议主席的意见。宋美龄赞扬了雷德福，并肯定雷德福能够合作。威尔逊对此十分高兴。

　　顾"大使"认为，宋美龄不愧是一流的外交家，她在宴会中和会客室里与国防部长谈得非常投机，同时又不时地关照着坐在身边的众议院议长，尽力使这位首席客人不感到受了冷落。

　　第二天，宋美龄应邀出席了众议院议长马丁为蒋夫人举行的午宴。这次午宴又都请的是美国政界名流，其中包括参议院议长副总统尼克松、佐治亚州参议员乔治、加利福尼亚州参议员诺兰、科罗拉多州参议员米利金、衣阿华州参议员希肯卢珀、纽约州参议员莱曼，以及众议员周以德、玛格丽特·丘奇、弗朗西丝·博尔顿和凯瑟琳·圣乔治，参议员和众议员的夫人们未被邀请，宴会厅已经座无虚席。

　　主人还把曾在卫尔斯利学院教过宋美龄英语的丘奇夫人也请到了。尽管她是宋美龄的老师，可她的发言却说什么：她从蒋夫人那里学到的东西比蒋夫人从她那里学到的东西多。顾维钧"大使"也借机极力向与会者宣传这位令"中华民国"骄傲的"第一夫人"，他说，宋美龄为"自由中国"无可匹敌的女代言人。不仅赞扬了她的爱国精神和才能，还提到她是"中美"合作事业的忠实朋友。

　　宴会的气氛与发言使这位"第一夫人"心情十分舒畅，尽管她事前没有准备讲稿，但她仍即席作了一个被人称为中肯而得体的发言。

　　在"大使馆"与宋美龄精心安排下，很快又举行的一次答谢宴会也非常圆满，宴会气氛很活跃，许多来宾自愿发言，副总统尼克松也祝酒答谢。宋美龄再一次表现出外交才能，她以非常动人的即席发言，向美国人民表示赞赏、感谢和敬意。从而结束了这次令她十分满意的晚宴。

宋美龄余兴未尽，3月12日，"大使"又为她提供了一次机会——冷餐午宴，为的是使蒋夫人能够见到她希望见到、但由于宴会座位已满而未能列入邀请名单的那些朋友，或由于另有约会而未能接受宴会邀请的那些朋友。这一次安排又让宋美龄感到十分满足，因为午宴来宾中包括她的许多老朋友和亲台的友好人士。

一次次的宴会，宋美龄都是中心人物，最让她高兴的是，通过这些活动，她能见到这么多的美方的重要人物，而且这些人都是她这次访美希望晤谈的。从这一点上来说，她的外交攻势颇有收获。

五天的忙乱匆匆而过，"大使馆"又恢复了往日的宁静。宋美龄也带着满意的心情离开了双橡园。为此，"大使"得到了蒋介石个人来电的嘉奖。这令"大使"喜出望外，因为能让这位"第一夫人"在她丈夫那里说上两句好话，实在太不容易了。"大使"不禁想起1948年蒋夫人那次白宫之行，由于宋美龄手下侍从的插手安排，造成了令人极不愉快的结果。

八、重要辅佐

宋美龄又从大洋彼岸飞回了台湾的家，协助自己的丈夫管理"朝政"。

宋美龄接受西方教育，习惯西方人的生活，蒋介石接受传统东方教育，过的是地道东方人的生活，他们的生活起居各不相同，但宋美龄力求与夫君配合，而不产生干扰，不仅亲自照顾蒋介石的生活，且在外交、外宾接待上，提供咨询与服务。

首先，她的英文派上了大用场，蒋介石在官邸接见重要外宾时，宋美龄都亲自做翻译，但非必要时她很少主动直接与外宾交谈，以避免干扰。

用宋美龄做翻译有两大好处：其一，内容可以高度保密；其二，使对方有宾至如归的感觉，能促进彼此之间的融洽相处。

除了在重要场合做翻译，在宋美龄每天的安排中有一项非常重要的工作——阅读外来的英文报纸。她同时和一些外交学识深厚、知识广博的专家，不断为蒋介石研阅外国新闻报道评论和特殊资料提供参考。

这项工作主要是源于蒋介石有一个读报的习惯，每天看报至少十份以上。就是离开台北的日子，当地的报纸出得早，蒋介石让秘书一定先送当地报纸给他看，而且哪一份摆第一位，哪一份摆第二位，哪一份摆第三位都有一定秩序。

无论寒暑，蒋介石每天早上总在六点左右起床，秘书人员最迟也要在七点一刻把整理好的报纸呈送到他的书桌上。

蒋介石曾经告诉政府高级主管人员："忙的话，不妨请秘书人员协助看报。"[①] 蒋介石的秘书整理报纸一般是先用红、蓝铅笔画出当天重要新闻，待到蒋介石早餐时间，由口齿清晰的武官读报。除了早餐读报 30 分钟到 40 分钟，如果下午没有重要公事，蒋介石还会把读报人员找来，继续朗读。

① 《"总统府"内幕》，第 129 页。

　　蒋介石的秘书说，宋美龄每天都要看外来的英文报纸，并把那些对台湾不利的消息告知蒋介石，以保证蒋介石的信息来源非常充分。蒋介石对外发表文告时，都是先和夫人再三琢磨、定稿的。

　　在蒋介石的机要秘书眼里，宋美龄辅政还有一大特点：从不干政。秘书人员说，作为"总统夫人"，要看什么文件都是可以的，但她从来不单独要秘书拿公文给她看，包括关于外交方面的公文。国民党退台后，很快搞了党务方面的"改造"，实施党员党籍总检查，对于历届"中央委员"，由一个专家小组审查，结果有20多位前中委未再发给党证。一天，蒋介石对审查小组的人说："夫人带回孔、宋两位的旧党证，提起他们说还没有收到新党证。"于是经过小组研究后，认为他们在党内的革命历史和早年的贡献，是不宜被取消党籍的，所以补发了党证。但是后来在孔、宋两人有生之年召开的几次代表大会，蒋介石都没有提名他们为"中央评议委员"，蒋夫人并未为他们说话，或表示不快。

　　宋美龄的用心良苦很明显：全力辅佐夫君，一切为了台湾的生存与发展。

　　从蒋介石撤到台湾以后，宋美龄不仅广交国际间的新朋友，也替蒋介石关照着那些往日帮助过他的老朋友，首先值得一提的应该是蒋氏夫妇与陈纳德将军在台湾的交往。

蒋介石、宋美龄与陈纳德

陈纳德的遗孀陈香梅女士所著的《春水东流》一书中曾有多处地方再现这段"友情"。

蒋介石退台以后，陈纳德为忠实于朋友，也把他的民航公司搬到了台北。陈香梅写道："蒋介石对于我们的孩子颇感兴趣。我们卜居台北后不久，他问到我孩子的中文名字。我承认她们还没有取时，他当即为她们取两个名字。中国名字都深具意义，听来悦耳，并且含有赞颂的意思。蒋先生代克奈尔·安娜取名美华，他为雪狄雅·露薏丝命名美丽。两个名字含义颇为接近，表示美丽与娴雅的意义"[①]，也"是承袭美龄的'美'字而来的。另外，还送了两枚图章给美华和美丽"。[②]

"蒋夫人是我们两个孩子的教母。依据中国的传统习俗，孩子们在本质上等于获得一种慈祥的爱护，她曾送她们生日礼物对她们各方面的福祉予以仁慈的关注。"[③]

蒋氏夫妇与陈纳德的友谊可追溯到中国的抗战前。1936年陈纳德接到蒋氏夫妇的邀请书，请他到中华民国视察中国空军。他答应了。根据陈纳德的日记，他第一次见到宋美龄的印象是：一口美国南方口音的英语，美丽大方，与他一见如故。他对蒋介石的印象是"严肃"，问到中国空军的情况时蒋介石非常震怒。蒋介石知道中国空军需要组织和训练，而且也短缺战机。中国花了不少钱把英、法、德、俄、意所谓的空军专家找来，但他们大多是投机者，希望把旧飞机转卖给中国赚钱……陈氏参观中国的空军装备后，把了解到的上述情况向蒋介石作了报告，蒋介石即下令积极整顿空军，同时请那些投机者走开，这其中也包括一些美国的投机商人。这样一来，陈纳德便间接地和那些想浑水摸鱼的人结了怨。

宋美龄给陈纳德升了级，任命他为中国空军上校，并嘱他马上开始考虑如何改善中国空军的成长。于是陈纳德到杭州笕桥、汉口及其他许多空军单位视察——他得到的结论是中国的空军真要大大调整，他们有的是旺盛的空军精神，但没有飞机，缺乏支援。这是急需要解决的问题。这些，陈纳德都亲自向蒋夫人报告。来华不到一个月，陈纳德对于蒋介石与夫人宋美龄女士已有无限的崇敬，同时他也与中国人发生了密切的关系。

陈纳德非常崇敬蒋介石夫妇，而且以诚相待。抗战胜利，国共和谈，陈纳德

① 陈香梅著：《春水东流》，第 96 页、第 74 页。
② 陈香梅著：《春水东流》，第 97 页。
③ 陈香梅著：《春水东流》，第 107 页。

和蒋介石意见有些分歧。蒋介石对陈纳德说："我和共产党已多次和谈，但都无结果。我们只好做最坏的准备，退守台湾。"① 陈纳德认为这是下下策，但他知道蒋介石凡事做了最后决定，任何人都无法改变，包括宋美龄。

宋美龄是否能影响蒋介石暂且不论，但她对陈纳德影响至深，以致陈香梅这样评论道："对于他深具权威影响力的是蒋夫人。将军对夫人之敬仰与尊重，远超乎他所见过的任何女人。他认为她远胜世界上最显赫、最有成就，以及最坚决的女人。她是他的'公主'，直到他生命的末日，他都一直是她的'上校'。"②

陈纳德确实够朋友，甚至他回到美国以后仍替蒋氏夫妇谋划着。他对顾"大使"说，他赞成使用国民党军队，在大陆而不是在朝鲜，在二百万游击队员的协助下袭击中共后方，这样需要武器补给不那么多，且不需要动用美国军队。顾"大使"问他，万一有需要，他能否帮助游击队空运人员和物资。他说这很容易，因为他有一支一百多名飞行员和领航员的队伍，正在日本和马尼拉之间飞行，眼下又在驾驶 C-47 型运输机为驻朝美军运送军需品。

难怪宋美龄忘不了这位老朋友！以至于陈纳德死后七年，在台北又为他竖起了铜像，而且是宋美龄亲自到场剪彩。

宋美龄关照的老朋友里还包括前美驻华大使司徒雷登。蒋介石的亲信董显光赴美，宋美龄没有忘记请他去看望司徒雷登并转达蒋介石夫妇的良好祝愿。董照办了，司徒雷登颇为高兴。所以当 1958 年宋美龄访美时，在"大使馆"为宋举行的盛大欢迎会上，特别引人注目的就是这位前美国驻中国大使司徒雷登老先生。因为司徒先生自从七年前身体欠佳以来，一直没有冒险参加过任何集会。为了表示他对蒋夫人的诚意，这次他冒着牺牲健康的风险第一次到台湾"大使馆"的官邸。

在台湾曾受到宋美龄关照的还有一位中国现代史上的名人张学良。1951 年年初，张学良以前的秘书和拥护者埃尔德到台湾驻美"大使馆"拜见了顾维钧，因为张夫人于凤至为了使她的丈夫获释赴美，等得越来越不耐烦了。埃尔德说，"好几位美国朋友经常问他，为什么张学良仍然被监禁"。他们想了解如果让美国政府中与张有友谊的人与蒋委员长联系释放他是否可行。

顾维钧解释说，"释放只是时间问题，而且张少帅的物质享受并不缺乏"。原因是埃尔德和少帅夫人不时送给少帅的东西都由蒋夫人宋美龄转交给了少帅，其

---

① 陈香梅著：《春水东流》，第 108 页。
② 陈香梅著：《春水东流》，第 74 页。

中包括照相机。埃尔德也已收到了少帅拍摄的照片，表明少帅健康状况良好。所以，顾维钧说，"再耐心一点等待是明智的"。

几个月后，埃尔德到了台湾，并在那里逗留了三个月。在宋美龄的帮助下，他见到了张学良。埃尔德说，"他发现少帅在体力上和精神上都大为好转。"张学良的英语水平通过和赵四小姐练习，大为提高，赵四小姐在张学良被禁闭时，和他住在一起。张学良情绪很好，有各种报刊可读。

张学良、于凤至与蒋介石、宋美龄

1959年，张学良近60岁的时候，蒋介石正式下令解除了对他的"管束"，算是恢复了"自由"，但每天仍有安全人员跟着他。据说，这不是当局派的，而是张学良主动要求的。主要原因是，张学良最不喜欢见到新闻记者来访问，因为记者们最喜欢探听的事就是西安事变。这恰恰是他最不愿意回答的问题。张学良在台湾几十年中，关于他的新闻，上过报的、最轰动的大概就是1964年7月4日，他和赵四小姐补行婚礼的新闻。他们之所以在同居三十多年后还要补办一次正式结婚手续，除了要在法律上取得夫妻的地位以外，主要还是受了宋美龄的影响，张学良作为虔诚的基督徒，受洗之前，与赵四小姐需有正式婚姻关系。

蒋氏夫妇的亲信黄仁霖在回忆录中也提到，张学良"在家宅囚禁的十年时间

黄仁霖

中，他为了赎罪，而信奉了耶稣基督，而且愿意奉献一生来传播上帝的意旨"。张学良夫妇是"委员长士林私人教堂"的会员。①

既然张学良决定献身传播福音的事业，而这一决定又和宋美龄有直接的关系，那么理所当然，当他和妻子办妥离婚手续，与赵四小姐正式结婚的婚礼上，在少数几位观礼者之中，蒋夫人亦赫然在座。②

宋美龄除了以女人特有的方式替蒋介石做了大量不可替代的联谊、善后工作外，在台湾，她还一直参与社会福利工作，特别是孤儿院工作，这些孤儿几乎都是她丈夫的下属军官过早去世后遗下的。她用美国朋友的资金赞助了一所遗孤学校和一个教会。

宋美龄对儿童福利事业的兴趣早在抗战时期已开始了。宋氏三姐妹抛开政治上的分歧，全力以赴照顾伤员、鳏寡和无家可归的人，尤其关心孤儿。宋美龄曾是战时孤儿收容会的领导人，该会抚养的儿童约有2.5万名。由宋庆龄帮助建立的一些托儿所和医院，设在共产党的延安地区，宋美龄的一个战时孤儿院也设在那里。在南京，她为烈属子女办起了学校。宋美龄觉得，只为他们提供衣食是不够的，他们还应当受到培养，要上学读书，使他们成为中国未来的一种财富，而不致成为一种负担。她打破传统的教育方法，强调要发扬学生的创造精神，以配合遵守校规、克己自制。

1955年宋美龄创办了华兴育幼院、华兴中学，前者是慈善事业，后者是教育事业。

华兴早年的性质：主要收容烈士遗孤、义胞子弟，渐渐地扩及尉官以下官兵子女五人以上收一人，荣民遗孤、社会孤儿难童、泰北难童、棒球国手、低收入户子女，在学期间生活所需、学习用品等全部免费。

华兴的学制：初创之时成立幼稚园、小学，其后增办初中，再扩增高中，

---

① 《黄仁霖回忆录》，第110页、第111页。
② 《黄仁霖回忆录》，第110页、第111页。

1969 年幼稚园停办，如今是一所设备完善、师资优良、校地广阔、环境幽雅的理想学校。

　　从 1955 年创办到 1973 年这十九年间，宋美龄与华兴几乎形影不离，三天两头来，有时一人来，有时是陪客人来，有时陪蒋介石来。她关心华兴的方方面面，大至院校设施、设备和教育内涵，小到学生生活的衣、食、住、行、育、乐，为人处世、行为举止、健康状况，甚至衣着颜色，合身与否，发型……可谓无一不在关心之列。

宋美龄到华兴小学跟孩子们问好

　　当她一人来院时，总是喜欢到处走走看看，有时要工作人员把学生集合起来，在她特别喜爱的介寿堂前的草坪上，训勉孩子们要听话，要专心学习，巡视间不时摸摸孩子们的头，端详每一张面孔，检查衣裤，嘘寒问暖。宋美龄特别喜欢到幼稚园和孩子们一起上课，一同坐在小椅上，逗着孩子，或欣赏他们唱歌游戏，或巡视其他教室检查作业本，打开抽屉看看是否整齐清洁。她也喜欢到餐厅查看餐具是否整洁，菜色如何，偶尔浅尝或教导学生用餐礼仪、姿态、残余处理……

宋美龄看到报端刊登孤儿难童的消息，会立即剪报交代华兴派人调查访问，安排入校，有的学生入学当天，她就来院接见，有的隔日召见，有病在身的，她嘱托送医院治疗。

20世纪六七十年代，几乎每年春节，宋美龄关心留校过年的学生，大年初五前后选定一天中午，把留校生叫到士林官邸招待一顿丰盛年饭，她亲自陪同用餐，将最小孩子安排在她身旁，以便照顾他们进餐。

1961年，蒋夫人亲自到艺术馆，为华兴学生美术作品展揭幕。当年，华兴初中第一届毕业典礼，由她亲自主持训话、颁奖。

1967年圣诞节后三日，她召集历届毕业生训话，勉励注意为人处世道理。

1969年秋棒球队入学之日的第二天，她召集诸生勉之："球要打得好，书也要读得好，才算真正好！"并提醒注意运动精神、运动道德。

1972年，华兴高中第一届毕业典礼前夕，她来校召集毕业生训话祝贺。

她为鼓舞女生、女教职员，曾多次召集勉励，品学优良前三名女生，她另再发奖。

宋美龄除了爱学生外，对教职员也如此，每次到学校，教职员们都感到她亲切近人，她曾多次在官邸招待工作成绩特优人员。第二任校长黄若瑛女士患病，蒋夫人资助她赴美医治，次年复发后，又资送日本就医。第五任校长陈纪彝女士退休之后，患病期间，宋美龄两次到其寓所探视。

宋美龄在这方面确实有一点儿超前意识。她不仅懂得在中国要想使下属为你效力，你就必须保证他的子女的福利，而且她在教育方面的主张也传出了令她欣慰的消息。据报载，当年由宋美龄创建的"国民革命军遗族学校"的学生，共有300余人，而今，他们当中已出了30多名博士，50多名硕士。华兴创办四十余年教养了数以千计的孩子，至1995年统计，得到博士学位的15人，硕士40人，大专毕业600余人，棒球好手200余人。

宋美龄没有生过孩子，但是称她"妈妈"的人很多，每年她过生日的时候，这些遗孤的代表都会来看她。

九、凯旋

　　1953 年年末到 1954 年年初宋美龄又犯老毛病了，不久她决定赴美就医。治病只是她赴美的一方面原因，另一方面，在这岁末年初之时美台关系又受到了新的考验——是否同意恢复中华人民共和国在联合国席位的提案。这个问题引起了台湾当局密切关注。

　　1953 年 9 月在第七届联合国大会上，由于苏联代表的提议，大会把注意力转向中国在联合国的代表权问题。在美国代表的阻挠下大会经过长时间的辩论和多次表决，最后通过了把代表权问题至少延期到年终的决议案。尽管如此，事情的结果对台湾当局来说仍然有着巨大的压力，延期只不过是一次延期而已，还远不能解决问题。

　　不久台湾驻美"大使馆"就收到情报说，有人正在准备新年后发起一个主张接纳"红色中国"加入联合国的运动。美国前众议员阿姆斯特朗对顾"大使"建议说我们必须警惕，并预谋对策。

　　当然台湾在美国参众两院的那些"朋友们"此时要发挥作用了。参议员斯帕克曼就表示出他反对接纳"红色中国"加入联合国的坚定立场。这位参议员说朝鲜战火既已停止，如果停战协定导致朝鲜问题的和平解决，各方面将向美国施加巨大压力使之同意接纳"红色中国"加入联合国，而他正在支持的向艾森豪威尔总统请愿的活动就是为了对付这种压力。他不知道能有多少人签名或能在何时把请愿书递交总统。

　　此时宋美龄赴美当然希望借此机会鼓动反对恢复新中国在联合国席位的提案，而且她首当其冲要站在反对者的前列。

　　其实，无论宋美龄到美国做什么姿态，白宫的主人从来都是从本国的全球战略出发决定取舍的。早在杜鲁门时期恢复中华人民共和国在联合国席位的问题一直受着美国的阻挠。在顾维钧回忆录中有如下的记载：

近两年来（指 1952 年至 1953 年）大约召开过一百多次国际性会议，在每次会议上美国都支持我们保有代表权。不仅如此美国还联络并促使其他代表团支持我们，这已经成为美国的既定方针。共产党越是在朝鲜和其他亚洲地区进行侵略活动，美国就越要挫败它，越要下力量帮助我们。①

无论台湾当局怎样保持与议员"朋友"的密切联系，令蒋氏夫妇担心的问题还是发生了。

11 月，美国国务卿杜勒斯在记者招待会上表示：接纳一个政府加入联合国不同于接纳一个国家为新会员国。接纳新会员国不仅需经联合国大会表决，而且须经可行使否决权的安理会表决。接纳一个政府则没有否决权可使，因而联合国大会即可以决定接纳"红色中国"。同时杜勒斯在回答记者问题时还说，美国政府从未说过它永远拒绝承认中华人民共和国。

几天后，当时正在台北进行友好访问的副总统尼克松，就杜勒斯的讲话向报界发表了声明，目的是要平息他正在作客的"自由中国"因杜勒斯关于承认"红色中国"问题及代表权问题的讲话所产生的不安情绪。这位副总统说：

"报刊所载杜勒斯国务卿的谈话就美国政策而言，并无新的内容。"

国务卿谈了两个问题即美国承认"红色中国"问题和接纳"红色中国"加入联合国问题。关于承认问题，尼克松说，只要红色政权继续侵略朝鲜、在印度支那助长侵略、不按联合国宪章行事，美国就不可能考虑承认。

实际上尼克松是说除非"红色中国"放弃执行共产党政策，放弃听命于莫斯科，否则美国就不考虑承认问题。

至于接纳新中国进入联合国的问题国务卿只是申述联合国有关规章。他并未宣布美国对接纳"红色中国"政权加入联合国问题的立场有任何改变。美国的立场是继续强烈反对接纳一个曾同联合国作战的政府进入联合国，这个政府双手沾满了联合国会员国为执行联合国政策而战斗的 15 万余人的鲜血，而且此刻仍在反抗和阻碍联合国为实现朝鲜和平所作的努力。

尼克松的评论显然旨在不使人把杜勒斯的讲话解释为美国对北京将采取比较温和的新政策。但是他的论点说服力不强，说得清楚一点就是并没有解除台湾当局的后顾之忧！

---

① 《顾维钧回忆录》第九卷，第 608 页。

此时蒋介石不仅担心美国的态度，他还认为，使"红色中国"占有联合国席位和给予承认的压力来自苏联，还来自欧洲盟国，自然以英国的压力最大。蒋介石对尼克松说："英国匆忙地承认北平，认为这样就能保住它在中国的投资和其他利益并能防止香港落入共产党政权手中。"① 但实际上英国几乎丧失了它在大陆上的全部财产和投资。为了使盟友减轻压力，蒋介石甚至向尼克松转达了这样的信息："一旦中国政府返回到大陆它将承认和保护英国在大陆的合法利益，也不打算收回香港。"② 蒋介石为了他的小朝廷置国家利益、民族利益于不顾，其用心可谓"良苦"！

当初 1945 年 8 月 15 日日本天皇在东京宣布日本无条件投降，"天"赐良机！中国战区盟军最高司令是蒋介石，他完全可以派出军队赴港接受投降。但是蒋介石把如何消灭共产党放在首位，对战后香港的主权问题漠然视之，没有将其列入重要的议事日程。当日本宣布投降后，蒋介石忙于派出军队赴南京、上海等大城市受降，为打内战做准备。直到 8 月 21 日蒋介石才想起中国南方和香港的接收问题。于是匆忙指派军队赴香港受降，但为时已晚。因为在蒋介石发出命令的前一天英国太平洋舰队司令夏悫已经抢先一步，率领舰队在中国香港登陆并命令日军向英国投降。

蒋介石出于面子上的考虑向英国提出以中国战区盟军最高司令的名义受降，但被英国拒绝。出于打内战的需要，于是，蒋介石放弃了收回香港主权的要求。本该早就回到中国人民手中的香港就这样重又落入英国手中。

在中华人民共和国政府的力争下，终于在 1997 年 7 月 1 日，香港重新回到了祖国的怀抱，结束了百年的屈辱。如果当时的蒋介石以民族利益为重呢？

坏消息不断传来，令蒋氏夫妇十分不安。

应该说美方这种暧昧态度并非一时的权宜之计。早在 1951 年共和党未上台前，共和党领导人首次集会制定今后工作规划讨论对待"红色中国"态度问题时，艾森豪威尔和杜勒斯都表示可能最终不得不使"红色中国"和"自由中国"都参加联合国或许是个解决办法。所以随着时局的发展和来自各方的压力的增大，于是白宫的当政者便按既定的设想去尝试这种新格局。

蒋介石不愿接受这种摆布。当部下向他报告关于接纳"红色中国"进入联合国问题，并指出情况不妙存在危险时，蒋介石勃然大怒并称不能容忍。他吩咐部

① 《顾维钧回忆录》第十卷，324 页。
② 《顾维钧回忆录》第十卷，324 页。

台湾驻联合国代表蒋廷黻

下转告台湾驻联合国代表蒋廷黻向联合国声明如果"红色中国"被接纳，国民党就退出，而且还危言耸听地说什么联合国如接纳"红色中国"，必将铸成大错危害整个自由世界。

亲台的国会议员们也行动起来了，首当其冲的就是参议员诺兰，他发表了一篇十分强硬的演说，不指名地回击了杜勒斯关于承认"红色中国"的模棱两可的讲话。这位参议员当时是多数派领袖，他说美国人民不会赞成这种承认，他本人将竭尽全力加以阻止。因为在其所产生的一系列后果中，最严重的将意味着中国共产党要求占有台湾，而台湾的丧失将使共产党的威胁直逼美国西岸。

参议员凯恩向台湾方面建议，需要经常使国会的领袖们理解"自由中国"的事业。他非常恰当地建议举行一些便宴，每次六位至八位议员参加，以讨论这种问题，使他们不断给予关心；否则他们专心于国会的大量日常事务，就不会熟悉中国的一些问题，诸如接纳北京政权进入联合国的危险等。

1954年访美的宋美龄自然而然要加入这个反对者的行列。她指挥着一些人千方百计游说于美国朝野和一些国家驻美使节，拼命扩大台湾的外交关系，以争取增加联合国中支持台湾席位的票数。

台湾方面首先争取的是哥伦比亚。顾"大使"对哥驻美大使表示感激之情。尽管哥伦比亚是个小国，但它能为台湾的地位争取到其他拉美国家的支持。拉美集团在联合国和其他国际组织中占有20票至21票，因而居于十分重要的地位。顾"大使"指出，他获悉，美国代表团为了使美国的观点在联合国或其他国际组织中占优势或赢得多数支持，要花很大气力争取拉美集团的支持，而且发现这一工作并不总是轻而易举的。

哥伦比亚大使表示：今后要有效地对付共产党向拉美国家的渗透；同时因国际风云变幻莫测，万一台湾需要他们的帮助，他随时乐于尽力而为。

1954年1月，宋美龄的爱侄孔令杰从台湾小住归来，向顾"大使"提出蒋介石有意对埃及同美国国会和公众的公共关系方面给予帮助，主要是担心埃及可能改变其继续承认"台湾当局"的政策。顾"大使"表示以适当方式协助可以，但不能透露台湾同美国国会中坚决支持台湾的"朋友"之间的联系渠道和联系人，即使是笼统地透露也不行。协商结果是顾"大使"把在国会各重要委员会担任主席或委员的有影响的参议员和众议员开列了一份名单送交埃及驻美大使，以便使他可以设法和他们结识交往，并以此来笼络埃及不改变其对台政策。

在宋美龄一行人的活动下，在美国亲台议员们的强大压力下，白宫当权者排斥新中国的政策得以继续。杜勒斯表示美国政府不仅无意承认中国共产党，甚至也无意考虑这个问题，至于接纳"红色中国"进入联合国问题，美国政府同样予以反对。艾森豪威尔也在1954年国情咨文中表态：继续在经济、军事上援助台湾。

台湾出版的风云论坛称："一般相信蒋夫人在历次联合国会议中国代表权的保卫战中出过大力。联合国自秘书长哈玛绍赖依以来即倾向主张中共入会。台湾能抵挡这股国际逆流达十数年之久确属不易。"① 所以宋美龄的"功臣"地位是无可争议的。

在美国住了六个月的宋美龄要凯旋了，为的是赶回台湾参加蒋介石的67岁寿辰庆祝活动。台湾的席位保住了，宋美龄的病也好了，她容光焕发地走下了飞机。

---

① 《蒋夫人与元老派》，第18页。

十、协助夫君著书

20世纪50年代中期，蒋介石开始撰写他的回忆录，书名为《苏俄在中国——蒋中正七十概述》。他希望此书能对"自由世界"，尤其是"遭遇共产主义威胁"的亚洲国家"有所贡献"。

为了扩大对蒋介石思想的宣传，这本书要译成英文，在美国发行。于是宋美龄又担起了"重任"。在蒋介石遴选英文秘书时，由于宋美龄的英文造诣很深，因此，蒋介石往往就以夫人的意见作出决定。

1956年，经人介绍，蒋介石挑选了一位英文秘书，负责两项工作，一是协助把他的回忆录英文版定稿，二是在他接见说英语的外宾时，担任传译工作。理所当然，宋美龄一定要来把把关。

担任秘书工作的沈剑虹先生在回忆这段往事时，对有关宋美龄参与蒋介石决策内幕的描述十分细致，也十分逼真。特别是宋美龄初次约见这位新秘书的情形，令沈剑虹终生难忘。

蒋介石与宋美龄的居家生活照

他说："蒋夫人在台北市郊的士林官邸召见我，并且要我把蒋公的回忆录英文译本随身带去。在我被引导至她面前时，她直截了当地问我，这一本回忆录的英文本是谁翻译的？我回答说是我翻译的。然后她问道，她怎么能够确定我的译文都是很正确。我说，我下笔时已极为谨慎，但当然我不敢保证我对中文原文的每一字句都了解正确，也不敢保证我的英文翻译用字造句都很恰当。蒋夫人于是叫我在她对面的一张椅子上坐下，她说，'先生'要她来核对我的译文，因为她有很多其他的事情要做，她如何找得出时间来详细核对我的译文？即使她放下其他的事不做，专心来从事这一工作，也要花好几个星期的时间。她翻阅了一下我的英译稿本，大约有六七百张大页打字纸那么厚。她显然对这么重的工作量感到吃惊。然后，她匆匆上楼去了。她似乎有些不太高兴！是否我的言谈举止令她不悦？我不由得暗自猜疑。"①

"几天以后，我去见当时的外交部长叶公超，把那一天的情形告诉他。他叫我不要担心。他说，事实上蒋夫人已向他查问过我的来历背景。她获知我曾在董显光（董先生当时担任台湾驻美'大使'）手下工作后，似乎解除了她原先可能对我的忠诚及工作能力存有的疑虑。后来我才知道，以前蒋公的英文秘书人选一向是由她先审核的，这次指派我为英文秘书，事先她并不知道。我不能责怪她对我持任何保留态度。毕竟对她而言，我是一个来历不明的人。任何人担任蒋介石的英文翻译暨秘书，必然会获知许多机密性消息和资料，她只是在维护蒋介石的利益。不久之后，叶公超告诉我，蒋夫人对我的翻译相当满意，他并且叫我不要再有任何猜疑了。"②

有了得力的英文助手，宋美龄更加忙碌起来。为了能使《苏俄在中国——蒋介石七十概述》英文版在年底之前出版，繁重的会同审核译稿工作开始了。最初这一工作是在士林官邸宋美龄的书房内进行的。宋美龄要叶公超也参加审核工作。他们每天下午都碰面，把秘书的英文译本和中文原文相对照，查对译文是否正确，用词是否恰当。他们逐句逐段核对，有时候他们会遇到一两句话，宋美龄认为原文过于直率，不够委婉，逢到这时候就要请示蒋介石准许，把语句修改一下。

宋美龄除了协助蒋介石著书立说之外，在蒋介石与外宾举行重要会谈时，她往往也都在场。沈剑虹说："宋美龄觉得有必要时会毫不犹豫地打断翻译人员的

---

① 《使美八年纪要——沈剑虹回忆录》，第26页。
② 《使美八年纪要——沈剑虹回忆录》，第24页。

叙述而加以更改。初任译员的人在这种时候往往会被吓住。"

虽然蒋介石不说英语，他显然对英语的语调颇有概念。一次，宋美龄告诉沈剑虹，蒋介石不喜欢他翻译时那种抑扬顿挫的语调。蒋介石还特意找了一位曾在英国受教育的海军少将来担任翻译，叫沈剑虹坐在一旁静听。沈剑虹以为他担任秘书的工作就要至此结束了。他再度把疑惑透露给叶公超。几天以后，宋美龄告诉沈剑虹，她已说服蒋介石不要更换译员，因为她告诉蒋介石，沈是多年以来蒋介石所用的最称职的英文秘书兼翻译。

宋美龄对心腹颇为关心，迎得了部下的好感。沈剑虹承认，由于得到了宋美龄的青睐，在以后的日子里，仕途颇为顺利。1961年夏天，台湾"新闻局长"沈琦被派驻刚果任"大使"，"局长"一职出了空缺。沈剑虹向宋美龄表示，由于他受过新闻教育，并且有从事新闻工作的经验，所以对该职很有兴趣。于是几周之后，本来已属别人担任的要职落到沈剑虹头上。

1965年，"外交部长"沈昌焕想要派沈剑虹出任台湾驻哥伦比亚"大使"，而且已获得蒋介石和当时任"行政院长"的严家淦的同意。沈剑虹不愿意去，故此他又前去请示宋美龄，问她是否听说此事。宋美龄说，她没听说，但她会打听一下。很快，宋美龄告诉沈剑虹，这不是蒋介石的意思，而是"外交部"的主张。她认为因为我不懂西班牙文，在哥伦比亚不可能有大作为。于是，蒋介石不赞成此事的消息在紧要关头转达给了"外交部"的沈"部长"。沈剑虹当然如愿以偿了。

几件小事，说明宋美龄虽没有什么官职，却在参与台湾的"外交"决策，特别是在对美"外交"人选的决定上都会有不可低估的影响力，事实上在"干政"方面发挥着重要的作用。

十一、总结教训

兵败大陆，退台之初的蒋介石曾经反省过国民党在大陆失败的原因，其内容涉及政治、经济、军事、外交和党务诸方面，为他在大陆失败找了八条原因：

第一，主要的原因是由于国民党军事的崩溃；

第二，戡乱失败最后一步就是党的失败；

第三，政治上的失败；

第四，组织不严是在大陆失败的重要因素；

第五，经济上的失败导致了政治、军事与社会的瓦解；

第六，国际外交上的失败是与苏俄对华的侵略政策和美国的妥协主义分不开的；

第七，国民党在大陆最大失败就是在教育和文化；

第八，他的下野亦是国民党在大陆迅速崩溃的原因之一。

宋美龄也回顾历史，对国民党政权在大陆上的失败进行反省。1956年9月，她公开发表了她的见解——《三十年来中国史略》。

在这篇著述中，宋美龄借回顾中华民国三十年来的历史，为其夫蒋介石大唱颂歌，也为其历史罪责开脱；同时，对共产党极尽攻击之能事。

对20世纪20年代的历史，她是这样写的："1926年是转折之关键。蒋中正将军出任国民革命军总司令，着手进行著名之北伐，以谋统一全国。是举不仅欲肃清半割据之军阀；且欲夺回列强所攫取之主权——后者于竞争掠夺权利期中，因固有意于瓜分中国也。数年之前，孙中山先生尝向西方列强呼吁，求其扶助羽毛未丰之中华民国。苏俄独表好意，伪装为同情被压迫人民之友人，向中国滥开无数花言巧语之空头支票，并派遣若干职业革命家，如鲍罗廷及加伦之辈来华服务于当时设立在广州之国民政府……正当北伐节节顺利成功，列强开始敬重此一青年共和国之际，已于1927年攻克南京之革命军中'共党'分子，将在华外人（苏俄除外）均称之为帝国主义者；并将若干教士劫掠杀害，以使国军遭遇纠纷，而损及领袖在西方世界人士心目中之盛誉；又运用挑拨手段，颠覆阴谋，促使国民党分裂。结果另一分化政府，建立于武汉，由中共及国民党左翼分子支配。国民党中央执行委员会召开紧急会议，拥护蒋总司令之元老均出席；决定于南京设立'反共'政府，肃清所有'共党'分子，并与苏俄断绝外交关系。旋因苏俄企图赤化中国之证据，日渐昭彰，甚至武汉政府亦明了，蒋总司令怀疑苏俄表面友谊之卓见，将苏俄顾问全行辞退。俄人既去，武汉政府不久即告瓦解，终与南京之国民政府合并。"①

宋美龄接着又吹捧蒋介石，认为他是认识"赤祸"最早的洞察者。她说："不论在中国或海外，能深刻了解当时此数事之重要意义者极少。一般人士将此等大事误认为内部纷争之一幕。实则此种事件在中国现代史之中，真伪固判然也。蒋总司令及其若干僚属深知苏俄政治阴谋之真正性质，故其反对'赤色帝国主义'之坚定立场，始终不变。直至第二次世界大战结束后，欧洲许多国家陆续为共方渗透、颠覆，或公然为其军事侵略所征服，致使，西方国家始了解早在 1927 年即为中国诸政要所洞悉之阴谋。"②

在对震惊中外的"西安事变"评述中，宋美龄也没忘记吹嘘蒋介石，"1936年 12 月在西安发生之政变，几危及蒋委员长生命，但事后全国对其恢宏度量之反应极佳，显示彼时之前，国人固未尽知其伟大也。当其生命安全受威胁时，人民始知倚之深，不仅视为全国团结之象征，且为大众之真正领袖。故其安然脱险之消息，于 1936 年圣诞迅速传遍四面八方后，全国莫不为之欢欣鼓舞不已。"③

蒋介石长期以来，一直坚持"攘外必先安内"的政策。宋美龄却把蒋介石说成"深信日本军阀之侵略毫无止境，中国应尽以备与万一。彼乃拟定国防方面之广泛方案，决定集中政治、军事、经济与文化各方面之力量，以便全面抗战。"④ 宋美龄认为正是因为蒋介石的抗战，才使日本军阀骇异，均觉进攻之举刻不容缓。

中国共产党人以民族利益为重，早在 1935 年就高举起抗日民族统一战线的大旗。对此段历史，宋美龄则歪曲为"中日战争启幕后，甚至中共亦表团结之意，此何以故？实非彼辈和克里姆林宫人物真有丝毫同情于国民政府或人民，只因困

---

① 高惠敏编著：《中国第一夫人》，第 123–139 页。
② 高惠敏编著：《中国第一夫人》，第 123–139 页。
③ 高惠敏编著：《中国第一夫人》，第 123–139 页。
④ 高惠敏编著：《中国第一夫人》，第 123–139 页。

守延安一隅之中共，认清（联合战线）是其唯一生路。"①

抗日战争即将胜利，中国共产党人首先提出建立"联合政府"的主张。宋美龄则认定"经历多年战争后，全国正欲着手复兴重建之际；中共竟以苏俄为后盾，趁国家元气大伤、民众流离失所、经济状况紊乱、通货贬值奇速之隔，争夺政权"。②她还借机攻击说什么："吾人应回忆及者得，即中日战争于 1937 年秋发生之际，中共曾向国民政府保证其矢遵下列四点：第一，遵循国父之三民主义，力促其实现；第二，停止所有以颠覆国民政府为目的之破坏活动；第三，为谋全国统一，将解散中共占领区中苏维埃政府；第四，重编红军，改为蒋委员长所统率之国民革命军中之部队。而其诺言尚未于吾人耳际消失之时，中共已从后方开始袭击国军，而不出击日军。"③

蒋介石为了发动内战，以和谈为幌子。宋美龄在书中把这段史实变成了："国共和谈期中，每当共军于某地情势紧急时，即利用和谈以解其围，实令人痛心。盖政府与中共举行商谈时，甚使在战场上与彼辈周旋之士气消沉也。故商谈延宕之日一久，有利于政府方面之战略上良机均告错过。"

解放战争时期，蒋介石依仗有美国做靠山，并以美式飞机大炮对付共产党人的小米加步枪。但结果却是屡战屡败。宋美龄在这点上还不如蒋介石，她一点儿都不提蒋介石曾总结的八条，完全把失败原因归于"中共于武器及军火方面之占优势，使之一再战胜。彼时对共党方面之妥协心理，使国际政坛满布阴影，亦自使中国民气，遭受不佳之影响"。④

在对丢失大陆的反省中，宋美龄写道："对于中共进展之解释甚多。丧失拥有众多人口之中国大陆，实自由世界之大祸。余固无意于论及责任轻重谁属之问题，但若干因素不容吾人忽视：第一，中国之八年长期抗日（如追溯至 1931 年日本对东北之侵略，实已十四年矣），元气业已大伤。第二，长期战事结果，造成极多复杂难题；复因中共之破坏，与夫苏俄诽谤我政府及其领袖之宣传，加深困难。此为中国饱受共方处心积虑，按部就班，多方施行其颠倒是非宣传之最痛苦经验。第三，中共听命于莫斯科，而得俄人之资助。然此层非谓人民全未受彼辈乌托邦之类空头诺言所迷惑；尤其若干知识分子与青年，颇有错误之认识。第

---

① 高惠敏编著：《中国第一夫人》，第 123–139 页。
② 高惠敏编著：《中国第一夫人》，第 123–139 页。
③ 高惠敏编著：《中国第一夫人》，第 123–139 页。
④ 高惠敏编著：《中国第一夫人》，第 123–139 页。

四，与中共尝试建立联合政府之企图，已于今日被公认为极不幸之谬误。"①

为了挽回蒋介石丢失大陆这个面子，也为了鼓舞台湾的士气，宋美龄把刚刚经济起步的台湾吹成"正如1926年，广州出现之一线曙光，今日之台湾，实似照耀各处忠心耿耿仍抱厚望于爱好自由中国人之灯塔。解放大陆必出自自由中国之努力。自由中国利用自大陆撤出之陆海空军部队，在过去六年来，三军士气之提高，兵力之加强，具有卓越之成效。今日其防御之潜势力已为亚洲共方侵略者所公认。自由中国各阶层人民皆以决心与勇气，尽心竭力从事于解放苦难中同胞之准备工作；同时建立一模范省，以作复兴全国时之改革典型"。②

在文章的结尾，宋美龄号召："凡于自由中国或海外华侨社会中呼吸自由空气者，均应珍惜此种无价之宝。吾人唯朋为大陆同胞立志重获其自由，始可报答为祖国壮烈牺牲之先烈。"③

宋美龄随蒋介石退台之后的十几年间，前前后后发表了大量的文章、演讲、论著。有人作了统计，她的论著有38篇，演讲65篇，谈话62篇，函电8篇，其中主要内容都离不开"反共"。从这些著述中让后人感受最多的，不仅是她的夫唱妇随，还有她这种刻骨铭心的"反共"情结。

---

① 高惠敏编著：《中国第一夫人》，第123–139页。
② 高惠敏编著：《中国第一夫人》，第123–139页。
③ 高惠敏编著：《中国第一夫人》，第123–139页。

十二、祈祷的力量

　　宋美龄是信奉基督的，对现实的困难，她除了向美国求助外，也向上帝求助。特别是到了台湾，生活环境相对稳定后，进入晚年的宋美龄越发对上帝虔诚起来。

　　20世纪50年代初，宋美龄在台湾她的小圈子内发起了一个小小的祈祷会。她深信："一条绕遍全球的，由各地祈祷会所组成的锁链必能有助于世界和平的建立。这种锁链比任何宣传还要有力量。"①

蒋介石与宋美龄共阅《圣经》

---

① 高惠敏编著：《中国第一夫人》，第162页。

宋美龄为什么有这个想法,首先与她出生后的家庭环境是分不开的。她的父母都是虔诚的基督徒。其父宋嘉树原是美国美以美会派驻中国的牧师,对神学有着相当深的研究。其母倪桂珍出身于中国最古老的基督教家庭,而且是明朝徐光启的后裔。在父母亲的熏陶下,她自幼便去主日学校和教堂,每日举行家庭祈祷。她有时因为必须坐着听冗长无味的讲道而反抗,但也在不自觉中吸收了基督教的思想。很快,她在十岁时,被父亲送往美国的一所教会学校读书。毕业返国后,她因家庭的显赫担任了电影检查局和基督教青年会的职务,并成为上海社交界的一颗明星。

宋美龄与蒋介石初识是在 1922 年年底孙中山家中,蒋对宋是一见倾心,并托孙中山说媒。可宋美龄对蒋却没有特殊的好感,主要原因是蒋介石当时已有两个孩子,在上海滩还有两个没有名分的女人。宋母一直反对这门婚事,这不仅因为蒋介石曾结过几次婚,还因为蒋不是基督徒。

蒋介石自幼受其母教诲,信奉佛教,但后来与宋氏家庭攀上姻亲,他顾不上母亲的教诲,先是向宋母承诺研究《圣经》,经过几年习染,终于接受洗礼,成为虔诚的基督徒。之后蒋介石遵守诺言,每天起床后,必和夫人共同研读《圣经》、祷告上帝,并讨论读经心得,表现出对基督教的笃信不渝。据宋美龄称:"不论在什么地方,蒋介石的卧室中都一定要挂一张耶稣像,以表明对耶稣的敬仰与虔诚。"

但是,宋美龄承认在很长时间,甚至与蒋介石结婚后,她自己仅是一个名义上的基督徒。尽管有时她把这一信仰当成社交手段,不论她走到哪里,都对外国传教士和妇女俱乐部演讲。她吸引外国人太太、教会团体和传教士到她的身边。教会人士看到他们在"宫廷"的影响力增加,自然感激不尽。他们开始把宋美龄看成是基督教的守护神。可在实际上她遇事是凭理智的判断,而不去求教于上帝。因为她确信基督是神,耶稣来到世间是为了要替人赎罪,但是这对她并没有多少意义。他虽为她而死,也为人人而死,这件事没有个人的关系。就像在炎热的夏日享受一阵凉风,凡能感觉到它的人都能享受。至于罪恶,每个人都是罪人,她的罪绝不比一般人更重。

宋美龄知道她母亲的看法则不同,她母亲与上帝非常接近。她用许多时间祈祷,与他交流。宋氏兄妹都相信母亲与上帝更接近,每当他们遇到困难,必去母亲面前,请她为他们祈祷。在她母亲看来,祷告上帝不仅是请求他祝福她的子女,乃是等候他的旨意。对于宋美龄的母亲来说,宗教不是单行道。她按照上帝的箴言生活,公正行事,爱慈悲,谦卑地与他同行。她的母亲常常向她强调的一点是：她不应当要求上帝做任何能伤害别人的事。

协助夫君统一中国的"理想"破灭了。被赶到一个海岛上，沉重的打击使宋美龄濒于灰心，怀有一种忧伤和惆怅的复杂情绪。而她的母亲已不能在此帮助她祷告，助她成功，于是只好自己去求助上帝了。

宋美龄不仅希望上帝帮助自己，也希望他能帮助自己的夫君蒋介石。

蒋介石向宋美龄的母亲允诺，他要研究《圣经》。其后，为博得夫人与她的家人的好感，他一直忠于其言，不仅信奉了基督教，而且每天读《圣经》，想以此了解旧约历史中的复杂关系。这是一项冗长而烦闷的工作，因为当时中国没有详尽的中文《圣经》历史书可以帮助那些不是在基督教家庭中长大的人了解《圣经》。

宋美龄见夫君如此艰苦努力地诵读《圣经》。她知道应该像母亲帮助自己那样帮助他。

宋美龄说："在美国卫尔斯利大学读书时，我曾选读旧约历史（多年后这项课程竟大有裨益于对蒋介石的启发，也真是奇事）。用我的旧笔记与课本，我们即开始每日的课程，至今这还是我们日常生活的一部分。每日清晨六时半我们一同祈祷，一同读经讨论。每晚临睡前，我们也一同祈祷。我自己的信仰和心得同时滋长。一种更深刻的意义浸润了我们的婚姻。我已走上我灵性发展的初步高原。"[①]

为了证明上帝的存在，宋美龄提起1936年发生在西安的一件事。宋美龄是这样记述的：

　　蒋介石在西安被他的部下囚禁时，这时候，每日清晨灵修的习惯已成为给他以支持力量的磐石。虽然遭受着非常的精神痛苦，被围捕时因跌倒而身体受伤，同时面对着随时死亡的可能。而他在这却保持着他灵性的安宁。"叛变"他的人十天不让他与外界通消息，世界各地以头条新闻登载他的遭遇，全国人民愤然的要求立即把他安全释放。我终于得以飞到西安去到他的身边。当"叛变"他的人让我去看他时，他惊诧得以为我是一个幻影。在他稍为安定了之后，他给我看那天早晨他所读的经句中的一节："耶和华在地上造了一件事，就是女子护卫男子。"

① 高惠敏编著：《中国第一夫人》，第162页。

通过这件事，宋美龄认为，既然曾接到过上帝的指示，那么，她与蒋介石坚信上帝，做名忠实的基督徒就不足为奇了。

宋美龄说："我来台湾后不久，'共党'已经夺取大陆，我觉到主在呼召我组织一个祈祷会。这个思想令我退缩。我感到极不自然而躲避。我想，我的朋友们会觉得我虔诚过分了，如同以前我对母亲的看法一样。很奇怪的，我们多数人都不怕公开宣示我们对家庭与朋友的爱，却是极不愿意让人知道我们对基督的归顺。因为如此，所以我们对他的信仰才会干萎，而只有在重申对主的信仰时，我们才能保持我们爱心的存在。"①

于是，宋美龄请了五位笃信基督教的朋友到他们的新家来。当时（"总统府"）秘书长张群、台湾财经两部部长李国鼎都是虔诚的基督教徒，宋美龄与他们的夫人同属"基督教妇女祈祷会"的核心人物，交往比较密切。

宋美龄告诉会友们："从现在开始，我希望能有一个祈祷会。我重述基督的允诺，若有两三个人奉他的名聚会，他就在那里。假如他们同意，我们将一同为中国的命运及全世界祈祷。"②

她们的祈祷会在每星期三下午举行，开始坚持了五年，从未间断。之初，宋美龄她们感到必须要克服一种不自然的感觉。因为刚开始时，每个人都感到局促不安。她们中间有许多人从来没有大声祈祷过。平日相知极深的人在上帝面前会忽然变成陌生人。但以后就有了一刹那间圣灵真与她们同在的感觉，有时还充满了全室。

她们通常先默祷两分钟，然后唱几首大家爱好的赞美诗。主持人读一段经句，叙述她本人的灵性的作证与经句的关系。然后全体讨论。随后各位会友请求大家为某事或某人祈祷。大家都虔诚地跪下，在受圣灵感动之下依次祷告。每次做三四个祈祷。没有严格的程序。她们认为自然变化能促进热心。但在结束时她们必定为中国的将来及世界和平祈祷，愿上帝的旨意实现。

蒋介石的御医对宋美龄信教的虔诚很有感触，他说："每回我吃完早餐要去夫人的房间时，需先经过一间化妆室。那儿挂了一幅英文字，原文大意是：上帝要我到地球上来只有一次，所以我要能够帮助别人，我能够帮助人类做的事情，我一定要做完，绝不推辞。这幅字是正正中中的挂在夫人的化妆室中，每次夫人要化妆一定会将这幅字看一遍。我想夫人这一生就是依着这一幅格言行事。"

由于蒋介石夫妇都是非常虔诚地信奉基督，台湾当局还特地在他们居住的士

① 高惠敏编著：《中国第一夫人》，第162–170页。
② 高惠敏编著：《中国第一夫人》，第162–170页。

林官邸内修建了一个教堂，命名为"凯歌堂"（此名源自抗日战争胜利还都南京时，为纪念凯旋。凯歌堂在台北士林官邸恢复礼拜，寓意将来"打败中共"凯旋的一天已不远）。据说，修建了礼拜堂后，蒋介石夫妇做礼拜可谓是风雨无阻。

此时的宋美龄真够虔诚的！她相信祈祷的力量。她想感动上帝来拯救台湾，拯救在台湾的蒋家小朝廷。

"凯歌堂"的内部

对于宋美龄创办的这个祈祷会的社会作用，陈香梅女士却另有一番评论。她说："我是天主教徒，早年住台北时，星期日只到天主堂做弥撒，从来没有参加过蒋介石夫妇在士林的礼拜，但当年有不少朋友虽非教徒却以被邀参加高官的祈祷会为荣。宗教该是无我、不沾人间烟火的，如果也染了深浓的政治与金钱色彩是相当可悲的。"[1]

1962 年，宋美龄的大姐宋蔼龄和姐夫孔祥熙回到了台湾。台湾舆论说，孔祥熙在台湾的梨山修建了一所教堂。破土动工那一天，蒋介石、宋美龄与孔祥熙夫人宋蔼龄全都到齐了，由牧师周联华负责在梨山筹备破土动工典礼。当时梨山还很荒僻，找不到人来帮忙。在无可奈何的情形之下，只好找当地的山胞。山胞对唱歌是充满天赋的，周就请梨山教会的牧师临时帮忙组织一个唱诗班。唱诗班组成后却提出一个条件说："我们可以为你们唱诗，你可不可以请'总统'证道。"这下子可叫周联华十分为难。没想到的是，在典礼快要结束时，蒋介石竟走到山胞面前开始证道、训话和鼓励。为了宋美龄，也为了她的姐夫孔祥熙，蒋介石真够给面子的。

---

[1]　陈香梅著：《春水东流》，第 303 页。

蒋介石去世后，宋美龄到美国一住就是近十一年。在这期间，她的生活是很寂寞、平淡的。据有关报道说，除了在第五大道和孔令侃、孔令仪等几家人接触外，只有偶尔到得克萨斯州孔令杰的庄园里走走。每年会客不过十次，多数时间是待在长岛别墅的家中，足见生活恬淡。所以，有人说，在这漫长的十余年间，幸而蒋夫人宋美龄是个虔诚的基督教徒，有耶稣可以和她做伴，否则将何以堪？

20世纪80年代中期回到台湾的宋美龄更是保有一个虔诚的基督徒的本分，基督徒生活的四柱，即读经、祷告、聚会、见证，她对四件事虔诚地做，从来没有间断过。据台湾的有关报道说：除一星期中在官邸小型教堂祈祷或阅读《圣经》占了两个小时外，周联华牧师每天不间断地主持教堂圣事，并分别以中、英文讲解教义，而每周三和周日，蒋纬国及"孝"字辈的家人们，都会齐集在官邸教堂做礼拜并聆听讲道，而每周两次与家人聚会，也是宋美龄最开心的时刻。

宋美龄最喜爱的祷文是罗育拉（1491—1556年，西班牙耶稣会创始人）所作，她常常反复祷诵。祷文为：

> 主啊！请接受我的全部自由、我的记忆、我的了解和我整个的意志。所有的存在，我所有的一切，都是你赐予我的。现在我愿将它还给你，凭你的意志处置。只要将你的爱和你的仁慈赐给我，有了这些，我便足够富有，我不再奢求其他。[①]

担任士林官邸凯歌堂牧师三十多年的周联华说："我从未感觉我是'宫廷牧师'。"[②]这位牧师自从1975年在蒋介石死后的"奉厝大典"上主持追思礼之后，就成为人们议论的人物。谈起在蒋介石筹建的凯歌堂担任牧师一职的经历，周表示，1954年，他刚从美国南部浸信会神学院获神学博士回台湾，并在台湾浸信会神学院任教，不久，就有人找他去凯歌堂领崇拜，以后每隔一星期去凯歌堂讲道一次。直到1966年，他才担任凯歌堂的专任牧师和祈祷会监督。

几十年来，周联华自称完全以平常心面对在凯歌堂礼拜的国民党权贵人物，包括蒋介石、蒋夫人宋美龄和他们的家属、袍泽或部属。他说："他们都是上帝的子民，我从未想要为他们准备'贵族'信息。"1988年他又主持了蒋经国"奉厝大典"中的追思礼拜。

---

① 辛藉轩等著：《宋美龄写真》，第124页。
② 李达编著：《宋美龄与台湾》，第27页。

十三、亲善大使

　　1958年初夏，宋美龄又要赴美了。这次她充当了一位亲善大使的角色，尽管她此行是以非官方名义出访，但还是受到了美国朝野的热烈欢迎。

　　当宋美龄在6月从台北飞抵纽约后不久，美国国务院即通知台湾驻美"大使馆"，表明任何时候当蒋夫人莅临华盛顿时，艾森豪威尔总统及夫人都希望于白宫设午宴或晚宴款待贵宾，以示欢迎之忱。同时国务院提出了六个日期，任由蒋夫人从其中选定一个，该六个日期是：6月的25日、27日、29日与7月的2日、5日、7日；除了7月5日的白宫午宴早已为英首相麦美伦预先排定，其他午晚宴均可，亦请蒋夫人自行择定。由此可见，白宫主人对宋美龄的来访是相当重视的。结果因宋美龄必须先赴密执安州一行，然后才能转道华盛顿，所以美国务院提出的六个日子，她都来不及选定。宋美龄正式访问华盛顿开始于7月15日，当日，白宫为她举行了盛大欢迎午宴。

宋美龄与艾森豪威尔夫妇

　　宋美龄于 7 月 9 日由纽约抵达密执安州安阿堡后，被安排在密执安大学 VIP 贵宾招待所，当晚该大学的新闻学教授就陪着台籍四名学生来见宋美龄，他们满怀着兴奋与尊敬来见宋美龄，并询问她对于远东问题的看法。宋美龄对于这几位未来的"新闻界人物"非常热情，而且有问必答。有人称宋美龄回答上述问题既简洁又明了，且对于学生所提出的问题，都作了一个确切的分析与结论。学生们在事后的报告中也吹嘘道："蒋夫人发言时，能使人留有一种智慧与诚恳的深切印象。从其答复我们的问题时之从容态度中，已使我们知道其对于台湾及世界各国任何问题了解力之强为如何！"①

　　紧接着，宋美龄参观了该大学的电视室，并被邀请到直播间，答复中国现代史的问题。随即又有安阿堡职业妇女会社所推选的四人代表团来向宋美龄呈献纪念品。

　　7 月 11 日，宋美龄前往该校校园观光。她先参观该校的附属医院（这是密执安州最古老的一所医院），接着又参观原子试验所（该所的原子反应器是可供和平用途的唯一存在的一台），并由该校有关的专家学者陪同参观和解说。最后，宋美龄参观图书馆。

　　是晚，在密执安大学勒卡姆会堂的一个隆重典礼中，宋美龄成为该大学的名誉法学博士。她登台发表了题为"生存与容忍"的演说。在她演说时，整个会堂已经拥挤不堪，连走廊上也站得水泄不通，无法插足。结果有很多人被挡在外面，只有在会堂外徘徊兴叹。如果任人不断增加下去，该建筑可能会因此而发生危险。

　　宋美龄也可称得上反共的老手了，无论著书还是演讲都言必提"反共"。这一次她也未忘记这一使命——提醒人们不忘"反共"。她说："由于若干知识分子对于现代战争的恐怖过分忧虑，以致使我们自幼受教育时所珍视逾恒的自由和人性尊严的价值，反而退居其次，不如个体生存为重要！……一些颇具智力人士，竟然让他们自己纠缠在诸如缓和紧张局势、绥靖姑息以致奴役胜似毁灭这些论调之中，而无法自解！只知幻想着如何苟延生命，这实在太不幸！这些知识分子……将需要和平与不惜任何代价的生存混为一谈！他们抹杀了和平也许会不自觉地污辱一向是反抗专制原动力的人性尊严的原则！他们不知道倘若整个世界竟完全为黑暗所笼罩的话，这将是因为他们摧毁了战斗的意志，才使'共党'得以征服世

---

①　高惠敏编著：《中国第一夫人》，第 143–149 页。

界！……如果坚定不移的意志能够维持不坠的话，'共产'帝国主义从不敢希望达到征服世界的这个目标。"

当宋美龄演说完毕，得到听众热烈而持久的欢呼，竟使主持人无法控制这一场面。据该校校监说，在密执安大学近五十年的历史中，还没有任何一个演说者受到如此的热烈欢迎。

典礼之后，密执安大学校长海契尔在自己的寓所宴请了宋美龄，并特邀了该大学台籍学生、职员、教授等二十多人作陪。学生们当席送给宋美龄一打签名纸与校印的书签。宋美龄在这个热烈而友好的气氛中，作了一个简短的致词，向主人和来宾表示谢意，她以极愉快的口吻回忆着当年：密执安大学是第一个施行男女合校与接受中学毕业证书为入学条件的最高学府，我还记得当年密执安的校长曾对一位出色的外国访问者说："少女们并不觉得课程过于紧张，而感到受不了。"接着，她又说道："我现在看看在座的学生们的健康容貌，越相信以前校长的见解和判断，果然不虚……我这次参观了密执安大学的种种优越设备，并知道有着这么多卓越的教授与讲师，我希望有如此良好机会能就读于此的台籍学生，应该认清自己所肩负的使命。"宋美龄鼓励学生们："要负起为母校争取光荣的责任，同时更应具有把台湾建设为真正自由富强而康乐的'国家'的抱负。"

宋美龄到底不愧是"第一夫人"，无论走到哪里，都要号召人们为她的"国家"贡献力量。

蒋夫人的密执安之行受到了各方面的热烈欢迎，令她十分满意，但宋美龄仍没有赶赴华府的迹象。

此时宋美龄不急于去华盛顿是事出有因的。她的老朋友陈纳德将军此时已是生命垂危。7月13日宋美龄赶往新奥尔良，去探望她那位具有相似见解的"为自由而战"的忠实老友。

宋美龄飞抵时，路易斯安那州的前任州长夫妇、新奥尔良市市长，路易斯安那州的防卫军司令，陈纳德将军的夫人陈香梅女士及台籍学生等团体的代表，均赴机场迎接。宋美龄一下飞机，与欢迎的人们稍做寒暄之后，就直往医院探望她一直关心着的老朋友。陈纳德深为感动与欣愉，因为他的"女皇"不辞长途跋涉，前来看望他。

宋美龄不但亲自探望陈纳德，同时也带来了蒋介石致陈纳德的手书，要他安心静养，若西医无法医治，可以到台北试试中医。陈纳德对老友的热情非常感动，但当时他的癌细胞已蔓延到了喉部，不能说话，只能笔谈。宋美龄倒很风趣，她说："你平时话说得太多了，今天你不要说，让我来说。"①

陪同宋美龄来的有董显光夫妇、路易斯安那州的众议员和前任州长等，他们对宋美龄不远万里前来向老友话别都极为感动。陈纳德虽然后来升为三星中将，但宋美龄二十年如一日称他为"上校"，因为陈氏领导飞虎队时，军衔是上校。

宋美龄在询问了病状并多方安慰后，对"老飞虎"说了一句适用于他们俩的话："你有奇妙的战争精神，你从来未被打败过——的确未被日本击败！"宋美龄这一措辞，使陈将军露出了笑容。

宋美龄探视之后，分别出席了前任州长和现任州长等人为她准备的宴会。新奥尔良市市长赠送宋美龄新奥尔良市金钥匙一把和名誉公民证书一张。翌日早晨，宋美龄在上飞机前，再度赴医院探望了陈将军。但她没有料到的是这次晤见，竟是最后一别。十天之后，67岁的陈纳德去世了，宋美龄和许多美国军政要人一同参加了他的葬礼，素车白马，极尽哀荣。

宋美龄与尼克松夫妇

蒋夫人仿佛又回到了罗斯福时代。从踏上美国国土时起，一路笑脸，一路鲜花。华盛顿的各家报纸均以大量篇幅并配有照片竞相报道宋美龄的行踪：《华盛顿明星报》于其妇女栏内刊载宋美龄头戴博士帽，身着博士服，微笑着接受密执安大学校长所颁发的荣誉学位证书的照片；《华盛顿邮报》也在妇女栏中刊出宋

---

① 高惠敏编著：《中国第一夫人》，第143–149页。

美龄抵达底特律机场接受密执安大学台籍女生吴丽雅献花的照片;《华盛顿邮报》同日又刊出宋美龄在密执安大学特别典礼中的照片;《巴尔摩尔太阳报》也以显著篇幅转载美联社蒋夫人的演说词;《ThrTablt周刊》——纽约最有影响力的一份天主教周刊于7月19日登出宋美龄的演讲词及以下的社评:"我们很高兴的刊出上星期蒋夫人于接受密执安大学荣誉学位的特别典礼中的演说词,……她发出了一篇针对现实的适时讲话,最使我们感动的就是她坚定地明辨是非,她谨遵着人性尊严的箴言,以及她对于今日流行于国际关系间的妥协主义的厌恶。这位雄辩滔滔的中国杰出的女性,贡献出很多善意和有益的忠告,很多合乎逻辑的理论,以及值得研究并遵从的原则……"

7月12日,华盛顿、巴尔摩尔、菲列得尔菲亚区域的各大报纸,纷纷刊载了宋美龄探望病中的陈纳德的照片与消息。《华盛顿明星报》以第一版三直行的位置,刊登美联社发出的宋美龄在奥克斯勒基地医院探望飞虎将军的照片。在照片中,宋美龄与陈纳德均无笑容。《巴尔摩尔太阳报》与《菲列尔菲亚报》,均以三直行的尺寸登着同样的照片;《华盛顿每日新闻》则刊出陈纳德夫人欢迎宋美龄抵达新奥尔良的照片。

当宋美龄到达华盛顿之时,《华盛顿明星报》的一位记者马上写出报道说:"20世纪世界最杰出的妇女之一,蒋介石夫人将在此作为时十天的非正式访问。"

7月15日,艾森豪威尔总统及其夫人首先于白宫设午宴款待宋美龄,并邀请19位显要人物作陪。宾客中有:美国国务卿杜勒斯夫妇,卫生、教育、福利部长福尔森,参谋首长联合会议主席雷德福上将夫妇,纽约城魏尔契主教,宋美龄的母校卫尔斯利学院的院长等。并请了美国海军乐队在午宴前与午宴后均奏乐曲助兴。午宴使用了金餐具,而且所有这些金餐具都是杜鲁门总统任内所购置的。据说,在艾森豪威尔总统任职期内,使用金餐具的隆重宴会这是第二次。午宴结束后,艾森豪威尔夫妇亲自把宋美龄送出白宫大门。

接着,台湾驻美国"大使"董显光夫妇又为宋美龄举行了一个盛大的欢迎会。宋美龄来到欢迎会上,站在迎接她的人群之中,周旋了两个小时,号称与1500人握过手,并与较亲近的友人们分别作了简短的谈话。她的大姐夫孔祥熙也在欢迎会上露了面。此次来宾中,有白宫官员、内阁成员、最高法院法官,大部分的驻美使节、参议员、众议员、美政府各部局高级官员、国防部军事领袖和官员、社会名流、报界人士,以及台湾当局机关与华侨团体的代表。

在出席此次酒会的宾客中,有一个特别引人注目的女宾——马歇尔夫人,由于马歇尔将军身体欠佳，所以派夫人作代表。马歇尔夫人特别从弗吉尼亚的里士满赶来会晤蒋夫人，亲自邀请宋美龄到其住所作客，并可会晤马歇尔将军。

宋美龄此行可谓是出足了风头，尽管她来自一个小海岛，可她在美国各地所受到的接待犹如众星拱月，白宫午宴上更是手持金餐具宾主尽欢。但是宋美龄心中十分清楚，没有美国人的保护和捧场，她背后既没有可以安身立命的家园，在台前也不可能有这次精彩的表演。当然，美国人也不会有什么无私的奉献，宋美龄十分了解"山姆大叔"的意图，因为台湾可以成为美国在太平洋上"一艘不沉的航空母舰"！

十四、炮击金门

　　见到了美国总统，宋美龄此行没打算在美久留，因为台湾还有许多外事活动等着她参与，特别是最近海峡两岸不太安静。访美的成功，让宋美龄心满意足地回到了台湾。但是很快，宋美龄刚刚放下的心，又被提了起来。她的担心不是没有道理的，因为第二次台海危机又使美台关系面临着新的考验。

　　1958 年 8 月 23 日，国共两党军队在台湾海峡发生了国民党退台以来规模最大的一次炮战。此次战役不仅牵动着中美关系和台美关系的神经，而且令世界瞩目。那么，这场规模空前的炮战是怎样发生的呢？

1958 年"八二三"炮战，蒋介石与蒋经国在金门视事

　　关于这场炮战的经过，《蒋介石晚年》的作者李松林先生是这样记述的："第一次'台海危机'之后，尽管中美之间仍在谈判之中，但美国始终没有放弃插手台湾事务、干涉中国内政的立场。1956年，美国对台'经援'1.01亿美元，翌年又增加700万美元。同时将顾问团扩编至2500人。1957年5月，美国又派遣'斗牛士'战术导弹部队进驻台湾。当中东事件发生后，美国于1958年7月15日宣布其远东地区陆海空军进入戒备状态。蒋介石趁机造势，于17日宣布其军队进入'特别戒备状态'。8月4日，蒋介石在台北阳明山召开党政联席会议，讨论金、马作战问题。次日，'国防部长'俞大维向美国提出三项要求：就外岛之立场发表声明；美在台海进行武力示威；向台湾运交响尾蛇导弹。同日，美国援台的第一批F-100型战斗机运抵台湾。6日，美国第七舰队开始进行武力示威。蒋的'参谋总长'王叔铭以美国做靠山，宣称：'准备迎战'。同日，'国防部'宣布：'台澎金马地区进入紧急备战状态'。"

　　面对美、蒋的一唱一和，毛泽东出于中国统一的需要，希冀通过有限的军事行动来摸清美国对新中国的战略意图，特别是美台《共同防御条约》的底牌如何。

　　在人民解放军一切准备就绪之后，毛泽东亲自决定并指挥这场炮战。随着毛泽东的一声令下，人民解放军福建沿海炮兵阵地万炮齐发，约两小时即落弹5.75万发，火力的猛烈和密集"与攻击柏林的炮火势头差不多，甚至有过之而无不及，金门岛立即陷入火海之中"。据台湾"国防部新闻局"的刘毅夫追记：

　　"下午5时30分，我金门太武山下的翠谷湖心亭中，餐会已散，胡司令官（指胡琏）陪着俞大维在张湖公路的山下漫步回司令部，赵家骧、吉星文、章杰三位副司令官站在翠谷湖与岸的桥头上谈天。""突然有阵嘶哮声，掠过太武山头，驰落翠湖，紧接着是山摇地动的不断爆炸声，整个翠谷烟雾弥漫，弹片横飞……在小桥上的三位副司令官，于第一群炮弹落地爆炸时，就都牺牲殉难了。"胡琏回到司令部，"他的第一动作，就是要用电话指示炮兵指挥官下令金门炮兵全面还击反炮战，但是他懊悔极了，电话线已被'匪炮'打断，他再拿起多处电话机，叫炮兵阵地，传达命令，糟，所有电话线都炸断了"。

　　另据台湾资料记载：

　　"炮弹爆炸声，震耳欲聋，弹片四处横飞，天崩地裂，俞部长立即趴在地上。……胡琏看他血流满面，扶着他走。一阵混乱中，两人很快又走散。""闻到炮声向外冲的空军副司令官章杰、海军副司令官赵家骧都在西边桥上中弹身亡，参谋长刘明奎也重伤倒地。副司令长官吉星文，从外面视察回来，全身暴露在炮火下，被密集弹片所重创，三天后不治身亡。"

从上面记载看，蒋介石与金门防守核心并未料到"八二三"炮战的发生，因而金门岛处于一片混乱之中，直到20分钟之后，才开始自发的反击，但很快被人民解放军的炮火压了下去。当日炮战，国民党方面承认中将以下官军伤亡600余人。该岛的机场、弹药库、油库、炮兵阵地，均受到重创。

8月24日，国共双方军队海、空、炮战不断。20日，国防部长彭德怀奉毛泽东之命，令前线部队全面封锁金门岛，至9月初，金门海、空运输线完全被人民解放军切断，陷入弹尽粮绝的极端困境之中。

"八二三"炮战首先震惊了整个台湾岛，蒋介石在极度的惊恐中命令俞大维向"美军协防台湾司令部"司令史慕德提出两项要求：第一，美军尽一切力量协助增强外岛的防御，美军协助加强外岛之运补能力；第二，建议美方派海军顾问与台湾"海军总司令"梁序昭协商金门运输问题。8月27日和9月4日，蒋介石两次致函美国总统艾森豪威尔，要求：

（1）美台联合显示武力以遏制中国；

（2）同意台湾轰炸中共海空基地和金门对岸的炮兵阵地；

（3）艾森豪威尔发表声明表示对金门的攻击即构成对台湾的攻击，美国将使用武力来反击这种行动；

（4）第七舰队对金、马运补提供护航；

（5）授权美军驻台司令有权不请求白宫直接采取必要的措施。

9月17日，蒋介石在接见美国记者时宣称：

"中共对金门的挑衅行为，实在就是进犯台湾的序幕。"其目的：第一，当然是占领台湾，企图以战争威胁美国退出台湾海峡，即清算美国在亚洲的威信及其势力；第二，是要闯入联合国，以夺取"中华民国"的代表权；第三，是要取得五强之一的大国地位，厕入今后大国间的高层会议。

蒋介石一方面要求西方世界主要是美国"采取具体有效行动"；另一方面宣称国民党保卫台湾有绝对的信心与把握，相信美国不会妨碍国民党军队对中共采取"有效的报复行动"。

关于这场炮战还有不同说法。1996年4月，纪明在《人物》杂志中是这样评论和描述的：

　　8月23日，在毛泽东领导下，周恩来亲自组织了中国人民解放军炮击金门的战略行动，目的是通过有限的军事行动，用炮火与台、澎、金、马保持"联系"，维持中国内战的态势，并利用美蒋矛盾，打击美蒋的嚣张气焰，粉碎美国企图霸占台湾，让蒋介石集团把台湾同大陆分开、划峡而治的阴谋，这是一场政治仗。

在美蒋矛盾面前，中共中央实行"联蒋抵美"政策。道理很简单，与其台湾被美国占领，不如让蒋介石看管。炮击金门时，毛泽东请章士钊写信给蒋介石，并把"联蒋抵美"的方针事先告知了台湾。

毛泽东说，我们同台湾，谁也离不开谁，就像《长恨歌》中所说："在天愿作比翼鸟，在地愿为连理枝"，蒋介石把枝连到美国，而美国却连根都会挖掉。

8月的一天，毛泽东接见了国民党派来了解情况的记者曹聚仁，并谈了话。关于炮击金门的行动让曹聚仁转告台湾。曹在《南洋商报》上透露了此事。

尽管上述观点对于事前双方是否有通气有不同提法，但是两岸对美国制造两个中国的企图都是共同加以抵制的。所以，应该说双方有了一种默契。

蒋介石为死守金门真可谓不遗余力。在金门炮战期间，蒋偕夫人宋美龄亲临金门地下战壕巡视，令部下不惜一切代价"与阵地共存亡"，"不成功，便成仁"。蒋介石还令儿子和儿媳上金门、马祖慰问将士。仅蒋经国在炮战期间就登岛五次，可见蒋介石防守金门的决心之大。

"八二三"炮战也震动了白宫的主人，国务卿杜勒斯认为：

（1）如果中国炮击造成局势危险，可能需要第三国，即美国进行干预。

（2）台湾对大陆的"反攻"活动，有利于国民党军士气，但对大局恐难有巨大的影响，因为要改变中共或东欧，决定的因素在于内部自然的力量，它比外部刺激更为有效。

（3）可能的话应把台湾局势交给安理会讨论。

在杜勒斯观点的影响下，艾森豪威尔亲自主持8月25日会议，决定准备承担台湾空防，提供护航，做好对中国大陆目标实施核打击的准备。两天后，艾森豪威尔在记者招待会上宣布美国将介入"台海危机"。

面对美国的战争讹诈政策，中国共产党人既表现出坚持原则的坚定性又表现了政策的灵活性。9月6日，周恩来代表中国政府强烈谴责美国的战争挑衅，同时宣布：

1958年，金门炮战过后不久，美国国务卿杜勒斯来台湾为蒋介石打气，
中间为"外交部长"叶公超

"现在美国政府又表示愿意通过和平谈判来解决中美两国在中国台湾地区的争端。为了再一次进行维护和平的努力，中国政府准备恢复两国大使级会谈。"

美国迅速作出了反应。9月9日，杜勒斯在记者招待会上明确表示，准备随时同中华人民共和国恢复大使级会谈。

美国之所以同意恢复中美大使级会谈，出于以下几个方面的考虑：

第一，防止中美之战与第三次世界大战的发生；

第二，为了平息国内的反对之声；

第三，争取他国的同情。

因此，美国人想在台湾海峡问题上对中国人让一步，由"战争边缘"政策转为"脱身"政策，即企图用让出金门、马祖，换取中国同意不对台、澎使用武力，以实现美国搞"两个中国"的阴谋。9月30日，杜勒斯在记者招待会上公开表示：

　　如果在台湾海峡地区获得相当可靠的停火，国民党军队继续驻在金门、马祖等岛屿就是不明智的、不慎重的。美国将赞成国民党军队从金、马撤出。

美国政府对台政策首先引起了蒋介石的激烈反应。当日，蒋介石对美联社记者发表谈话，宣称：①

"假定杜勒斯先生真的说了那句话，那也只是片面的声明，'我国政府'并无接受的义务。"

很显然，美、蒋在金、马问题上的分歧已达顶点，极端愤怒的蒋介石不惜公开点名道姓批评他的"好朋友"杜勒斯，重申反对削减驻沿海岛屿的武装部队，确保金、马。

10月6日，毛泽东以国防部长彭德怀的名义发表了《告台湾同胞书》，向国民党当局提出："我们都是中国人。三十六计，和为上计。"并"建议举行谈判，实行和平解决"。25日，毛泽东再次以彭德怀的名义发表《中华人民共和国国防部再告台湾同胞书》，指出："中国人的事只能由我们中国人自己解决。一时难以解决，可以从长商议。""世界上只有一个中国，没有两个中国。这一点我们是一致的。美国人强迫制造两个中国的伎俩，全中国人民，包括你们和海外侨胞在内，是绝不允许其实现的。现在这个时代，是一个充满希望的时代。一切爱国者都有出路，不要怕什么帝国主义。"②

随后，章士钊从北京到中国香港，通过关系向台湾当局转送中共的和谈条件：一种是暂不谈，双方先作有限度的接触，如互访，通邮通电，然后，相机通航；另一种是台湾可以拥有自己的地方政府、军队、党组织，经费由内地负担，只要求台湾承认是中华人民共和国的一部分。但是，台湾当局对此和谈条件没有作出积极响应。

由于蒋介石不愿放弃对金门、马祖的固有立场，导致美、蒋之间分歧日甚。在此情形下，艾森豪威尔决定派杜勒斯赴台见蒋，以协调台美双边关系。就在杜勒斯踏上赴台途中之际，中国政府有意识地恢复了对金、马的炮击，两小时内共发1.1万余发炮弹。恢复炮击金、马的目的，就是警告美国不要插手台湾事务。

杜勒斯在主管东亚及太平洋事务的助理国务卿饶伯森陪同下，于1958年10月20日抵达台北，立即前往台北近郊士林官邸和蒋介石举行会谈。最后一个回合的会谈在10月23日下午举行，会谈地点起先是在官邸楼下，后来移到二层的蒋介石书房，人员只有杜勒斯及助手饶伯森，蒋介石也只有夫人宋美龄和"外交部长"叶公超陪同，其他人员一律排除在外。

①　张其昀：《先"总统"蒋公全集》，第3946页。
②　纪明：《人物》1996年第4期。

　　蒋介石既不愿意在停火前撤退金、马，更不愿放弃武力"反攻"大陆。但在美国的强大压力下，被迫作出让步，美国方面也作了一定的让步，同意在会谈草案上加上金、马与台、澎在防卫上"有密切的关联"。"同时删去'中华民国'不发动战争在大陆重建主权及'中华民国'不为攻击大陆的武装基地，它的基地早已在大陆及中国人民的内心"。[①] 也就是说，尽管蒋介石接受上述观点非常勉强，但也无可奈何。他不得不放弃"武力反攻大陆"的口号。

　　最后的公报使美蒋双方都松了一口气，但并没有给双方带来完全的满足。

　　与此同时，国防部长彭德怀奉毛泽东之命，于 10 月 25 日再度发布《告台湾同胞书》，宣布逢单日打炮，双日不打炮。此后打打停停、停停打打便成为中国战争史上的一种奇特斗争方式。

　　金门危机总算过去了。宋美龄悬着的心也放了下来，但她十分明白，从她参与密谈和发表公报看，台湾比过去更加安全了，但也更受制约了。

---

① 林正义：《1958 年台海危机期间美国对华政策》，第 137 页。

十五、迎接美国贵宾

当台海危机过去之后，艾森豪威尔为了安抚蒋介石，又给台湾以礼仪上的补偿。其中最令蒋介石满意的一次发生在1960年6月18日。那天，蒋介石与宋美龄夫妇兴高采烈地迎来了应台湾邀请来访的美国总统艾森豪威尔。美国在任总统访台，尚属首次。

蒋介石退台以后，最怕变得孤立无援。所以一旦有外国元首来台访问，他必定会兴师动众，把上上下下搞得天翻地覆。据统计，当艾森豪威尔抵达台北之日，台湾当局组织群众夹道欢迎的人数超过30万人。据台北报道，当日还有若干自台湾各地及金门马祖兼程赶来参加欢迎的群众，可谓是盛况空前！

在蒋氏夫妇的士林官邸更是一片繁忙，蒋介石为了接待好艾氏，早早就把这一来访看做是他最重要的一项工作安排，侍从们明白，蒋介石对艾森豪威尔的访台寄予厚望，希望和美国保持更密切的关系，只有这样才可以实现他"反攻大陆"的梦想。因为蒋介石非常清楚，以台湾本身的力量，想要"独立反攻"是困难重重且存在着太多的阻力的，除非艾森豪威尔领导的美国政府能够支持他的"反攻计划"，否则，蒋介石心中的梦想将永远只是空中楼阁。

此外，大张旗鼓地接待艾氏，蒋介石的意图还在于借美国总统访台，给北京以颜色看看，让中共明白，不要再起攻台的任何念头，否则，他背后的美国朋友是不会坐视不管的。

艾森豪威尔在访台期间，两度与蒋介石会谈，在大谈长期友好之后，就时局及加强双方共同防卫合作等项，交换意见。席间，宋美龄扮演的是一个重要的沟通者的角色。

艾氏为答谢蒋介石的热诚欢迎，在"总统府"前广场对各界欢迎大会致词宣称："'中华民国'为联合国发起会员之一，吾人支持其为中国在该组织中之唯一合法代表。"①

对于艾森豪威尔的表态，蒋介石甚为满意。于是，在同日的"国宴"上，蒋介石马上回赠老朋友，说什么："阁下今日来华访问，在我全国军民心中，乃是风雨同舟、同舟共济的伟大患难盟友之莅临，自具有特别重大的意义。我们对阁下此行所带来的珍贵友情，自将永志不忘。"

对于什么"特别重大的意义"，蒋介石还专门作了解释："阁下此次光临访问，不仅使中美传统友谊益臻敦睦，中美关系更趋密切，而且使中国大陆上'被奴役'人民争取自由的希望与信念，受到更大的鼓舞，且也将使全亚洲人民抵制'共党侵略'的意志与决心更为坚定。"他借机强调了台湾是"解放"大陆身受奴役同胞之基地之后，又赞扬艾森豪威尔所持的"解放"铁幕后被奴役人民的政策已"使举世爱好自由人士及铁幕内八亿被奴役人民莫不感奋鼓舞"，并说"将来我大陆同胞一旦得到解放，恢复自由，必对阁下此一政策所予我全国人民及全世界人类之伟大贡献，永铭心怀"。②

对于艾森豪威尔的来访，蒋介石和宋美龄感到莫大的荣幸，只可惜，好景不长，已连任两届美国总统的艾氏回国后不久，就告老返乡，写回忆录去了。由此，美台蜜月宣告结束。

---

① 参见《台湾年鉴》。
② 参见《台湾年鉴》。

十六、妇科代表

国民党退台初期的几年，对台湾来说，无论内政还是外交都是一个多事年代。但对蒋介石来说，不能不说是一个好兆头。

外部环境：先是朝鲜战争爆发，杜鲁门下令美国第七舰队进驻台湾海峡；美国派遣兰钦在台北恢复美国驻台大使馆；又有美国国务院派遣蔡斯少将来台设立"美军军事援华顾问团"。其目的一方面限制国民党军反攻大陆，一方面也监视中共对台军事行动。在美国人的保护下，台湾由此获得了喘息之机。

内部因素：最重要的变化是1950年3月1日，蒋介石宣布复职，恢复行使"总统"职权。此后，又赶上三四年"西线无战事"，从而使台湾政局日趋稳定。

随着时局的安定，从大陆逃到香港、海外，以及来台那些隐姓埋名的各路人马，纷纷出来寻找一展身手的机会。他们根据以往的经验，认为终南捷径就是投奔草山（后改为阳明山），即蒋家门下。因为其他三大家族，孔、宋家族不见了，陈氏家族只在"立法院"剩下一批几十年不改选的C.C.系残余势力。政学系的银行和企业也荡然无存了，他们在台湾只能寄居蒋家篱下，靠技术为蒋家服务。于是，想在台湾政坛上有所作为的好汉们，他们对此有一妙比，即把台湾的仕途路线，像医院分"科"方式一样，给分成了"四科"，即"内科"、"外科"、"妇科"、"儿科"。若想过官瘾，舍此"四科"则无门。

"内科"的领域包涵之广，无疑是能治百病的首席大科，走"内科"路线无疑是指要千方百计接近蒋介石；"外科"是指走外国路线（其实就是指美国）的人而言；"儿科"则是指去巴结蒋经国的那些门下客；而走"妇科"路线的毫无疑问是说想依靠蒋夫人宋美龄往上爬的人们了。

从上述"四科"来看，唯有宋美龄没握有党政实权。但是台湾有人评论，几十年来，宋美龄都一直维持着"中国最有政治实力的女人"的地位。在大陆期间且不论，只看国民党退台以后，她在两代蒋氏王朝中，虽没有什么政治名分，但始终都拥有顶峰实权人物才拥有的影响力。这种影响力最主要的因素来自她是蒋介石的夫人。事实上，从 20 世纪 20 年代蒋、宋联姻开始，就已为宋美龄的这种政治实力铺上了红地毯。蒋介石生前，她的这种作用显而不彰，但蒋氏死后，这个影响力不仅存在，而且进逼到权力核心。所以，许多人仍然要走"妇科"路线，且对她一直忠心耿耿。

台湾人把追随宋美龄的人们又叫作"夫人派"，我们可举几人为例。

首先要介绍的重要人物就是在台湾政坛素有"常青树"之称的沈昌焕。此人曾任台湾"总统府"秘书长。自 1952 年国民党"中央改造委员会"成立以来，沈昌焕就始终活跃于台湾政坛。当年，他是 16 位改造委员中的一位，后来，他又是国民党"12 人小组"中的一员，似乎岁月无法改变他在国民党权力核心中的重要地位。由 38 岁干到 70 多岁，沈昌焕始终是权力变局中的要角。其实，他的雅号已形象地道出了沈昌焕与蒋氏家族及老夫人宋美龄之间的关系，能在台湾权力核心坐稳几十年，可见他与蒋家关系非同一般。这位外交官出身的元老，曾有过一言九鼎的决策力。

沈昌焕是江苏吴县人，1933 年毕业于上海光华大学政治系，1934 年考入燕京大学研究院，攻读国际政治。在此期间，沈昌焕练就了一口漂亮的英语，为他以后从事"外交"打下了基础。1936 年，沈昌焕赴美国留学，就读于密执安大学，翌年学成，获政治学硕士学位。1938 年至 1940 年在广州中山大学任教期间，正式加入国民党。他二十几岁即担任中国远征军参议，后任蒋夫人宋美龄的英文秘书。为宋美龄所重用提拔。1940 年秋，他在重庆进入国民政府外交部任礼宾司交际科专员，开始了"外交官"生涯。

沈昌焕（右）与吴南如

1945年后，沈昌焕开始担任蒋介石的私人英文秘书，进入了蒋家"宫廷"。在那段时间里，美国驻华特使马歇尔每次同蒋介石会谈，都由沈昌焕担任翻译。由于他口才好、反应快，所以这位年轻的翻译官深得蒋介石夫妇特别是宋美龄的赏识，由此奠定了他与蒋家非同寻常的亲密关系。

台湾人说，沈昌焕因任英文秘书而官运亨通是不为过的。因为不论是蒋介石时代，还是蒋经国时期，英文秘书一直是有着相当重要地位的。众所周知，国民党退台以后，"外交"处境可以说是越来越困难，争取朋友——尤其是美国的支持，便成为领导人优先处理的课题之一。

鉴于大陆时期，蒋介石的私人代表或驻美使节（如宋子文等人）经常不能将蒋介石的意见忠实传达给美国政府，因此，他不得不厌其烦地亲自和美驻台大使或来访人士交换意见，在这种情况下，英文秘书不仅担任翻译工作，往往也在重要外交决策上提供意见。

国民党从大陆退台以后，沈昌焕的仕途更加一帆风顺。1952年国民党成立"中央改造委员会"，沈昌焕成为16位委员中最年轻的一位，并当选为国民党中央委员。

沈昌焕早已参与了外交决策，例如，沈昌焕在"汉贼不两立"的认知上，极获蒋介石的器重。所以就有了在联大"外蒙古"入会一案上，台湾首次使用了否决权，台湾媒体说这一决定就与沈昌焕有着密切关系。

沈昌焕之所以受到蒋氏夫妇的重用，也因为他确有不凡的表现。沈曾两度出任"外交部长"，均是台湾"外交"史上最为艰难的时期。

第一次是接替叶公超。从1960年至1966年，当时苏联正在联合国代表大会上疾呼"接纳中华人民共和国为联大的合法代表，取消台湾当局在联大的席位"，沈昌焕数度出席联合国代表大会，与苏联代表辩论，同时巡回访问欧美日韩各国。在沈昌焕的努力下，台湾当局在联大的地位继续维系了十余年。基于他在联大的杰出表现，促使蒋经国日后对他的倚重。也由于他"建树"良多，1964年，沈昌焕当选为国民党中常委。

1972年，蒋经国奉命组阁，时值台湾"对日外交"出现了逆转和在联大安理会的席位出现空前明显的危机，沈昌焕再度出任"外交部长"一职。他竭尽全力去挽救台湾"外交"颓势，又发动了提升国际实质关系能力的"整体外交"，但最终也未能改变台湾的"外交"困局。

1984年，俞国华组阁，沈昌焕出任最高幕僚长——"总统府"秘书长，成为蒋经国身边重要的智囊之一。

　　沈昌焕无论是侍奉"先公"还是辅弼"少主"都颇得要领，他与宋美龄的关系更是非同寻常。几十年来，宋美龄一直十分欣赏沈昌焕。早年不仅推荐他做蒋介石的贴身秘书，而且多次举荐他出任要职。在蒋介石去世后，宋美龄较长时间住在美国长岛，她有什么大事要向台北传达，多是通过沈昌焕，而不是直接与蒋经国说。1986年的7月初，宋美龄把要返台的打算先通知沈昌焕再转告蒋经国，于是，蒋经国迅即以父亲百年诞辰纪念名义，恳请老夫人回台主持。为此，许多人认为，沈昌焕是台湾"夫人派"的重要代表，只要宋美龄的影响在，沈昌焕就永远是棵"常青树"。

　　提到"夫人派"的代表，不能不提到秦孝仪，秦某人曾任过蒋介石的机要秘书，古文有相当不错的功底。当年他在"阳明山革命实践研究院"受训时的一篇古朴简练的自传，就为当时兼任院长的蒋介石所赏识，一下子提拔为"总统府"机要秘书，专门掌管蒋介石的文案。其后不到两年即升任为党中央的副秘书长，仍兼管蒋介石的中文文书业务。当年任何达官显贵要晋见蒋介石，不通过秦孝仪这一关是见不到人的。有人把这称作"一夫当关，万夫莫开"。由于蒋介石的器重和知遇，秦孝仪也同时获得了夫人宋美龄的欢心，所有有关蒋夫人的中文文稿，也都经过秦孝仪之手。可以想象，在蒋介石伉俪双双欣赏的情况下，秦孝仪该是多么神气！

俞国华

秦孝仪

蒋介石去世之后，蒋经国在尊重上一代的情况下，仍然任用着秦孝仪，所以秦氏风光依旧。蒋介石死后，他依然极得蒋夫人宋美龄的倚重，自然仍是不可一世。据台湾传媒报道：满朝文武，除了蒋夫人和蒋经国之外，秦孝仪是不把任何人放在眼里的。

可以说秦孝仪依蒋家王朝为生，他对蒋家真是忠心耿耿，也为蒋家做了不少事情。但是，有人说，蒋家从他身上所得到的，可能是个负数，因为他帮了不少倒忙。

最糟糕的要算是《宋氏王朝》一书出版后，秦孝仪忙不迭地宴请一批台湾的"历史研究所所长"，席上他拿出一份文件，要他们一一签名，在美国《纽约时报》刊登巨幅广告驳斥该书内容。结果适得其反，等于花钱为《宋氏王朝》做了广告宣传，致使该书大大畅销，且经久不衰，成为《纽约时报》畅销书排行榜上的第一名。

在蒋介石去世后，秦孝仪急于在大丧之中表现自己，从而招致了一场风波。事情经过是这样的，由秦孝仪记录的"总统"蒋公遗嘱，在遗嘱的最后带上了一笔"秦孝仪受命承记"的字样，一并发到台湾的各级部门和新闻媒介去宣读。很快就有人质疑，"秦孝仪的名字为什么会和'总统'的遗嘱在一起，成为遗嘱的一部分？"此外，秦孝仪卖弄他的"学问"，指定各媒体把蒋介石的遗体一律称为"遗蜕"。于是，有人又提出，"遗蜕"一说出于道家学说，是指得道的人在他们成神仙之时，灵魂出窍后，所遗下的躯壳被称作"蜕"。而蒋介石为虔诚的基督徒，秦孝仪竟以道家的典故来比喻，已经不伦不类，况且"蜕"是一种废弃物，他拿废弃物来比喻"元首"的遗体，更是对"元首"的不敬。在各方面强烈的反应下，秦孝仪丢了乌纱帽，他被解除了国民党中央委员会第一副秘书长的职务。"秦孝仪承命受记"从此成了他的注册商标；"遗蜕"用字一度是台湾人茶余饭后的笑谈。但他并没有因此而失宠，仍然是一位实权派人物。

1988年年初围绕蒋介石夫妇居住的士林官邸的种种动作，秦孝仪忙前忙后，几乎没有一天停过，连蒋家自己人也对他摇头不已。逼得有人拿"大太监"来形容他。

宋美龄在蒋介石去世后长期在美国居住，她与台湾岛内的联系一直保持畅通，中文方面由台湾"故宫博物院"院长秦孝仪负责。据称，由于宋美龄十分信任秦孝仪，所以在她离台至1986年的十几年中，中文方面的文件仍旧由美国电告秦孝仪代笔。1982年和1984年宋美龄先后发表的《致廖承志贤侄》和《致邓颖超先生》的公开信，也是经宋美龄提示要点后，由秦孝仪执笔的。

　　紧紧追随宋美龄的还有黄仁霖。当年他是宋美龄创办的励志社的总干事，确为蒋夫人手下的一员大将。宋美龄对外的联系，常由黄仁霖负责。据悉，当年张学良要见蒋介石，是先透过张群安排，而张学良要见蒋夫人，则必须请黄仁霖先行联络，由此可见黄仁霖在宋美龄面前的分量之重。

　　在黄仁霖的回忆录中有如下记录：大部分时间，蒋称黄氏总干事，因为他是励志社的总干事。蒋夫人则常以英文叫他"上校"。后他已升到中将，宋美龄依旧如此。黄仁霖特别喜欢这一称呼，他认为这样才能表示与第一夫人之间的密切关系。黄氏对蒋介石夫妇绝对忠诚，只要是蒋氏夫妇的命令，即使冒生命危险，黄仁霖也会义无反顾。所以，黄仁霖在他结束二十五年励志社服务后，蒋介石亲书"忠诚精勤"四字横幅，以资鼓励。

　　黄仁霖最值得炫耀的就是他在 1943 年的"开罗会议"上的表现。当时他陪同蒋介石夫妇到了开罗，在"开罗会议"的协定即将签字时，黄仁霖发现了文件中对于澎湖列岛的战后归属问题竟只字未提，显然是一重大疏漏，马上予以补正，为中国领土的完整做了一件好事。

　　1981 年，黄仁霖受到了宋美龄的接见，并得到了夫人的最高嘉许"如此忠诚于领袖，老而弥坚者，生平所见，以君为第一人"。黄仁霖为何获此"殊荣"？1980 年，黄仁霖坐着轮椅在美演讲，题为"六十年来中美关系"。在他演讲中大声疾呼，指责美国背弃忠实盟友，与中共勾搭，如同与虎谋皮。他以史为证，力谋以舆论影响美国政府改变其对台政策。此演讲在美国亲台的各团体间辗转介绍、重复发表三十余次，故得到了老夫人宋美龄的口头嘉奖并赐赠黄仁霖一点冰糖核桃。黄仁霖受宠若惊，拿出核桃待客，以炫耀他又得到了蒋夫人的垂青。

　　受到蒋夫人宋美龄看重的，还有国民党妇工会、"妇联会"等某些人物，在此不再一一列举了。

　　随着台湾政局的发展，"外科"和"妇科"终究敌不过"内科"和"儿科"，宋美龄为了表示支持蒋介石"传子"大计，渐渐地退出了台湾的权力核心。

十七、第四次访美

当台湾海峡平静了相当长一段时间，进入 20 世纪 60 年代之后，蒋介石又开始到处散布他的"反攻"神话。

为什么蒋介石在此时又重提反攻战呢？笔者认为最主要的因素在于白宫新主人肯尼迪在重新考虑对华政策，他上台前后曾说过：他坚信美国必须保卫台湾，但应画一条清楚的防线，他一直认为金门、马祖对防守台湾并非必不可缺，美国防线应仅仅划在台湾本岛周围。肯尼迪的主张，遭到了蒋介石与台湾"外交部"不点名的批评。肯尼迪上台后，虽然在改变对华政策方面仅仅迈出了一小步，但也令蒋介石忧心忡忡。

所以，蒋介石想再度点燃海峡战火，牢牢拖住美国。对于蒋介石来说，获得美国的支持是至关重要的。

1962 年，肯尼迪遇刺身亡，约翰逊接任美国总统，蒋夫人宋美龄的美国情结，又使她兴起了访美的念头，她需要及时打探美方对台的意向，而且她始终认为，她在美国是有一定的影响力的，所以想去美国为夫君活动一番。恰恰遇到约翰逊接替肯尼迪的机会，宋美龄决定趁庆贺就职礼之便，提出访美请求。几经"外交"斡旋，安排好了比较满意的日程。但是令宋美龄感到意外的是，约翰逊突然以"不欲铺张，一切从简"为由，谢绝了蒋夫人宋美龄的前往道贺，访问只好取消。宋美龄未曾料到，"亲美派"竟被拒之门外。

访美被拒，宋美龄只好打消了念头。约翰逊不是艾森豪威尔，台美关系江河日下，蒋介石对此心急如焚，他不得不又舞起"夫人外交"这一"尚方宝剑"。1965 年 8 月，蒋介石派夫人宋美龄到美国进行长期访问。这是蒋介石对美的"黔驴之技"，宋美龄第四次也是最后一次以"第一夫人"的身份出现在华府。她一直待到 1966 年 10 月才回台。

1965 年 8 月，当时台北驻美"大使"周书楷接当局密电，告之蒋夫人宋美龄即将赴美，答谢美国副总统约翰逊 1961 年 5 月 14 日、15 日赴台与蒋介石三度聚谈之行，以及致电 1963 年 11 月约翰逊继任美国总统。宋美龄再度出山了。

　　宋美龄于 1965 年 8 月 22 日自台北赴美，9 月 7 日自纽约前往华盛顿。当日，她在驻美"大使"周书楷陪同下在"大使馆"接见了台湾驻华盛顿所有官员及眷属，而且时间很长。此时的宋美龄，被人形容成："彬彬有礼、态度亲切，毫无炫耀'第一夫人'的官态，像是一位和蔼可亲的学者与人交谈。"[①] 但是，在住处问题上，宋美龄却仍要摆"第一夫人"的架子，据当年媒体报道，她在华盛顿租用了一豪华的公寓，租金是 2.4 万美元，只不过仅仅住了一个多月的时间。

　　1965 年，在一阵紧锣密鼓的外交活动中，宋美龄回到华盛顿，约翰逊政府以"元首夫人"礼节接待了她，白宫的红地毯终于再次为她铺开。台湾"大使馆"为了她的访美，举行了 1500 名重要的政客和"院外援华集团"的说客们参加的招待会，宋美龄成了招待会的主宾。她乘专列从纽约来到华盛顿，受到国务卿拉斯克夫人的欢迎。宋美龄乘高级轿车来到时髦的专门为她租用的漂亮大厦。她与 J .埃德加·胡佛、最高法院法官拜伦·怀特、参议员托马斯·多德频繁接触，在白宫与伯德夫人一起喝茶，与林顿· B .约翰逊促膝交谈。约翰逊总统夫人亲以茶点招待宋美龄，约翰逊还特地步行至其夫人办公室与宋美龄密谈了 20 分钟。

1965 年，宋美龄与陈纳德夫人陈香梅

---

　　①　周谷：《中外杂志》1994 年第 7 期，第 93 页。

蒋夫人宋美龄在一场接一场的谈话中断言，只要美国向国民党提供武器，国民党就能独自干好"那项工作"，即"收复中国大陆"。蒋介石在会见美联社的记者时也强调："我们可以利用自己的力量'反攻'大陆，没有必要求助美国的军队。我们不想让美国卷入任何战争。在中国大陆，它是我们和中共之间的事。一旦我们回到大陆，我们就有了足够的力量。"①

但是这回美国盟友没有答应蒋介石的要求，令他不解的是，因为中共已有了原子弹，一旦让中国大陆的势力发展壮大，就会构成一种威胁，美国人为什么看不到这一点呢？

不管蒋介石的努力是否徒劳，对宋美龄来说，这次访美已是她政治生涯的回光返照了。在这次访美期间，她应邀到她的母校卫尔斯利学院，向学生们发表关于纪念珍珠港事件的演说，她像当年一样侃侃而谈。

还是那个蒋宋美龄，还是那套美丽的辞令，但是时代变了，当政者变了，美国听众已经对东方幻想不感兴趣了。听众们再也没有那么多的掌声和喝彩声，记者们对宋美龄的访美只是草草写了一点报道，再也没有什么轰动效应了，如昙花一现。宋美龄最后一次的风头转瞬即逝。于是，她跑到曼哈顿的一套豪华公寓里住了下来。

1966年，已经69岁的宋美龄，健康状况不断恶化，从那以后，她的所有美国之行，不是参加葬礼，就是治疗疾病。只可惜，时光不能倒转，无法再重现她在1943年的风采。

几十年来，宋美龄确实一直在妇女界被列为世界十大名人之一。但是在1967年，一向吹捧她的美国人亨利·卢斯在浴室里死于冠心病后，宋美龄的名流地位也就此告终。尽管她还不时地在传媒上亮亮相，可在美国报纸上，宋美龄的名字已经从头版转到了社会新闻版上，后来竟又转到了食物版上。

---

① ［美］布莱恩·克罗泽著：《蒋介石》，第291页。

十八、尼克松震撼

时光进入20世纪60年代之后，台美"蜜月"关系结束了。当美国民主党人肯尼迪入主白宫以后，虽然他仍宣称坚持艾森豪威尔对华政策的三条原则，即：（1）承认台湾为中国的"合法政府"；（2）拒绝承认中华人民共和国；（3）拒绝中华人民共和国进入联合国。但在具体做法上表现出极大的灵活性，特别是在中国大陆沿海岛屿与"反攻大陆"问题上，表现出明显的差异，并一直暗示蒋介石不要轻举妄动。

与肯尼迪相比，约翰逊继任美国总统后，对华政策又有了明显的改变。约翰逊之所以如此，是基于国际局势与国内形势的变化所致。1964年，国际上发生两件爆炸性的新闻：一是中国第一颗原子弹试爆成功，使中国国际地位大大提高；二是法国同中国建交。美国国内受国际局势变化的影响，批评政府对华政策的人日益增多。形势迫使美国政府扩展与中国大陆的关系，台、美关系逐渐变冷。

正是在这种时刻，曾担任十二年美国国会议员、八年副总统的理查德·米尔豪斯·尼克松上台当上了美国总统。在近十来年间，六次访问过台湾的这个美国共和党人，曾给予蒋介石夫妇很高的评价。毫无疑问，蒋氏夫妇对这位反共老手也曾寄予了很大的期望。

然而，使中美关系发生重大转折的恰恰是这个"老朋友"。

尼克松入主白宫之后，重新调整了美国对华政策，结束了美国对新中国二十几年的敌对关系，拉拢中国抵制苏联。尼克松一向坚决"反共"，他当总统后看到世界形势的新变化和美国的不利地位，承认美国过去孤立中国的做法反而使自己被孤立起来，决定改变对华政策。尼克松并没有放弃自己的"反共"立场，他是从美国的利益出发才这样做的，或者说这一重大变化主要是从美国的全球战略，特别是从对苏战略出发的。

尼克松改变对华政策基于三点考虑：

（1）对抗苏联要有实力。为了对抗苏联，他主张开展"三角外交"，打开同中国大陆的关系，结束中美对抗，以便利用中苏矛盾，造成对苏施加压力和进行牵制的杠杆，迫使苏联对美国让步。

（2）出于结束越南战争的考虑。要结束越南战争，必须同中共政权取得谅解，否则很难从越南战场抽身。

（3）鉴于中国力量与影响的增长，中美对立的时间越长，美国付出的代价就越大，不利于美国稳定亚太地区的形势，更难集中力量对付主要对手苏联。[1]

1970 年 2 月，尼克松向国会提出的第一个外交政策报告说：

"从长远来说，如果没有拥有七亿多人民的国家出力，要建立稳定和持久的国际秩序是不易设想的。"[2]

同年 10 月，尼克松在接见美国《时代》周刊记者时称：

"如果说我在死以前有什么事情想做的话，那就是到中国去。如果我去不了，我要我的孩子们去"。[3]

尼克松的上述言论表明，他力图在任内结束中美隔绝二十多年的不正常状态。就此点而论，尼克松不失为一个具有战略眼光的政治家。

正是这位扛了三十多年"反共"大旗的美国总统，却替西方世界迈出了大胆的第一步，打开了与中国交往的大门。尼克松当年为什么会有如此震撼世界的"大手笔"，事后有人是这样评论他的这一举动的：

有的人难免认为，"狡猾的迪克"（尼克松的外号）到底不离本色，扛了多年"反共"大旗却到北京去拜访毛泽东主席，岂不是自相矛盾？现在冷静看来，与其说是尼克松彻底改变立场，不如说是他的清教徒和中产家庭背景驱使他立志要做伟大的总统，为美国的强大和世界的和平带来能使他个人出人头地的成就，"反共"的背景使他不怕政敌指控他亲共，清教徒的教义使他事事求全而永不退缩，而中产家庭的背景又驱使他不断地追求成就。跟随艾森豪威尔总统的八年期间，他曾经有机会访问过 56 个国家。这些访问无疑加深和丰富了他对外交的兴趣和经验。很自然的，他的成就也多半集中于外交方面，应该说，其中最具特色的就是 1972 年 2 月的中国之行。

无论怎样评价尼克松访华的动机，此事件却永远确立了他是中国人民"老朋友"的身份。

---

① 参见《尼克松回忆录》。
② 高惠敏编著：《中国第一夫人》，第 162–170 页。
③ 高惠敏编著：《中国第一夫人》，第 162–170 页。

　　尼克松曾是宋美龄十分欣赏和信赖的美国朋友，但从这一次尼克松所作出的重大的决定中，宋美龄再一次深深感受到国际政治的"无情"，当年差一点被杜鲁门抛弃，现在又被"老朋友"视为对立，却又无力采取任何报复行动。此时，无论是宋美龄还是蒋介石的心情都是既气愤又无奈的。

　　为了改变同中国大陆的关系，尼克松在他访华之前，采取了一连串的实际行动。

　　为他打前站的是基辛格神秘的中国之行。

　　尼克松曾对基辛格说："在很机密的基础上，我想请你让你的助理人员起草一份研究材料，对我们在联合国接纳中国问题上将采取什么方针提出建议——不要告诉任何可能会泄密的人。我认为，我们没有足够的票数去阻挡。接纳的时间比我们预料的要来得快。""我们确实需要解决的问题是，我们怎样才能逐步造成一种形势，使我们既能保持对台湾的义务，而又不致遭到赞成接纳'赤色'中国的人的抨击"。①

　　对于尼克松的举措，蒋介石非常不满意，当然对于尼克松准备访问北京一事，蒋介石当时是一无所知的，直到 1971 年 7 月 15 日尼克松宣布基辛格北京之行决定的前 20 分钟，台湾当局驻美国"大使"沈剑虹才从国务卿罗杰斯给他的电话中得知。这个消息使沈"大使"有几分钟时间震惊得说不出话来。他简直不能相信听到的话是真的。台北方面对此消息的最初反应同沈"大使"一样，也觉得难以置信。

　　当 1972 年 2 月 21 日尼克松访问北京之际，正值台湾召开"国大"一届五次会议，会议对尼克松北京之行发表声明称："戡乱'反共'国策"绝不改变，不承认中美间任何协议，中共是"叛乱"集团，无权代表中国。

　　令蒋介石最害怕的事情还是发生了，《中美上海公报》有如下一段表述：

　　"美国认识到，在台湾海峡两边所有中国人都认为只有一个中国，台湾是中国的一部分。美国政府对这一立场不提出异议。"

　　美国此一立场否定了多年来"台湾地位未定"说，同时《上海公报》还提出中美应实现"两国关系正常化"。

　　蒋介石电令沈剑虹会晤尼克松，当面澄清《上海公报》未提台美《共同防御条约》所引起的不安。尼克松对沈剑虹保证，"美国决心遵守对台湾的承诺"。翌

---

　　①　高惠敏编著：《中国第一夫人》，第 162–170 页。

日，沈剑虹返台向蒋介石汇报会晤尼克松情形，蒋介石听后感慨地说：从此以后，我们要比以前更依靠自己。

其实，除尼克松调整对台政策的打击之外，其他令蒋介石夫妇和台湾当局难堪的事情也早就露有征兆了。

据有关报道披露：从20世纪50年代开始，联合国中一年一度的中国代表权之战，美国一直站在支持台湾的立场，乃天下皆知之事。因此，联合国大会讨论起这个问题时，表面上是台北代表在艰苦奋战，实际上却是美国国务院在运筹帷幄。由于美国的支持，一年一年地拖了下来，一直拖了二十多年。到了20世纪70年代，联合国新会员国一天比一天多起来，美国渐渐地控制不住局面，而且有了尼克松改变对华政策一事，且他又要访问北京。所以，也就有了美国国务院开始劝说台北接受两个中国的安排。就当时的情况而言，中国完全可以取得两个席位，像苏联在开始时取得三个席位一样。

还有报道说：进入20世纪60年代以来，联合国中多数国家一般认为应该容纳中华人民共和国政府，但也不愿把作为创始会员的台湾当局排除出联合国。如果由美国出面或美国指使一些较为独立的国家出面提案：纳共而不排台，一定会得到绝大多数会员国的赞同。另外，北京当时虽强调"一个中国"的原则，其实不管毛泽东还是周恩来都是非常灵活的。例如，他们同意在华盛顿和北京设联络处一事，就可证明中共处理此事的灵活性。

其实，对于纳共而不排台的方案，早在叶公超任台湾"外长"时他就有此设想，而且台北"外交部"的人，没有一个不赞成；特别是由台湾派出的那些"大使""公使"，以及低级职员们更是一致拥护，因为对他们说来，这种结局总比降旗返台要好。

在20世纪70年代初，蒋介石夫妇和台湾当局长期担心也是最怕发生的事情还是发生了，他们只好面对这一严酷的事实：

1971年10月25日，联合国第26届大会就中国代表案进行表决，会议以76票赞成、35票反对、17票弃权、3票缺席通过了阿尔巴尼亚等23国提案，恢复中华人民共和国在联合国的一切合法权利，并立即将蒋介石集团的"代表"从联合国的一切机构中驱逐出去。

在第26届联大表决阿尔巴尼亚等国的提案之前，蒋介石为避免尴尬局面的出现，遂令"外交部"长周书楷率台湾当局出席联大会议代表团悄悄退出联合国大会会场。

10月27日，蒋介石发表了《为联合国通过非法决议告全国同胞书》，书中云：

"本届联合国大会，竟自毁宪章的宗旨与原则，置公理、正义于不顾，可耻的向邪恶低头，卑怯的向暴力屈膝，则当年我国所参与艰辛缔造的联合国，今天业已成为罪恶的渊薮"。"对于本届大会所通过此项违反宪章规定的非法决议"，"绝不承认其有任何效力"。"我们国家的命运不操在联合国，而操在我们自己手中"。我们"对主权的行使，决不受任何外来的干扰；无论国际形势发生任何变化，我们将不惜任何牺牲，从事不屈不挠的奋斗，绝对不动摇、不妥协"。[1]

对台湾当局来说，事情不仅仅如此，继联大驱蒋案之后，"不幸"的事件接二连三地发生，几乎是在一夜之间，也像是有什么默契，有二十多个国家与台湾当局断了"交"，转而承认中华人民共和国。截至1973年2月，仅有39个国家与地区同台湾当局保持"外交"关系（1991年统计，有30个国家与地区和台湾当局保持"外交"关系，这30个国家与地区多是一些落后的小国与地区）。这个多米诺骨牌效应，使台湾的"外交部长"周书楷不得不惊呼：已有了无"外"可"交"之兆。此刻蒋介石也不得不承认，这是国民党"迁台以来的最大挫折"。

为了给他的部属们打气，同时也为安抚因驱蒋案所造成的台湾动荡的民心，蒋介石大声疾呼："庄敬自强，处变不惊"。

宋美龄也附和其夫言论，于1975年3月，发表了《不要说它，但是我们要说》的文章，文中宣称：

"联合国一批会员国，乃可以听任感情驱使……采取集体行动，再度嘲弄联合国。我们不得不承认，我们极为成功地敲响了这个国际和平组织的丧钟。"

从蒋介石、宋美龄的上述宣泄中，可以看到联大驱蒋之举及以后的一系列事件，使得他们夫妇已愤怒到了极点，因而在较长的时期内对联合国不断进行攻击、指责。同时，也借机表达对美国不再顾及、关照老朋友的不满。

---

[1]　张其昀：《先"总统"蒋公全集》第3册。

十九、圆山大饭店的掌门人

　　每个人在来到台北圆山前，迎面就有一座雄伟得连山都变小了的大饭店——"圆山大饭店"。它建造在台北市郊的圆山山坡上，傍基隆河和剑潭，主体楼高14层。饭店的整体设计都是模仿明清时期的官廷式建筑，与普通饭店的设计在风格上有明显不同，被人称为台北的"紫禁城"。它的特殊还在于它既不是国营，也非个体的奇特经济实体。应该说，它非公非私的性质是蒋夫人宋美龄的又一个"杰作"。

　　当初，圆山大饭店是由蒋介石的士林官邸出面向台北市银行借贷两亿台币而建立的，后来，它的实际控制者则成了宋美龄视同己出的"孔二小姐"孔令伟。

　　圆山大饭店早在20世纪50年代初已具雏形，蒋介石建造圆山大饭店的动机，主要有两个政治原因：一是由于当时台湾有许多美国人，为了善待这些长住的美国人，让他们在台湾能够吃得好、玩得高兴，以示美台关系的密切程度；二是当年国民党撤退到台湾，经朝鲜战争后，台湾局势日趋稳定，当局为了打开台湾的外交局面，也需要建造一个像样的饭店，接待外国宾客。据悉，当时士林官邸与银行商议借款之事，出面人就是蒋夫人宋美龄的亲信黄仁霖。

　　还有一种说法是，圆山大饭店的前身为圆山俱乐部。起初，蒋介石令手下先借用台湾旅社成立俱乐部，用以接待外宾，后来邀请尹仲容、董显光、俞国华及周宏涛等几位共同捐款50万台币，成立财团法人，经营具有国际标准的旅馆来接待外宾，发展观光事业，促进所谓"国民外交"。

　　无论何种提法都说明，这家大饭店是台湾最早的国际观光饭店，在国民党外交迎宾史上扮演着重要的角色。它与台湾的政治、经济、历史密切相关。

　　圆山大饭店有关人等借款两亿台币后，据说一直未曾归还。"台银"由于是债权银行，因而特地组成了一个"圆山大饭店管理委员会"，由台湾省府主席担任主任委员。不过，明眼人都知道，圆山后台强硬，这个管理委员会是不可能发挥什么作用的。于是，这个畸形的经济实体、形态特异的观光大饭店就这样长期以非正常的状态维持着。不过因为大饭店有对外营业的身份，尽管它从未向台湾"经济部"作过公司登记，但是在台湾财政统计资料上却也可以查出它的"业绩"。

当初这个由两亿台币起家的圆山大饭店，而后发展成为雇用员工600人、资产总额23.16亿台币的财团了。截至1986年其营业额为15.82亿台币。但是，于公仍是一笔糊涂账，于私是何种情形，局外人就很难明白了。

圆山大饭店开始时的真正掌门人是蒋夫人宋美龄。经过几期改建的圆山大饭店，为台湾的对外形象争了不少面子。对此宋美龄的确花了一番心血。

1960年，刚刚经过修整的圆山大饭店十分引人注目，宋美龄突然看到饭店飞檐上的琉璃瓦颜色不对，下令全部换掉，一下子花掉台币2000万元。尽管圆山大饭店的建成为当年的台湾争光不少，但事实上从建造时起有关大饭店的风波就没断过。

圆山大饭店刚建造时，第一个提反对意见的就是台湾的安全局，因为安全局的大本营就在圆山山脚下的剑潭旁，如若站在建好后的圆山大饭店新大楼往西侧望去，就可把安全局的一切尽收眼底。站在安全局的角度，理所当然要反对。而当时主管安全局的正是蒋介石的儿子蒋经国，于是有人就想通过蒋经国向上提意见。其结果可想而知，蒋经国也很无奈，因为圆山大饭店的一切是宋美龄一手操办的，最后只好以安全局搬家了事。

另一个问题是圆山大饭店的建筑高度。由于饭店处在台湾飞机飞行的航道上，尽管它只有14层楼的高度，但其高度还是超过了台湾民航的有关规定，可能会对飞行安全造成影响。据说当初台湾"民航局长"毛瀛初就坚决反对把圆山大饭店建得那么高。但结果是飞机飞行让位于饭店建筑，因为这是宋美龄和孔二小姐的杰作，所以，"民航局长"的意见只能是说了也白说，圆山大饭店照旧按原设计建造，最后只剩下让飞机改航道这一种选择了。

到了1972年8月，由于蒋介石病重住进了台北的荣民总医院，宋美龄为了尽心照顾蒋介石，于是，她就把圆山大饭店的管理大权交给了她最信任的外甥女孔二小姐，从此这里便成了孔二小姐的天下。有宋美龄撑腰，孔二小姐在圆山大饭店更是说一不二、肆意妄为。

于公于私问题先暂且不论，圆山大饭店确实当过一段蒋介石的出气筒。1973年，圆山大饭店的主楼竣工之后，正赶上日本与台湾断交而与中华人民共和国建交，这一事件使当时在台湾"主政"的蒋介石异常气愤，为表示对日本政府的强烈不满，蒋介石下令，不准日本人住圆山大饭店，因为圆山大饭店是当时台北档次最高的饭店。蒋介石的这口恶气，一直出到了 1975 年 4 月 5 日他去世以后，此项规定才算不了了之。

据台北的"立法委员"调查，圆山大饭店的设备和建筑都归宋美龄所有，但下面的地皮则归政府所有。这在蒋介石父子当政的时代，没人敢对此有什么不满。随着蒋家势力在台湾日渐衰落，圆山大饭店就成了台湾各界有识之士的众矢之的。1992 年 9 月，更有台湾省"议员"对圆山大饭店的产权问题公开提出质询，要求圆山大饭店尽早走出"特权"的阴影，将其产权一元化。

孔二小姐可不管什么"产权"问题，对圆山大饭店依然是我行我素，一手遮天。自孔二小姐接手以来，圆山大饭店的经营和管理状况时常成为台湾公众议论的对象，原因就在于，孔二小姐怕吵，所以她不希望有太多的人来住饭店，再加上孔二小姐独断专行的经营方式，致使圆山近年亏损不断。

连年的亏损，圆山大饭店却没有关门，孔二小姐靠什么来维持饭店的正常运转？她的"绝招"就是靠存在银行多达 20 多亿台币存款的滚存利息维持着这个大饭店的一切开销。

蒋介石去世后，孔二小姐陪宋美龄在美国住了很长时间，虽身在海外，但圆山大饭店仍像是她的私家财产，为了满足孔二小姐的要求，一次次地把她喜爱的圆山大饭店所做的食品空运到美国。尤其是逢年过节，孔二小姐会让饭店替她准备好多食品运往美国，以便她拿去送人。据知情人透露，每年春节，圆山大饭店为了赶制孔二小姐所要的食物，至少要忙上一个月的时间。

从以上事实就不难理解，圆山大饭店为什么时常成为台湾民众所抨击的对象。也不难理解今天许多台湾人所提出的，圆山大饭店是"特权"的象征，而且迄今仍受着"特权"保护的结论并不为过。

二十、"中国空军之母"

　　宋美龄曾被人称为"空军之母"，她自己也承认是"空军之母"，而且数十年来她最喜欢的胸饰也是空军飞行徽章。1986年，在蒋介石百岁冥诞纪念会上，她仍佩戴着"飞行徽章"，表明她犹未忘记自己是空军的"家长"。由此可以看出宋美龄视国民党空军为己出的心态。

　　宋美龄为什么会对国民党空军情有独钟？20世纪30年代中期，蒋介石决定扩大空军装备，进口了大量空军器材。蒋介石的想法是明确的：国民党必须使中国的军事力量现代化，需要战斗机。然而，购买飞机涉及大笔款项，蒋介石决定不了他那些善于贪污的下属中，究竟谁能负起这一重任？于是他决定由他的夫人宋美龄来担任航空委员会秘书长，负责空军事务。

　　这位只受过音乐、文学和社会美德教育的女人，为了协助她的丈夫建立一支现代化的空军力量，便全力投身于对航空理论、飞机设计、比较各种飞机部件优缺点的技术刊物和空军训练的研究上。终于，凭着她的口才和组织能力，争取到美国国防部的支持，订购了价值2000万美元的产品。有了第一批属于中国的飞机，为未来的空军发展奠定了基础，这个女人也就成了空军司令，这在妇女中是没有先例的。

宋美龄在公开场合，总是佩戴着
"飞行徽章"

　　抗战之时，宋美龄拥有一架"美龄号"专机，是DC3型的最新机型（当时别号"空中霸王机"），每次出门，都有照顾她衣食住行的男女仆人三十余人随行。

　　宋美龄独揽空军大权。她规定，在这支

精选的部队中，对行窃者处以死刑，她又成为严控空军人员纪律的总监。一直到抗战爆发国民党政府撤离南京势在必行时，她还常常在新闻稿上提到"我的空军"。宋美龄作了保证，她的空军已准备轰炸日本的城市。但她解释说，她的空军是小心谨慎的空军，在轰炸中注意避免伤害妇女和儿童的生命。

陈纳德是在抗战开始时由宋子文介绍给蒋介石的。他先后担任航校教官、总教官、顾问等职。当时正是宋美龄任职航空委员会大权独揽之时。蒋介石夫妇对陈纳德十分器重，宋美龄曾在美国的演说中向美国政府和人民赞扬陈纳德的国际主义精神，说他是美国人民对中国友好的使者，还代表中国人民向美国致了谢意。

1937年，国民党首都南京被围时，宋美龄主要的工作重点仍在空军。据说，她认得每架飞机、每个飞行员。一有飞机起飞，她必在旁目送，一有空战，她就爬到高处观战。空战后，她还会兴致勃勃地向有幸生还者转述战况。每天，她都要面对许多的突发事件。可以说，在这段时间里，宋美龄为中国空军在时间和精力上付出了很大的心血。

就这样，中国空军仅凭着200架飞机，与日本空军展开了一场空前的血战。虽然空军将士们士气高昂、技术娴熟、屡建奇功，但其结果可想而知，日本飞机由于补充不断，越战越多；中国飞机因为得不到补充，越打越少。从8月作战开始，不到三个月时间，中国空军就完全丧失了制空权。我们可从当年一位在国民党空军服过役的先生的亲历记中验证这段令人悲愤的历史。

"我随空军第二大队到了武汉，空军所剩经过修复的飞机不足10架，驻在江西南昌，专以溯江面之日军为目标，不到几天，全打完了，南昌机场空空荡荡的，没有一架飞机，只有跑道两旁的几面红旗在临风飘曳。空军人员住在远离机场的乡村师范学校里，从学校的楼窗可以遥望机场情况。南昌警报很多，日机常来，如入无人之境，任其低飞，任其扫射。我到南昌的第二天，适遇空袭警报，有一架日机竟在机场跑道上低空盘旋，降落于跑道，机上人下来走了几步，抽去一面红旗，然后从容登机，一飞而起，又盘旋数圈而去，空军人员遥望此类情况，气得直跺脚，悲愤已极。"[①]

抗战时中国空军用于作战的飞机只有200架，而日寇却有2600架。中国空军在经过英勇战斗后消耗过大，又无法补充，迁都重庆后几乎无飞机可以应战，致使日机经常来狂轰滥炸。实际上航空委员会已无事可做。

---

① 参见台湾《夫人政治》。

对此，谁来承担责任呢？蒋介石不可能打自己夫人的板子，所以也只好不了了之了。

1938年3月，一则美联社的电讯称："据可靠消息，蒋夫人将卸去中国空军司令的职务。"① 事实确实如此，当时军事委员会改组，宋美龄推荐钱大钧为航空委员会主任，自己于1938年3月辞去秘书长职务，致力于对外宣传，特别是对美国方面的宣传和呼吁工作。为什么辞职？美国的《时代》杂志曾作了详细说明："一般认为，战时工作的紧张损害了她的健康，这可能是她不久将要辞职的原因。实际上，在过去的数月间，蒋夫人一直安静地住在香港，把她一贯称为'我的空军'的指挥权委托给别人。"②

由于宋美龄与空军有如此深厚的渊源，国民党退台以后，她依然对空军的发展最为重视和关注。据称宋美龄在台湾的"中华航空公司"扮演过重要角色。

"中华航空公司"成立于1959年。初建时投资总额为20.7万台币，均由国民党官方垫付。当时人员的配备，主要是国民党空军官兵以退役或停役的方式调用的。因此，长期以来尽管历任台湾"交通部部长"们都信誓旦旦地表示："'华航'百分之百是民营。"③ 但却从来没有人相信。因为大家都知道，"中华航空公司"的性质也和圆山大饭店相当近似，实际上乃是百分之百的"公营"特权的象征。

就体制而言，"华航"既然是公司，按规定就应有公司登记，而且董事、监事名单必须公开。但是在台湾，"华航"的这些资料均属机密。更与公司体制不同的是，在台湾官方，还有一个高阶层的"华航小组"存在。据悉，它最早的召集人是台湾第六届"行政院长"蒋家"宫廷派"的元老俞国华，后改为国民党中常委，曾任过国民党"交通部长"、"行政院副院长"的连战担任。但是这个"华航小组"似乎也不负责监督"华航"，它的职责只是负责帮助"华航"解决财务问题而已。

截至1985年的统计资料表明，"华航"的资产总值已达到11.47亿多美元，但其负债总额已达10.6亿多美元。一般公司，这样高的负债比例早已接近破产的边缘。但是"华航"却安然无恙，因为它有国民党高层的"华航小组"为它解决财务问题，还有"交通部"和"民航局"编列预算为它维持运营。毫无疑问，"华航"是国民党经营的公司，是个特权公司。

从财务上来看，"华航"应属于官营的性质。因为在国民党"交通部"下辖

① ［美］罗比·尤恩森著：《宋氏三姐妹》，第96页。
② ［美］罗比·尤恩森著：《宋氏三姐妹》，第96页。
③ 李达编著：《宋美龄与台湾》，第125页、第127页。

有一"民航局","民航局"又设有一个"民航事业作业基金"项目，这个基金的最主要的任务就是协助"华航"。例如，"华航"需要更新民航机队，出面向外国飞机制造公司购买飞机的资金，则是"民航局"从国库拨款而设立的"民航事业作业基金"先垫付，然后，再以低廉的价格租给"华航"使用。这等于是国民党政府出资本，而由"华航"做生意，而且即使亏损也无妨，因为有政府可以依赖。这种不计盈亏的特权生意，人人都可以做老板。又如，由于"华航"经营无方，亏损累增，"民航局"就用基金收购"华航"的飞机修护栏，但是仍然租给"华航"使用。截至1987年，"华航"已连续亏损10年。据估计，仅"民航局"的"民航事业作业基金"，就为"华航"已经亏损了100亿元台币以上。这种超级的"保护"，不是"特权"又是什么呢？

据台湾媒体披露，"华航"之所以具有这种特权，也是得益于"空军之母"宋美龄。几十年来，宋美龄视国民党空军为己出，因此，自"华航"出世以来，宋美龄即介入甚深。有人评论说，她形同实际的董事长。

"华航"的董事长与总经理的任命均出自蒋介石夫妇的士林官邸。直到20世纪80年代后期，"华航"人事权仍属这个"最高当局"。例如，前台湾空军总司令、后任台湾"华航"董事长的乌钺，因宋美龄一句话，他便可以消灾解难免罢官。事情的起因是这样的：

1986年5月3日，台湾"中华航空公司"的飞行员王锡爵驾驶着波音747-F 200型飞机投奔祖国大陆，在广州白云机场降落。这件事在台北造成了极大的震动。在蒋经国的"弹性"政策下，海峡两岸打开僵局，四十年来第一次在香港展开了面对面的历史性"谈判"，大陆方面顺利地把飞机送回，除王锡爵外，两位机员也返回台北。

王锡爵是四川遂宁人，1943年入灌县国民党空军少年军校，1949年随校迁往台湾。1963年作为第二批队员进入"黑猫中队"，退役后进入"中华航空公司"当驾驶员。在"黑猫中队"服役期间，他曾多次飞入祖国大陆上空侦察，1964年他的战友李南屏蒙难那天，他也正在祖国大陆上空活动，差点丧失性命。当时他是在福建上空侦察，曾一度接近了福建漳州的导弹阵地，谁知就在导弹接电准备发射的紧要关头，他的飞机改变航向飞走了。22年后，他重新飞进祖国大陆的蓝天，投入祖国的怀抱时，迎接他的不是导弹，而是人民群众的热烈欢呼。

提到"黑猫中队"，还要介绍一下。

中国大陆的许多老百姓都知道20世纪60年代人民空军地空导弹部队痛揍国

民党空军 U-2 型侦察机的故事。可是,却很少有人了解国民党空军的"黑猫中队"。其实 U-2 与"黑猫"是紧密联系在一起的。

台湾"黑猫中队"是国民党当局及美国政府执行敌视中国大陆政策的产物。

第二次世界大战结束后,美国长期在西太平洋地区推行"遏制"中国的政策,它向国民党空军提供 RB-57 和 P-2V 侦察机,用于刺探大陆军事政治情报。无奈这些飞机均在中国人民解放军空军飞机和导弹的打击高度之内,接二连三被击落。美蒋双方为扭转此种局面,决定用美方出钱出物,蒋方出人出地的方式,启用美国生产的最新型的 U-2 高空战略侦察机保持对中国大陆的侦察。1959 年,蒋介石批准了这套方案,很快国民党方面在蒋经国的直接主持下将此计划付诸实施。

挑选飞行员的条件是非常严格的:必须有 3000 小时至 4000 小时的飞行经历;军衔在上尉与上校之间;性格沉稳;飞行理论扎实。由于工作压力大,保密性强,美蒋合作协议中还规定:"黑猫中队"成员在出满 10 次任务后就"转业"调到其他部队,其理由是避免飞行员长期过度疲劳,同时也是防止他们一旦被中共俘虏泄露过多的机密。

"黑猫中队"确实为美国中央情报局和台湾国民党当局立下了汗马功劳。从 1961 年组队到 1972 年之间,"黑猫中队"共完成 122 次高空侦测中国大陆的任务,前后入队 27 人,10 名队员死于执行任务和训练过程中。事隔多年后,当年美方的牵线人克莱恩曾给予"黑猫中队"充分肯定:在人造卫星的摄影足以涵盖中国大陆之前,有段时间,我们有关中共精良武器的情报,大都来自这些世界上最勇敢的飞行员所摄取的照片。这些照片当时对美国而言,价值亿万美元。

由于中美关系的变化,1975 年,美国把 U-2 型飞机撤回美国,"黑猫中队"也就此宣告解散。

在台湾处理王锡爵投奔祖国大陆的事件中,有许多人受到牵连,唯有乌钺单独获得留任(总经理刘德敏等都被罢了官),其原因在于,乌钺曾经为蒋夫人宋美龄开过飞机并备受赏识。据悉宋美龄干预此事时说:"如果没有绝对的过失,不必要他去职。"还问了一句:"乌钺犯了什么事? 为什么责任要他承担!"在宋美龄的插手下,乌钺得以照坐"华航"的"宝座"。由此,人们可以清楚地看出,远居美国的宋美龄还在照旧插手台湾的某些人事安排;而且,也使人清楚地感受到"华航"的性质。

从这个意义上说,"华航"既不是"国营",也不是"民办",而是真正的蒋家的"私营"企业。

台湾的有识之士评论说："上述情况，一经深入检讨即可发现，它仍是那个国民党，'党'、'国'、'家'三者不分的时代的产物，由于三者不分，他们办了一个公司，当然不需要去'登记'，反正在她（他）们看来，整个国家都是他们的！任何公司有了亏损，他们自然视为当然的用国库去补贴。圆山大饭店是个例子，'华航'也是个例子。事实上，这种例子还多得很。"①

由于"蒋氏家族"有这样一些财力巨大的"特权企业"，所以，在1983年美国《财星杂志》有关"亚洲富豪"的专号中，它评选出的台湾亿万富豪，上榜的只有三家：一是"蒋氏家族"；二是"台塑集团"；三是"台泥集团"。《财星杂志》估计"蒋氏家族"的资产大约有5亿美元。当年1美元合40台币，计为200亿台币。而蒋家财富的掌权人又以宋美龄的孙子蒋孝勇为首。

宋美龄对国民党空军、台湾的民航既然有如此的"贡献"，当然用起飞机来也如同自家的一样。

宋美龄1991年9月乘专机赴美一事，曾经在台湾引起轩然大波。有人指责宋美龄只是蒋介石夫人而已，在台湾政界没有任何公职，凭什么坐专机？"总统府"一位副秘书长也引经据典地表示，根据卸任"总统"优待条件，也没有要照顾遗孀这一说。台湾教师权益促进会秘书长石文杰等各社会运动团体负责人，更是向台北地检署控告宋美龄可能涉嫌侵占公家资源，而"华航"涉嫌图利他人。对包括李登辉在内的官员利用上班时间擅离职守至机场送行，有关人士也要求予以追究。石文杰等人的理由是：宋美龄虽然是蒋介石的遗孀，但却只是一位未具公职身份的"平民"，至多只是人民团体中国民党的评议委员，与当政者外出访问不能相提并论，不宜也不应由官方派遣"华航"专机护送赴美疗养，因此有关单位应追查专机及随行人员的一切花费，究竟是私人支付还是公家支付？石文杰还举了现实的例子说，美国现任总统夫人虽然贵为第一夫人，也不能单独使用总统座机或座车，何况目前的宋美龄什么身份也没有。他接着说，不久前美国一位部长因搭乘政府专机从事私人联谊活动即在美国上下引起强烈不满，以此事为据，宋美龄坐专机也该追究！至于台湾当局官员齐聚送行之事，其花费也应向民众交代清楚。

一时间，宋美龄离台乘专机一事在台湾被新闻媒介炒得沸沸扬扬。

---

① 李达编著：《宋美龄与台湾》，第125页、第127页。

二十一、官邸春秋

唯夫人是从

"士林官邸"在台湾是赫赫有名的，蒋介石在这里度过了他最后的岁月。毫无疑问，蒋介石作为当局的首领，也是官邸的一家之主。可是，多年以来，他却相当尊重夫人宋美龄在家务上的裁夺权。所以，官邸上下各类工作人员都知道必须听从宋美龄的指挥和调遣。

既然内务人员全归宋美龄指挥，那么自然很多人就围着她团团转，认为只要侍候好蒋夫人一个人就算尽职了，于是有人千方百计地讨好宋美龄。

蒋介石刚刚下台之时，是住在阳明山的后草山，那里原有一个属台糖公司的招待所。因为台湾比大陆湿热，蒋介石初来时极不适应这里的气候。他在阳明山这个招待所住下来后，感觉此处不但清静，而且夏天也比较凉爽，所以养成了一个习惯，每年的六月间，只要没有特殊的事情，蒋介石夫妇必到阳明山避暑，待到当年的双十庆典前后再下山，住回他们的士林官邸。

既然蒋介石喜欢到此地避暑，下边的人为讨蒋氏夫妇欢心，就选择了阳明山的一块地方，给他们盖别墅。1970年中兴宾馆正式落成。很快蒋介石夫妇就搬进"夏宫"消暑。

可是，没住多久，怪事接二连三。于是，中兴宾馆风水不佳的流言四起。中兴宾馆地处后草山的山顶，大门面对七星山、背对台北市区，进入宾馆之前，要经过蒋介石的爱将胡宗南的墓地。是不是墓地作祟，就不得而知了。等到1971年，宋美龄身边的人窃窃私语，认为蒋介石夫妇之所以在1969年遇一车祸，必定是因为中兴宾馆的风水不佳所致，因为以往无论是住在士林官邸还是住在后草山，从未发生过什么不幸之事，自从中兴宾馆开始兴建，蒋介石的身体就每况愈下，并且连续发生几次意外事故。蒋介石对风水之说深信不疑，也使手下相信迷信的人增多。

家居生活

宋美龄是当年台北官场有名的"夜猫子"。所以,在清晨起床时,蒋介石总是在黑暗中拿着一支钢笔手电筒,蹑手蹑脚地摸进盥洗室。他之所以这样,就是不想吵醒才入睡两三个小时的宋美龄。长期以来,他们之间的生活作息有如天壤之别。但是他们彼此间从来不互相干扰,尊重对方的生活习惯。

在就餐时,蒋介石夫妇的口味也是南辕北辙,一点共同之处也没有。蒋介石吃的东西基本上是中国传统式的,而宋美龄则是全盘西式口味。蒋介石时常见到夫人吃生菜沙拉,就开玩笑说:"你真是前世羊投胎的,怎么这么爱吃草呢?"宋美龄也不示弱,反唇相讥道:"你把咸笋蘸上黑黑的芝麻酱又有什么好吃的呢?"好在各有各的厨师,不会有什么做饭上的冲突。

在餐具方面,宋美龄十分讲究,当然也花费惊人。有幸在阳明山中山楼用过餐的人都知道,那里的刀叉的尾端都镶着"蒋"的字样,据说这是宋美龄特别定做的。

士林官邸的侍卫们承认,宋美龄是一个很注意生活情趣的女性。过去在大陆时,蒋氏夫妇的夜生活是丰富多彩的。到了台湾以后,蒋介石夫妇年纪大了,他们已经没有年轻时代那样旺盛的精力了,但是,有宋美龄在官邸的夜晚,依然让人感到与众不同。

宋美龄尤其喜爱看电影,在士林官邸可以看到各式各样的影片,只要是在台湾可以找到的片子,专职人员都会设法搞到。

当年专门帮宋美龄搞影片的,就是以前美军御用单位"励志社"的电影股股长袁道生,一些未上档的电影,只要听说是蒋夫人有兴趣,袁道生就会立刻到出品这部电影的公、私立电影公司,伸手向人家要电影拷贝。正常情况下,大家只要见到是袁道生出马要片子,都知道是蒋介石夫妇要看电影了,即使电影公司不愿意,碍于士林官邸的大招牌,谁又敢自找"麻烦"呢!

宋美龄可以为了一部片子,到废寝忘食的地步。可是蒋介石却是起居有时,非常刻板。他从不为好片子所诱惑,到了该睡觉的时间,他一定叫住暂停,做下记号,下次再看。不管电影剧情如何发展,他都会毫不犹豫地回房休息。在侍从的印象中,蒋介石很少一次看完一整部电影,总要分成好几次才能看完。

宋美龄与蒋介石在就餐口味上，是南辕北辙，
蒋介石喜好中国传统的口味，宋美龄则是全盘西式的

职缺风波

　　20世纪60年代前后，因士林官邸老内务科长蒋孝镇年龄大了，准备退休。于是，在官邸的内务科长继任人选问题上，蒋介石夫妇间发生了一次小摩擦。

　　蒋孝镇是一个从基层干起的侍从。可以说，他对蒋介石真称得上是忠心耿耿，跟随蒋家出生入死大半辈子，从来没有听到他有任何抱怨。退台以后，在士林官邸做事，他对蒋介石夫妇忠诚依旧，一切都依蒋介石和蒋夫人的旨意办事，从来不会自作主张，越雷池半步。蒋氏夫妇对他非常满意。但是现在因年岁大了不得已，只好另外物色一个合适的人来代替他。

　　其实宋美龄已有了一个名叫陈杏奎的内定人选。早在大陆时期，陈氏就是宋美龄身边最得宠的厨师。此人可以说长得仪表堂堂，因常着西装，闹出误会。当年蒋介石从溪口撤退到广州时，一天，陈杏奎身穿西服，走进黄埔军校大门，门口的卫兵不知道他是何许人也，以为他是某位大官，朝他毕恭毕敬地敬礼，让认识的人看在眼里，不禁哑然失笑。其实他不过是到菜市场买菜回营区。而当另外一位真正的大官——俞济时欲进黄埔军校时，因他穿件旧中山装，人又长得矮小干瘦，卫兵见了他连正眼都不瞧他一眼。这在当时还曾一度引为笑谈。

　　陈杏奎陪着宋美龄撤退到台湾后，成为宋美龄身边资格最老的侍从之一，宋美龄也把他视为最忠实的下人。每当用餐时间，宋美龄挂在嘴边的一句话就是："哪一样菜是陈杏奎烧的啊？"而且只要有人说某种菜是陈杏奎的手艺，那么，这样儿菜必定会得到宋美龄的赞扬。事实上，被宋美龄所夸奖的好菜，有不少是另外一位厨师的杰作。至于为什么陈杏奎能得到蒋夫人的特别关照，大概是因为长久相处的缘故吧。所以，当科长一职出现空缺，宋美龄首先力荐的就是陈杏奎。

蒋介石与宋美龄的居家照片

　　尽管蒋介石当年很少插手去管士林官邸的家务事，可还是对夫人的这项建议很不以为然。他认为大厨师怎么可以直接升任内务科科长呢？但是，宋美龄却执意要提拔陈杏奎。有夫人的百般坚持，其结果是可想而知的，陈杏奎终于在蒋介石写下升任其为科长的条子后，坐上了内务科长的"宝座"。

　　新科长上任后，因为有蒋夫人做后台，自然是风光一时。但是，好景不长，因为比他更能讨宋美龄欢心的孔二小姐回到了台湾，住进了士林官邸。

孔二"执政"

1962 年 10 月 23 日，孔祥熙夫妇带着心爱的二小姐，从美国来到了台湾。

孔氏夫妇来到台湾后，住在博爱宾馆相当长一段的时间。后来他们又离开台湾回到美国，而他们的二小姐则继续留在台北给宋美龄做伴。士林官邸特别为她在官邸对面整理出一间招待所居住。

宋美龄确实非常信任孔二小姐，据当年士林官邸的侍从翁元先生回忆：不但士林官邸各种事情，宋美龄都听从她的建议，连像当时圆山大饭店兴建监工那样大的责任，宋美龄也都交给了孔二小姐负责，可见孔二小姐在宋美龄心中的重要位置。

孔二小姐的到来，正是陈杏奎做内务科长得意的时期，由于他的仰仗人势的作风，得罪了一些手下人，对他不满的人都希望搞垮他，很快他们看到了孔二小姐的作用，于是，他们纷纷去找二小姐告状。

随着告状的人越来越多，在孔二小姐的转告下，宋美龄对陈杏奎的信任程度也就大大降低。而孔二小姐恰恰对士林官邸内务的各种事情都表现出十分感兴趣。在陈杏奎逐渐失宠之后，自然而然，孔二小姐便有取而代之的趋势。

20 世纪 60 年代初，士林官邸的侍从们经常可以看到孔二小姐在官邸的大厨房出出进进。她给侍从们的印象是什么都管，又什么都不管。说她什么都不管在于，有时，有人向她请示一些事情，她会十分轻松地回答："我怎么知道你说的哪件事情，那与我何干？"[①] 说到她什么都管是指，官邸内的事情无论大小，她都要不断向宋美龄去反映，士林官邸的上上下下都不能不尊重她，谁都知道她的背后是宋美龄，得罪了她就等于得罪了蒋夫人。而宋美龄又通过孔二小姐把士林官邸的事情了解得一清二楚。

孔二小姐不但对士林官邸的大小事情都要插手，甚至连宋美龄在台湾挂名的几个机关团体，像"妇联会"、振兴复健医院、华兴育幼院等也都要管一管。

20 世纪 60 年代后期，有人称：孔二小姐是宋美龄和士林官邸名副其实的大总管。但是，除此角色之外，她每日最重要的活动内容之一，就是把搜集来的有关士林官邸的各种消息向宋美龄详细汇报。难怪有人给她封了个业余官衔"情报局长"。

---

① 参见翁元口述《我在蒋介石父子身边的日子》。

据在台湾跟随孔二小姐多年的侍从小姐披露：自从她成为士林官邸的真正总管之后，整个士林官邸的动态，不论是个人隐私、私人丑闻，还是贪赃枉法，都瞒不过孔二小姐。而孔二小姐也会将她的所见所闻全盘向宋美龄汇报。所以，士林官邸的任何风吹草动，根本不用劳宋美龄大驾，都会由孔二小姐及时地传达到她的耳中。因而官邸的侍从们如果犯了什么过错，最怕让孔二小姐知道，因为无论怎么隐瞒和保密，都逃不过她的细密调查。再加上孔二小姐和宋美龄的特殊关系，使她每天至少要见一次这个对她视同己出的姨妈，所以，但凡孔二小姐知道了的事情，宋美龄也一定会在极短的时间里得知。

另据士林官邸的人员透露，如果宋美龄想了解某件事情，且又不便出面，必会让孔二小姐去打听。由于宋美龄对孔二小姐的钟爱和信任有加，即使孔二小姐把得到的信息根据自己的好恶传递给宋美龄，她也都是深信不疑，并会留下深刻的印象；同时凡是孔二小姐认定并转告宋美龄的事情，不管谁来说情也改变不了宋美龄的决定。

还是在蒋介石主政时代，由于宋美龄的话对蒋介石十分有分量，而孔二小姐又在宋美龄心目中十分有分量，所以在士林官邸就出现了一个奇特的现象，侍从们只要把孔二小姐这一关打通，宋美龄那里也就八九不离十了，因而蒋介石那里基本上也就不会有什么问题。士林官邸的人甚至认为在宋美龄的晚年，孔二小姐简直就是她的灵魂，如果没有了孔二小姐，宋美龄势必会失魂落魄。这话可能有夸张成分，但有一点必须承认，孔二小姐在宋美龄的心中位置是无人能取代的。

1994年9月，已经97岁高龄的宋美龄，不顾旅途劳累和随时会发作心脏病的危险，飞行17个小时，从美国回到台湾，不为别的，只是为探视因患直肠癌而生命垂危的75岁外甥女孔二小姐。可见，她们的感情的确非同一般。

"宫廷"轿夫班

还在大陆时期，蒋介石为适应重庆自然环境的需求，成立了一个官邸轿夫班，来解决交通工具问题。通常，蒋介石夫妇坐的轿子，是由两人抬着，出于安全考虑，左右两边还各有一位轿夫，在一旁跟着，只要发生有轿子不很安稳的情况，两边的轿夫就可立即上前扶持，以防意外的发生。到了台湾，蒋介石官邸仍有两顶从大陆带来的轿子，供蒋介石夫妇出游时使用。

蒋介石夫妇的轿子与中国西南地区使用的"滑竿"差不多，但坐起来要舒适得多。它的椅子是藤制的，轿椅的上方还有折叠式遮篷，可以遮阳避雨。

从退台以后到 20 世纪 70 年代，蒋介石夫妇在台湾各个偏远山区游玩，经常乘坐的是轿子，像桃园复兴乡的角板山、日月潭等地，都是舒舒服服坐在轿子里观光的。由于他们出行时，带的东西总是很多，且种类庞杂，所以侍从们不但要徒步紧跟，还要用推车运送他们的行李，个个暗自叫苦。蒋介石的侍从翁元事后评论此事时说："从这里也可以想见，老先生夫妇当年是过着什么样的生活，所谓'仁者乐山，智者乐水'，实际上是内务科的轿夫们，凭借着原始的人力，把二位老人抬到山水之滨的。"①

20 世纪 70 年代后，蒋介石身体日渐衰弱。从此，他们夫妇再也没有一同出门旅游的机会。但是轿夫班的建制还是存在的。蒋介石去世后，因宋美龄脚伤旧病复发，轿夫班又曾发挥过一段时间的作用，即负责把宋美龄在士林官邸楼内抬上抬下。

孔二小姐来到台湾后，对一个刘姓的轿夫印象不错。于是，她就向宋美龄要人，很显然，她的要求一定会得到满足，因为宋美龄向来对这位晚辈是言听计从的。很快，这个轿夫就调到孔二小姐身边做了她的贴身副官。从此，孔二小姐也成了除蒋氏家族之外，少数几个有贴身副官的特殊人物。

孔二小姐和宋美龄一样，喜欢在早上起床后，做全身按摩。宋美龄是请一位女副官来做，而孔二小姐则是由这个男性副官来为她做全身按摩，足见这个刘副官对孔二小姐来说是非常重要的。

"不怕一万，只怕万一"

对于行的方面，蒋氏夫妇是颇为讲究的。每次走出士林官邸，必有一小型车队随行，以防不测。

从士林官邸到"总统府"，沿途要经过圆山，中山桥，中山北路一、二段，中山南路，介寿路等路段，全程约四公里。为保证他们的安全与一路上畅行无阻，每次在车队未出发前，都要在沿线布置许多便衣岗哨，车队必经的路口，一律绿灯放行。

但是在中山路北段，有一处通往基隆、宜兰、苏澳的铁路平行道，且每天火车来往频繁。在火车经过平行道时，就要将护栏放下，以保证公路车辆安全。即使蒋介石的车队抵达时，也要停车等候。为了保证蒋介石的安全，严家淦下令兴

---

① 参见翁元口述《我在蒋介石父子身边的日子》。

建一座公路天桥。桥建好后命名为"复兴桥"。很多人认为桥下可设摊营业，但也有人认为设摊营业会影响蒋介石的安全。后来有人将此问题提交省政府委员会讨论，经争论之后，严家淦作出结论，认为兴建"复兴桥"的目的，原就是顾虑"总统"安全问题，乃不准桥下设置任何摊贩。蒋介石此时也顾不得平等和民生了，他曾忧心忡忡地说："不怕一万，只怕万一。"

士林官邸的人回忆说，蒋介石夫妇出巡时，侍从们忙得团团转。他们的车队规模称得上是十分庞大的。早在20世纪60年代，蒋介石夫妇的"坐骑"已经换成各种型式的美国豪华型卡迪拉克轿车。从安全方面，侍从们又把它叫做一支密不透风的钢铁队伍。

出巡时，通常第一辆是先导车，一辆卡迪拉克五人座的豪华轿车；第二辆是蒋介石夫妇的座车，是七座的凯迪拉克，前右座是侍卫官，负责为蒋介石夫妇开车门；第三辆是蒋氏夫妇随行人员的座车，一般是宋美龄的侍卫官、蒋介石的侍卫长等人；第四辆也是七座的凯迪拉克，乘坐人员主要是蒋介石的内卫组组长等人；第五辆供武官、秘书及一些警卫人员乘坐。蒋介石夫妇出巡一次除上述人员外，至少还要出动上百人的警卫队，如果再加上临时动用的人力，确实是相当大的一个车队。

有时，蒋介石夫妇出门坐专机，随行的只能是少数人员，多数侍从只好先期到达目的地，把一切必须处理好的事情先做好。然后，在原地等候蒋介石夫妇的到来。更让人感慨的是，即便是坐专机，下来后，蒋介石仍要坐他的专车。所以侍从们又必须提早把蒋介石夫妇乘坐的豪华"坐骑"，先用火车运达目的地，以备他们夫妇使用。而在没有公路的地方，侍从们还要想到把蒋介石夫妇的"专轿"准备好，好让他们夫妇可以舒适地去游山玩水。

难怪副官翁元要发出"蒋中正下江南，侍卫人仰马翻"的感叹！[①]

---

① 参见翁远口述《我在蒋介石父子身边的日子》。

二十二、"第一夫人"的生活内幕

到了台湾的宋美龄风范依旧。无论是夜生活，还是吃喝打扮，从生活的任何一个方面看，她都还是那个非常洋化、非常好享受、爱权力的贵夫人。从大陆退到台湾，国民党失败了，宋美龄作为"第一夫人"的舞台小了，但她的生活方式基本上没有什么改变。

驻颜有术

士林官邸的工作人员在回忆往事时，对宋美龄的私生活感触颇多，也描述得十分逼真。他们说："宋美龄和许多当年在十里洋场待过的人一样，都是过惯夜生活的人。因为，习惯了通宵达旦、歌台舞榭年轻时代的生活，到了老年，老夫人的习惯还没有什么大的改变，依旧保持晚睡晚起的作息。早上，大概老先生都已经起床五六个钟头了，宋美龄才从梦中醒来，她在醒来后，是不直接起床的，大概总是要躺在床榻上一阵子，先让她的女副官郭素梅为她做腿部按摩，她才慢条斯理地起床，穿上晨袍，在书房的盥洗室盥洗，然后再自己化化妆。"[①]

谈到化妆，宋美龄在她百岁的生命中，几乎每天都在化妆。大凡见过她的人都说她真是驻颜有术。确实，宋美龄一生都非常重视自己的形象。化妆对于宋美龄来说犹如空气和水一样是须臾不能离开的东西。同时她的这一习惯也给手下人留下极深的印象。翁元回忆说："宋美龄一向是不假手他人的，即使是副官也不麻烦她们，最主要的原因是宋美龄大概不太希望别人见到她的庐山真面目。在老先生身边这许多年来，照顾老先生私人生活那么久，却没见过卸下妆的宋美龄几次，可见她善于掩护自己的真面目。

记得有一晚，在老先生的房里，照顾他老人家，这时，我不经意地回头一瞥，一个像是鬼魅般的人影，吓了我一大跳，仔细定睛一瞧，才知道是卸下妆的

---

① 参见翁元口述《我在蒋介石父子身边的日子》。

宋美龄。但是，卸下妆的她，不但脸色泛黄，皮肤粗糙，还把发髻放下来，拖着长长的头发在脑后，乍看之下，真会让人误以为是在夜晚碰上鬼了，因为，没化妆的宋美龄，真和化了妆的她，相差十万八千里。我们当然不会想到一个平日雍容华贵的贵夫人，在她没有化妆品的烘托时，竟会完全判若两人。"①

宋美龄一生都是非常重视身材和容貌的保养，到了晚年她更是精心呵护，这在士林官邸又是一个公开的秘密。

很可惜宋美龄却患有皮肤过敏症这一顽疾，所以，有时仅仅因吃了一点海鲜或沾了一些花粉，就会旧疾复发，非常难受，也很影响她的"美观"。因此，手下人在服侍她时，方方面面都必须十分小心翼翼。

宋美龄的皮肤病在美国人那里都出了名，当年罗斯福任总统时，宋美龄曾到白宫做客，由于她的皮肤过敏，每天都要换几次床单，可不知真情的白宫侍从们对宋美龄这一"习惯"却是抱怨不已。

据悉，她的女副官还有一项任务，就是帮宋美龄拔白头发。宋美龄十分讨厌有白发，只要自己化妆时，发现头上有白发，就一定要将它除去才罢休。所以，侍从们经常可以看见的一景，就是郭副官在帮她拔头发。

考究的食谱

对于容貌上的先天不足和日渐衰老，宋美龄只有依赖化妆品来弥补和遮盖，但是对体重她不用这么费心，她一生都控制得格外好。她的侍从说，由于她对自己身材的保养格外重视，她几乎每天都会用磅秤量自己的体重，只要稍微发觉自己的体重重了些，她的菜单马上随之做更改，立刻改吃一些青菜沙拉，不吃任何荤腥的食物。假如体重恢复到她的标准以内的话，她有时会吃一块牛排。

据侍从们讲，宋美龄有一样非常喜欢吃的东西，就是爱吃有骨头的食物，也不吃肉多的部分，单单喜欢啃骨头，如鸡翅膀、鸡爪子之类的东西。是不是这类食品吃了不会使人发胖，就无从考证了。

在食谱方面，宋美龄讲求的是精致。所以，在宋美龄的厨房里没有过多的酒肉，都是按少量、新鲜原则配置的食物。即便是这样，宋美龄为了保持美好的身材，仍旧吃得很少。但是对于她的客人，在餐桌上，她却热情款待，唯恐人家吃不饱。侍从们说，在士林官邸做客吃饭的客人，大概没有人不怕宋美龄奉菜的，

_____

① 参见翁元口述《我在蒋介石父子身边的日子》。

尤其是蒋纬国最怕的就是士林官邸的家宴。

通常士林官邸有宋美龄在的场合无论是家宴或是对外宴客，餐聚都比较讲究，每位面前放一个大盘子，进餐时，宋美龄自己吃得很少，大概怕慢待了客人，所以常常是她不断地夹菜给别人。蒋纬国就时常有这种"痛苦"经历。有时，他明明已经吃饱了，但是宋美龄还是不停地给他拣菜，夹了几次，蒋纬国肠胃饱胀，再也吃不下了，但是依他一向的习惯是绝不浪费，所以对已经夹在面前的菜肴非把它吃完不可。蒋纬国时常开玩笑说，在士林官邸吃饭，从来没有不吃撑肚皮的。

宋美龄为保持身材的苗条，还有许多的趣闻。早年，她为了控制体重，曾经常吸烟，她习惯抽凉烟。蒋介石是不喜欢闻到烟味的人，更不允许人们在他面前吸烟。所以，常常是宋美龄为了尊重夫君，如果抽烟的话，一定在自己书房里边抽，不会到房外去吸。这个为身材而抽烟的习惯大概只维持了几年。也许，宋美龄觉得这个方法确有些舍本取末，就放弃了这个减肥办法，不再吸烟了。

尽管如此，这种为保持苗条身材，不惜违反医学常识、牺牲一切的方式，仍让人感到过分了一些!

宋美龄为了控制体重，曾经常抽烟

"精明"的"第一夫人"

尽管宋美龄在餐桌上显得十分大方，但侍从们都对"第一夫人"的小气记忆犹新。他们提到：官邸外面爱拍宋美龄马屁的大有人在，由于外边传说宋美龄自幼喜欢吃巧克力糖，而且这个习惯即使到了老年，还是不改。所以为了投夫人所好，给宋美龄的礼品中总是得送些台湾当时还不多见的外国进口的巧克力。以至于士林官邸的特大号冰箱，经常装满了各式各样的巧克力。偶尔半夜心血来潮，宋美龄就会让当班的侍卫人员帮她拿两块巧克力来吃。

巧克力摆满了整个冰箱，宋美龄根本吃不完，常常是放在冰箱内几年都没动过。那她也从未把吃不掉的新鲜巧克力"施舍"下人，往往是等到发现有些巧克力都黏成一团时，她才像是对手下人施了多少恩宠似的发话了：这些糖你们拿去吃吧。

侍从们还记得，有几次过圣诞节的时候，宋美龄吩咐手下人从官邸送一些水果、蛋糕去给华兴育幼院的小孩子们吃。其实，侍从们清楚地知道，这些蛋糕都已经放在冰箱里边好久了；有时，她也让人送些糖果给院童们，但侍从们也清楚地知道，通常她总是把最精致的东西留给自己，她看不上的东西才给育幼院的孩子们吃。

宋美龄手下的人常在私下议论她，都这么一大把年纪了，实在是太小气了。

旗袍之最

宋美龄花了大气力来保持身材，自然对服装、服饰也十分的考究。但她最喜欢的衣服式样大概算是旗袍了。据士林官邸的侍从们介绍，宋美龄超大型衣橱里的旗袍堪称世界之最。

宋美龄有一"超级"勤奋的裁缝师，这个裁缝师叫张瑞香。早在大陆时期，张瑞香就跟着宋美龄走南闯北，寸步不离。有几次宋美龄到美国去，都带上了这个裁缝师，可见宋美龄对这个侍从是宠爱有加的。

宋美龄看重这个裁缝师是事出有因的，这个侍从的确对夫人忠心耿耿，别无二心。他不仅手工精巧，而且非常"勤奋"，工作起来十分卖力。有几次，他人已经是重病在身，躺在床上，还是不顾自己的身体，继续为宋美龄赶做旗袍。

士林官邸内务科的人都清楚，除了过年除夕那天休息一天之外，三百六十四天，张瑞香几乎每天都在不停地为宋美龄制作旗袍，而且他只为宋美龄一个人做。由于一些大大小小的官太太们投宋美龄所好，送礼之中多半有衣料，长年不断的绫罗绸缎，足够张瑞香一年到头忙的。凭他一个熟练的裁缝师，大约每两三天就可以做好一件旗袍。每做好一件，他就喜滋滋地把新旗袍捧到宋美龄面前邀功请赏。

可是在侍从们的眼里，宋美龄的旗袍穿来穿去，总是那么几套，从来没有太多的更换，令手下人不解：不知道是宋美龄不喜欢穿新衣服，还是她只喜欢用纯欣赏的方式，去满足自己的虚荣心。几乎每件新旗袍做好之后，宋美龄都只是大略地看一眼，就命人拿到自己的衣橱里妥为保管，从没见她再穿过一次。这大概只有用"旗袍癖"来解释了。

侍从们说，大小官员太太们送的布料越多，张瑞香就做得越多，而宋美龄的衣柜，也就越成为名副其实的世界最大的旗袍储藏室。

张瑞香兢兢业业为宋美龄做了大半辈子的旗袍，然而在他死前，口中还念念有词地说："对不起老夫人，因为还有旗袍没有做完哩！"

忠实的狗"警卫"

宋美龄在台湾时，曾养有一条爱犬。据说，它能担任警卫工作，有一次，宋美龄和蒋介石开玩笑说："你假装着打我，看看它帮助谁？"结果出现的场面是：那条狗总是挡在蒋介石面前，不让蒋介石打宋美龄。

台湾时期的蒋介石也喜欢养狗，他每天快用完午餐时，一只中型的白狗就会被放进蒋介石用餐的餐厅里。接着一个侍卫人员拿着盘子，等待着蒋介石调拌狗食。据台湾资料称：蒋介石非常喜欢这只白狗，自然这只白狗与蒋介石也非常亲热。

台湾期间的蒋介石、宋美龄与他们的爱犬

常与蒋介石相处的牧师周联华，猜想蒋介石之所以喜欢这只狗，这狗一定是一条名犬。好奇心驱使周联华问蒋，他的爱犬是什么种。蒋介石听后笑而不答。宋美龄一听便知周联华是个外行，于是问他：你猜猜看是什么种呢？这一问真把周联华难住了，因为周在这方面的确是个外行。他整日只会读《圣经》、布道。搜寻记忆，他想起在士林官邸的庭院里，看到侍卫官训练警犬，它们受命寻找失物，不消片刻就把一方手帕找到了。所以，周联华认为蒋介石的这只白狗一定是千中选一、万中选一的名犬了。另外，周联华还猜想，既然宋美龄的那只狗都如此乖巧，那么蒋介石的这只狗一定比宋美龄的那只狗还要灵通。可是他搜尽枯肠，也想不出一个适当的、有名的品种来说出那只狗的出身。蒋介石见周联华回答不出，越发高兴。最后，还是由宋美龄来解了这个围，她对周联华说："我告诉你吧，你就是对狗很内行，也说不出它的品种，它是土生土长、台湾生的土狗。"

最喜欢的"业余"爱好

20世纪五六十年代，业余消遣中宋美龄最喜欢的，也是她最下工夫的应该说是学画画，主要以国画为主。由于她对中国画兴趣极浓，一直从事绘画。为了使她能学好，士林官邸特地聘用了当时台湾最知名的黄君璧和郑曼青两位名家，作为老夫人的国画教师。

有一段时间，几乎每天下午，士林官邸都要派车去接两位大师。而这两位大师对宋美龄学画可以说是竭尽全力去教授。最初，宋美龄的功夫还不行时，所有由宋美龄署名的画作，实际上大都出自这两位名家之手，只是先由宋美龄自己画一些比较简单的线条，主要的结构，则是由教师们去完成。直到后来，宋美龄署名的画，才是真正名副其实的。

宋美龄用均匀的笔触描绘优雅的花卉，有人说她画的淡墨山水，细致得像布鲁塞尔的花边。宋美龄曾说过："我晚上未能入眠时，就画画。"

据宋美龄手下人说，宋美龄确有些绘画天赋，学的时间不算太长，就已卓然有成了，而且她的画风还被说成是颇有大家气势。

一度，外界对于蒋夫人绘画画得好都不太相信，多认为是郑曼青代笔。为了改变这一看法，宋美龄采纳了老师郑曼青出的一个主意，她出面请台湾有名的画家一起到士林官邸吃饭，而后郑曼青先生提议大家一起作画，先从宋美龄这里开笔画松树，于是，在众目睽睽之下，蒋夫人从容作画。在场的人都惊叹蒋夫人的画是如此的好，甚至还超过了她的老师郑曼青。从此没有人再怀疑蒋夫人的画的真伪了。

在蒋介石的住室内，往往挂着两幅肖像，一幅是孙中山像，另一幅是耶稣像，而室外的客厅往往挂着一幅宋美龄的亲笔画。

经常是宋美龄作画，蒋介石题诗。一次，蒋介石为夫人宋美龄的画题写了这样的一首五言诗：

风雨重阳日，同舟共济时，
青松开霁色，尤马纵云旗。

士林官邸内挂了许多画。有名画，也有宋美龄自己的画作。在宋美龄的画作中有一幅最特别的，它不是宋美龄经常爱画的泼墨山水，而是带有毕加索抽象风格的一头猪。据知情人说，这幅画的来历是这样的：有一次，蒋介石见宋美龄又在作画，觉得她总是画山水，就有意要试探她是不是能画一些新的题材。正好那一年是中国农历的猪年，所以他就问她能否画一头猪，结果宋美龄毫不含糊，没用几下就把一头猪给勾画了出来。宋美龄当然颇为得意，从此，士林官邸也就多了这么一幅"名画"。

宋美龄一直对中国画兴趣极浓

拍照留念

　　1987 年，90 岁高龄的宋美龄已经好久没有正式照过相了。忽然有一天，她和孔二小姐心血来潮，把台湾著名的摄影师董敏请到了台北士林官邸，要他为她们拍一批照片。

　　董敏原以为是为宋美龄拍什么全家福之类的照片，就带上相机乘坐派来接他的专车进入士林官邸。宋美龄的副官出来打招呼说，夫人有三十年没正式拍什么照片了。由于没带拍人物照片的专用镜头，董敏很有些紧张，忐忑不安等待着宋美龄的到来。

1987 年，宋美龄与孔令侃（右）、孔令伟（左）的合影

　　很快，宋美龄由副官和护士扶着走下楼来。据说，因为 1969 年阳明山车祸，给宋美龄留下了严重的后遗症，导致腿部旧伤经常复发，所以，她行走需要随从和护士协助。为了拍照，宋美龄这天穿了件黑丝绒的旗袍，精神看上去十分硬朗，不像是一个已过九旬的老人。在她的身后，紧跟着两个人，一个是在士林官

邸人称"大先生"的孔令侃，据说他的文采风流、学问渊博，是当时台湾官场上无人不知、无人不晓的人物；另一个是士林官邸中赫赫有名的孔二小姐，她与往常一样的打扮，穿了一套笔挺整洁的西装，皮鞋锃亮，像个绅士一般。

宋美龄尽管天生丽质，雍容华贵，但是毕竟岁月不饶人。在董敏为宋美龄拍个人照之前，孔二小姐十分担心宋美龄脸部肌肉被拍得太松弛，所以再三向摄影师交代，要拍得好看一点。董敏认为，宋美龄已是 90 岁的老人，有如此的精神和气色已经相当不容易，所以董敏也很有些压力，生怕为宋美龄拍不好这张照片。

摄影师在为宋美龄调整相机焦距时，他从镜头里面无意中发现宋美龄的口红抹到嘴唇外边去了，画的眉毛似乎也把眉线画断了，大概是宋美龄自己化的妆，年龄大的人四肢不灵活，很容易发抖，所以化妆的时候就把口红和眉线画得不整齐。当时，摄影师差点说出来，但转念一想，反正拍完照片，回去还要花点工夫修整底片，于是，硬是把到了嘴边的话又咽了回去。

在为宋美龄和孔令侃、孔二小姐三个人拍合影的时候，董敏看到他们都是一副严肃的样子，就故意扮了一个动作很小的笑脸，想逗他们发笑。可是，不管董敏的笑脸持续多久，都没有什么结果，他们三人就是不笑，摄影师只好就此样子给他们拍了照。

董敏回去之后，花费了很大的工夫，把宋美龄照片上口红不整齐、眉线断的地方以及脸部肌肉松弛明显的部位做了修整，最后，终于不负宋美龄和孔二小姐所托，把她们的照片圆满地完成了。

这次宋美龄拍照的事情，一直到 1994 年宋美龄从美国专程探望病重在台湾的孔二小姐时，才被摄影师董敏讲述出来，并把当时宋美龄和孔家兄妹的照片公布于众。这次未经过"国之太母"的同意，真有些大逆不道了！因为当年国民党"宫廷"的摄影师叫胡崇贤，每次为蒋介石夫妇照完相，都必须经过宋美龄的挑选后才可公布。

世外桃源

人生活离不开衣食住行，提到宋美龄的生活内幕不能不提到她对住的讲究。1950 年 3 月 1 日，蒋介石宣布"复行视事"，重新坐上了"总统"宝座之后，他们夫妇二人就堂而皇之地住进了士林官邸，在那里开始了他们在台湾舒适、安逸的晚年岁月。

据蒋介石的侍从介绍：

士林官邸在日本占领的年代是一个园艺试验所，1945年收复之后，是由东南长官公署盖的一处款待外宾的招待所，经过几次修建，才有了后来的规模。

在建筑形式上，士林官邸是一栋二层楼的钢筋混凝土建筑，但是，它的梁、柱等主要结构部分，则是当时台湾还比较罕见的钢骨混凝土结构。

为了达到防空隐蔽的目的，官邸外表全部油漆成和附近山丘同一色调的灰绿色，不但兼顾了建筑安全，还顾及了官邸隐秘的特性。

在地形上，士林官邸被福山山系整个环抱着，但是，它的腹地却又十分空旷。在军事地形学上来说，这是个易攻难守的地方。所以，"总统府"方面为了顾及蒋介石及其家族的安全，从蒋介石夫妇搬进士林官邸的第一天起，就计划将这座官邸要塞化。

在以后几十年的改造中，士林官邸已变成台湾士林区"一片树林"中十分隐秘的住所。据台湾有关人士说，除非在空中鸟瞰，若在地面根本不可能看到它的建筑，因为官邸四周树木成荫，枝叶茂盛，充其量只能看到紧紧被裹住的外围林木而已。

至于空中鸟瞰，连门都没有，官邸附近马路虽然未受到军警管制，但空中却一直被列为禁区。尽管松山机场近在咫尺，可是航道不经过士林上空。所以，这里不可能听到飞机引擎运转而发出的噪声，故此台湾省士林区居民长久以来，一直感受到空中特有的"宁静"。松山机场的每一架起降的军用飞机或民航客机，都不能越雷池一步，必须沿着林口与松山机场间的固定航道直线飞行，管制塔台更是"一个口令、一个动作"地控制飞机行踪不得有误。因为稍稍偏离航道，就有可能"鸟瞰"士林官邸全貌。这条航线多少年来一直受特权管制，甚至在蒋夫人宋美龄到美国长达11年的那段时间也从不例外。

在充满噪声和混杂的台北市区，士林官邸实在可以说是一块世外桃源。松山机场与士林官邸相距很近，为什么听不到机场的噪声？其原因就在于，松山机场与士林官邸之间有一座山丘作为间隔，另外，如搭乘飞机在台湾松山机场有过起降经验的人都会知道，飞机起飞时固然噪声很大，但起飞方向是由北而东，就是背向士林官邸的方向急速而去，噪声只有对行进方向产生影响，而反方向的士林区几乎完全没有感觉，况且松山机场幅员广阔达62万坪（一坪折合3.3平方米），所以必使噪声分散得十分迅速，于是，反方向的士林区自然显得格外"安静"了。此外，飞机降落时，因必须大幅度减速而使噪声大大降低，并且还有规定飞行员必须"小心翼翼"驾驶,以及降落方向又是背向士林官邸,当然对于官邸来说,机场噪声也就微不足道了。

士林官邸原为日式房屋,宋美龄不喜欢日式卫生设备,刚搬进去时,她命人把卫生设备改建成西式卫浴设备。由于去台湾之初,当地一般工人修建西式卫浴设备缺乏经验,以至于修建完成时不甚合格,因而又拆除重建,一直到符合现代西式卫生设备的标准才算完工。

士林官邸四周活动空间则相当宽阔,地上种着密集的高丽草,十分柔软,如同铺上一块绿色的地毯,衬托着周围大自然景观,令人心旷神怡。此外,还有丘陵假山、健行步道、游泳池、篮球及高尔夫球练习场,以及酷似蒋介石故乡——浙江省奉化溪口镇的"小桥流水"等。

据悉,蒋介石夫妇到台湾后,到处修建行宫,劳民伤财。除了在草山即阳明山修建的士林官邸之外,还有以下多处官邸:

慈湖官邸:位于台北桃园县大溪镇东北角。因此地有一个较大的水面,经人工改造后,蒋介石为纪念母亲王太夫人,就改称为"慈湖"。在湖畔四周栽种了许多花草树木,并仿效浙江奉化故乡房屋式样,兴建了一排排平房。蒋介石和宋美龄每月都要来此小住几天。蒋介石死后,其灵柩曾暂厝此地。

角板山官邸:位于台北桃园县境内,距慈湖约10公里处。该地风景秀丽,古木参天,景色宜人。官邸就在角板山公园旁边。

涵碧楼官邸:位于台中著名的日月潭风景区。早在日本统治时代,因多人至此游览,日本人在那里修建了许多招待所,涵碧楼就是其中之一。蒋介石夫妇来这里小住时,往往是有重大事情需要考虑决策。每逢国民党召开中央全会、代表大会及"行政院"和台湾"省政府"改组,各部、会人事变动等,蒋介石夫妇总要来此住上几天。国际上发生与台湾关联的重大变故,他们有时也会到此来考虑应对之策。

西子湖官邸:位于高雄市内,以便蒋介石夫妇到台南视察时休息住宿。高雄市政府为了讨得蒋介石夫妇的欢心,特在西子湾地区,种植花木,修建道路,改善卫生。

作为一个家庭主妇,总想把自己的家庭安排得宽敞舒适,宋美龄也不例外,只不过比普通人更为讲究罢了。她作为"第一夫人",当然可以达到普通人不敢想的,她却早已享受到了的程度。战争年代都忘不了享受的宋美龄,在和平时期更不会放弃一切利用权力可得到的享乐。

当年，宋美龄对住房的讲究，她的侍从回忆说：在上海，宋美龄有栋陪嫁房子，正房约四开间阔，纵深颇长，楼下有一个大客厅，可容纳40人不挤，也可放电影。地板是小柚木条拼嵌的。花园面积大于建筑面积三倍，有小溪横贯过草坪，溪宽三米，东侧安放小石块，可徒步跳跃而过。灌木丛中，间以假山，取自然园林式布局，散步其间并不觉身处闹市。

室内布置除应有的大小沙发、大茶几及桌椅外，墙上挂的颇精致，其中有一幅是八大山人画的春、夏、秋、冬条幅，意境逼真，确是神品。无论蒋介石去南昌、重庆、昆明、贵阳……宋美龄有时是稍后赶来，有时是先期回来，这种时候宋美龄总是单独在这里住上一段时间。

1931年，宋美龄看好了南京中山门外小红山的一个山坡：在树木丛中从未有过建筑物，四周围都是空旷地。她计划在这里盖一所房顶是中国宫殿式的西式楼房，有地下室，有平台，作为长久居住的地方。从这里朝东北方向可望见中山陵，正北方能看到明孝陵。建房的任务交给南京市工务局长。设计人员拿出了多种建筑图案，作为房子主妇的宋美龄一再提出修改意见，单就室内装饰、浴室颜色就进行了多次变换拆建，阳台也修整了好几次。市长魏道明为了讨好宋美龄，还特地请来了杭州西湖艺专校长林风眠亲自画室内墙壁的装饰花样，为配合室外的景色，屋内画有千姿百态的鸟群嬉戏在嫩绿的翠柏林中的图景。

屋内几间卧室、大小餐厅、两间办公室（蒋介石宋美龄每人一间），以及其他众多的大小房间设计布置方案，无一不是由宋美龄逐个审查鉴定，有些已经决定施工又常加改变，如浴室瓷砖先是改成绿、黄相间色，后又一律改为淡蓝色，复将花样装饰一概废去，改成单色平面。于是这栋房子长期不能竣工，抗战前夕只好停建，直到抗战胜利后方才完工。但事过境迁，宋美龄又改主意了，她把它改作耶稣教堂，每逢礼拜日准时和蒋介石同去做礼拜。

1934年，在庐山观音桥旁，江西省主席熊式辉为讨好蒋氏夫妇，为他们盖起三开间的小木屋。有水泥平台，坐在靠椅上可静听桥下泉水叮咚，远眺五老峰雄峙众山，心旷神怡。但他们只小住几天，由于宋美龄不甚满意就废置了，改买了一所外国人的旧房子，起先叫13号，后因西方人忌讳13这个数字，又改为12号。

宋美龄对这所住宅十分满意，他们常常围坐在那里打桥牌，谈笑自若。张学良的美籍犹太顾问端纳常来作客，宋美龄也可借以练习英语。

以后，他们走到哪里，别墅就修到哪里，因为宋美龄从来对住房都是非常讲究的。

蒋介石和孙子孝武、孝勇在士林官邸草坪上散步

　　到了台湾，士林官邸除了宽敞舒适以外，最突出的是内部摆设十分典雅，有许多精美的古董，以及很多木头镶嵌的中式家具，会客厅还有一个挺西化的壁炉。据常出入士林官邸的人士透露，官邸内的每件家具看起来都非常值钱。

　　和以往的住宅相比士林官邸还增加了一大特色，就是现代化的通信设备。据悉，士林官邸工作人员的"办公室"里应有尽有，基于官邸的"特殊性质"，这里的电信设施比一般电信局的设备更齐全、更先进。如收发报、高速传真、数位式交换机等设备样样俱全。这里或许比不上美国白宫那样现代化，但是据说比起过去韩国总统居住的青瓦台官邸通讯设施来，则要齐备得多。

　　宋美龄在蒋介石死后，去国十一载，据说，士林官邸的编制，从秘书到侍卫班，依仍其旧，没有更改，上班如故，而且士林官邸办公室的电信设备一切操作如常，宋美龄可以通过这里的电信设备，随时与岛内有关人士保持密切联系，而且对岛内的有关事务做到了如指掌。同时，另据可靠人士称，宋美龄在台湾的亲信秦孝仪经常向她汇报台岛内情况，秦孝仪无论是利用家中或办公室电话，还是用阳明书屋之电信设施，均可轻易地与远在美国的蒋夫人保持关系，至于"总统府"秘书长沈昌焕有事或奉命与宋美龄联系时，更是拥有"总统府"特设的电讯设备，往来迅速，毫无困难可言。由此可见宋美龄在台湾影响力之一斑。

1975 年至 1986 年的十一年间，由于宋美龄在美国居住，士林官邸一直闲置未用。为此，台湾一些人士曾多次提出应把士林官邸交出公用的要求。甚至在 1989 年下半年，台湾民进党籍人士尚洁梅扛着标语到士林官邸附近示威，要求把该地加以改建供公众使用，还有人主张开放这个戒备森严的地区，供民众观赏，但是也有不同意见，有一些人认为这是"蒋公遗物"，应予以保留。争论不了了之。

1986 年，宋美龄离台十一年后，又要返台，士林官邸因此大大修整一番。因为宋美龄是一个极注重生活情趣的人，所以她对个人的起居环境极为重视，士林官邸的修葺整理，既需要符合夫人的原则，又得保持过去的情调，真叫整理人员颇费了一番心思。

最高的"机密"

宋美龄生活内幕中还必须提到的是她的年龄这一"最高机密"。

在蒋介石死前，蒋夫人宋美龄的年龄，一直被列为"最高机密"。来台以后，宋美龄把持的"妇联总会"虽然每年都有为"会长华诞"而举行祝寿的活动，但都没有触及她的禁忌——公开她的真实年龄。多年来，她本人不提自己的年纪，也不愿意别人知道她的年龄的秘密。

宋美龄的年龄，有"她比蒋介石小一轮"之说，即小 12 岁。但在美国有考证缜密的《宋家王朝》一书的出版，称宋真正的出生年月日是公元 1897 年 3 月 5 日。如果按照中国纪年的方式，则是她生于民国前 15 年（清朝光绪二十一年）阴历二月十二日。那就是说，她只比蒋介石小 10 岁，而不是过去所说的 12 岁。由此，台湾人议论：由于这一资料的出现，就引申出另一个令人感到饶有趣味的问题，这就是宋美龄在民国十六年，当上新娘成为"蒋夫人"的时候，已是近 31 岁。这在中国 20 世纪 20 年代，以"二八佳人"（即 16 岁）乃被视为一个女人一生中的"黄金时代"，过了 30 岁的新娘，绝对是被视为"超龄"的标准。用现在时髦的话说，宋美龄当年已是大龄女青年了。台湾作家认为，毕竟"女人四十一枝花"的新观念，不过是近年来，才通过一部外国影片而舶来的。当年，中国人普遍的观念是"女人三十烂茶渣"。难怪，"新娘芳龄"一直是"最高机密"。[1]

---

① 笔者在本次修改版中依然依据公开祝寿的日子来写作的。

九七大件

1991 年，宋美龄离台赴美定居。有关她所带的行李数目的消息传出后，台湾"朝野"上下一片哗然。一时间人们议论的话题是：香港有九七大限，宋美龄有九七大件，宋美龄究竟从士林官邸带走了多少金银珠宝去美国？

据士林官邸的侍从们推估，宋美龄带走的远远不止 97 箱宝贝，她至少带走了 100 多箱的东西。当然这里面也有部分是随员们的行李。就因为她和随员一行带走了那么多的物品，所以才引起外界的极度关切和舆论的众说纷纭。

宋美龄之所以有这么多可带的东西，大概与国民党在世界上早已闻名的"送礼文化"是分不开的。宋美龄的侍卫说，在国民党众多官员当中，以送礼向上爬的不乏其人。尤其在早年台湾一党执政的年代，更是如此。宋美龄既然是"第一夫人"，巴结谄媚者自然比比皆是。因此，能讨人欢心的最直接的方式莫过于大送其礼。

据悉，在宋美龄的书房旁边，有一间储藏室，专门存放一些大小官员"孝敬"她的"宝物"，大凡宋美龄认为比较值钱的东西全部储存在这个房间里，稍微次一点的礼物或是过时的礼品，宋美龄就会差人把东西搬到士林官邸隔壁的一栋平房式建筑的仓库里面去。应该说，国民党官员"孝敬"她二十多年，才带走九七大件也许并不算多。

妇唱夫随

谈到生活内幕就不能不说到蒋介石与宋美龄的夫妻感情问题。很久以来，社会上就有一种流行的说法，认为蒋介石与宋美龄之间的婚姻关系，不过是一种政治结合，彼此本来就是基于政治和经济上的利益考虑而结合的。但据在蒋介石夫妇身边的工作人员多年观察，认为至少蒋介石对夫人是绝对真心真意的。孔宋两大家族在抗战胜利后，受到当时国内许多人士的指责，可是，宋美龄依旧是蒋介石除了蒋经国以外最倚重的亲人。台湾时期的宋美龄，昔日的风华不再，但蒋介石对她仍然是一如既往。退台以后，应该承认宋美龄对夫君的"事业"是夫唱妇随、鼎力相助的。

从侍从们的回忆中可以看出，退到台湾后，宋美龄对蒋介石来说，无论是"事业"还是生活，其作用都是不可或缺的。例如：

每天下午约 4 点，蒋夫人必亲自送甜点及饮料至蒋介石书房；

时间允许，下午 5 点左右，陪同蒋介石至台北近郊坐车散心；

不宴客时，每晚 8 点左右，蒋夫人必陪伴蒋公用餐；

每周日蒋夫人必陪同蒋介石至官邸近旁凯歌堂做礼拜。

蒋介石和宋美龄的生活照

　　蒋介石生病之后，蒋夫人摒弃一切的嗜好和交际，全心全意地为蒋介石的身体竭智尽力，陪着蒋介石一起住院就医，长年如此。

　　但是在士林官邸中却流传着早年一些老一辈的侍从人员最常讲的一个笑话，即有关蒋介石夫妇争执的趣闻。在抗战胜利的那段日子时，蒋介石夫妇的感情生活出现了"各行其是"。宋美龄只要和蒋介石闹了别扭，就索性往上海一躲，住在上海官邸，不去理会蒋介石。有时候蒋介石在南京黄埔路官邸等急了，就打长途电话到上海催驾，无奈宋美龄硬是不买蒋介石的账，怎么劝都不理睬蒋介石的劝解。有时候，蒋介石实在被她逼急了，只好低三下四地低声说道："DARLING！无论如何都请赶快回来，你再不回来，佣人们都要造反了，快回来！"[1] 就这样三催四请，好说歹说才把宋美龄劝了回来。可是，没过多久，宋美龄又会为了别的事情，和蒋介石意见相悖，拂袖而去。不管是为什么事情，也不管谁是谁非，最后投降的八成是蒋介石。

－－－－－－

① 参见翁元口述《我在蒋介石父子身边的日子》。

二十三、多难的年代

20 世纪 60 年代末到 70 年代初期，对晚年的宋美龄来说，是一个"多事之秋"。许多事都是她未曾料到，甚至也是她无能为力的。她深深感到了命运的多舛和岁月的无情。

飞来"横祸"

1969 年 7 月间，蒋介石夫妇与往常一样，到了夏天，就从士林官邸搬到阳明山别墅避暑，但却是他们晚年中最感痛苦的一次避暑之行。

那天，蒋介石的车队，从士林官邸方向回到草山官邸，当车队快速经过仰德大道岭头附近的弯道时，前导车司机发现前面有一部要下山的公路局班车，停靠在前面的站牌前下客，前导车因为刚转弯，所以没有看清楚这部公路局班车的后方有没有来车。这时，突然有一辆吉普车从公路局班车的后面猛然超车，并且没有减速，直接往下冲。前导车发现情况紧急，假如不马上刹车，就必然会和那辆吉普车撞个正着，于是，它立刻紧急刹车。

前导车这样的处置是别无选择的，否则就会和那辆军用吉普车迎面相撞。可是，就在那关键的一秒钟时间里，后面的蒋介石座车却来不及反应，司机根本来不及踩刹车，就猛力撞上了前面的前导车的车尾。幸好紧跟在后面的"随车"没有跟着撞上来，蒋介石的座车才没有受到"前后夹击"，否则后果更不堪设想，可是，蒋介石的座车已经发生了不可收拾的后果。

在撞击的一刹那，冲击力非常大，蒋介石当时手上还握着拐杖，身体猛然往前冲去，整个人撞到前面的玻璃隔板，蒋介石胸部当场受到严重撞伤，巨大的冲击力连他的阴囊都撞肿了，假牙也在撞击的刹那间从口中掉了出来。其状况真是狼狈不堪。

宋美龄坐在蒋介石的左侧，受到同样程度的撞击，在她往前冲的那一瞬间，双腿撞到前面的玻璃隔板，宋美龄当场痛得厉声尖叫起来。

车祸发生时，现场一片混乱，侍卫人员慌忙把蒋介石夫妇送到医院急救。副侍卫长立刻报告了蒋经国，并且立即下令查找那辆肇事后逃之夭夭的吉普车。阳明山，乃至整个台北都笼罩在一片不安的情绪之中。

车祸事件，追查了好几个月，最后才发现闯祸的车子是一名陆军师长的专用吉普车。"国防部"得知后，立刻作出了对该师长予以撤职的处理决定。这位少将师长因为知情不报，被当局以"伤害最高领袖"的罪名，撤职查办，就这样断送了自己的前程，当天开车的吉普车司机也按军法判刑。

判刑归判刑，但对蒋介石夫妇的身体伤害已经造成，且无法弥补。事后，蒋介石在接见一位老将领时承认："自从这次阳明山车祸事件之后，我的身体受到很大的影响，不但腿不行了，身体也不行了。"① 宋美龄的腿部也受到了相当严重的创伤，此后每逢冬天，她的双腿都会感到不适，很显然，这是阳明山车祸留给她的"纪念"。

钱副官"闯祸"

1971年11月的一天，蒋介石突然想要如厕，由于出现便秘，于是他命令当班的钱姓副官拿甘油球为他润一下肛门和软化大便。不知钱副官是没睡好觉，还是心不在焉，一连插了两个甘油球，蒋介石仍解不出来。钱副官只好求蒋介石的贴身副官翁元帮忙。结果翁元发现，两个甘油球根本没有塞到肛门里去，而是插进肛门旁边的肌肉里去了。大便未解出来，反而造成流血不止。最后，经过医官的急救，总算止住流血，又经过一个多月的治疗，伤口才算痊愈。

卫士翁元记得，为此事件，老夫人宋美龄就不止一次地责骂钱副官："就是你这个钱副官，老先生的身体就是给你拖垮的！你是罪魁祸首！"②

为了此事，蒋介石十分震怒，当即交代侍卫长："把他给我关起来！"

侍卫长还是相当理智，他向蒋介石报告："在士林官邸有个不错的禁闭室，可以暂时把他关在那里，如此，这件事才可以不致外泄。"这样既达到了处分的目的，而且又不会泄密，不是一举两得吗？蒋介石觉得有道理，立刻下命令把钱副官关押在禁闭室。钱副官从此开始了他为期将近五年的牢狱生涯。一直到蒋介石死后，经过多方的求情，宋美龄才同意释放，还他人身自由。

事实上，蒋介石的身体，是不是钱副官的粗心大意直接造成的，这纯属医学

---

① 参见翁元口述《我在蒋介石父子身边的日子》。

② 参见翁元口述《我在蒋介石父子身边的日子》。

上的问题，见仁见智，根本没有什么定论。只不过此事确实让蒋介石受了一番皮肉之苦而已。

"肛门事件"之后，蒋介石夫妇未想到，蒋介石很快又遇到了一次不成功的手术，并且从此病魔缠身。

1972年3月，蒋介石因前列腺肥大做了手术。据台湾报载：为此手术在蒋氏家中还有一次争论，宋美龄曾提出要蒋介石到美国去做手术，宋美龄认为美国医生的医术高明。蒋介石也认为美国医生医术的确比台北医生高明，但又认为美国有人要把他赶下台，这些人必要时可能对他实施暗杀计划，因此他表示不愿去美国求医。蒋经国从来是唯其父的决定为决定的，所以他也不同意他的继母宋美龄的提议，认为宁可花钱延聘美国名医来台北，也不能前往美国。最后，蒋介石还是在台北荣民总医院做了手术。因年龄不饶人，身体机能已减退，术后转为前列腺宿疾。也可以说，从此，蒋介石的健康状况一蹶不振。

"和先生寸步不离"

"肛门事件"之后，蒋介石的保健医生熊丸发现蒋介石已有血管硬化的迹象。后来，侍卫人员又发现蒋介石的四肢呈现越来越退化的现象。于是，医官要求加强护理。可未料到的是，很快在蒋介石身上又发生了一件护理不当的事故，侍卫们再次遭到了宋美龄的责骂。事情的经过是这样的。

1972年的春天，蒋介石和夫人宋美龄到日月潭度假，住在涵碧楼招待所。蒋介石住的房间和宋美龄的房间是紧挨在一起的。

出发前，侍卫们已得到指示：因蒋介石身体已有老化现象，故只要他起身活动，一定要有一个贴身副官紧跟其后，以防他有意外发生。

一天，蒋介石穿过夫人宋美龄的书房正要往屋外走，侍卫远远看见他走过来，就立刻过去随侍。可是，因为蒋夫人宋美龄的卧房就在一旁，侍卫为了不惊扰蒋夫人，只好绕过一个回廊，快步向蒋介石跑去。没想到的是，侍卫人员还没来得及跑到他的面前，蒋介石忽然一个踉跄，跌倒在地上。这下子立刻惊动了宋美龄，她大惊失色地走出房门，大声叫道："是怎么搞的！怎么可以让老先生摔倒呢？副官在干什么？"

在宋美龄的严词责问下，没有一个副官敢搭腔。这时，被侍卫们扶起来的蒋介石却一面喘着气，一面说："这不是他们的错，是我自己不小心，没事！没事！"但宋美龄余怒未消地说："以后不要管我是不是在房里，只要先生一出房门，你们就给我直接过来扶先生！"

从此，侍卫们除了医官的要求外，又有了蒋夫人的指示："和先生寸步不离！"

孔二小姐的"高招"

1972年5月20日，是台湾第五任"总统"就职典礼的日子。宋美龄认为这样重要的场合是不能没有蒋介石本人参加的。而蒋介石这时的身体已是越来越差了，是否能在公开场合露面而又不漏出蒋介石身体欠安这一"破绽"，这给宋美龄出了一道很大的难题。

侍卫们说，孔二小姐在此关键时刻又发挥了重要作用，她想出一个既可参加就职典礼，又可掩饰蒋介石病情的万全之策。这个方法说来也非常简单，即在"总统府"大客厅里，在蒋介石和宋美龄站立的身后摆放一排沙发椅，这样在典礼的当天，当贵宾们到"总统府"道贺时，蒋介石可以紧挨着那排沙发站立。这个"高招"的目的就是为了预防蒋介石如果身体突然支撑不住时，后面的沙发就可以发挥作用，一方面，蒋介石跌倒时，不会发生什么危险；另一方面，即使在一切正常的情况下，这排沙发也可以给蒋介石做身体的倚靠和扶手作用，以免因较长时间的站立而感到吃力。

1972年，蒋介石和严家淦分别当选"总统"、"副总统"后宣誓就职

再者，在大客厅里摆放沙发并不有伤大雅，而且还可使外人看不出有故意设置的破绽。真可谓是"一举多得"。孔二小姐也算得上是"足智多谋"了。宋美龄马上采纳了孔二小姐提出的这个"伪装"建议。同时，为了防止蒋介石临时体力不支，蒋介石医疗小组还在大客厅后方安放了一个氧气瓶，以备意外发生时可以立刻派上用场。为了权力，为了蒋家的"江山"，蒋介石可算是"竭尽全力"，而宋美龄呢，一向标榜自由民主的她更是为蒋的终身独裁费尽心机。

经过宋美龄这样周密细致的安排，蒋介石总算没露"马脚"地参加了"总统"就职典礼仪式。详知内情的侍卫们认为，这样的"总统"就职仪式，世界上恐怕没有一个国家会有此类事情的发生。

蒋介石在出席完就职仪式后，又参加了新任"大使"呈递"国书"的仪式，依然还是用的孔二小姐那个"瞒天过海"的方法，在"总统府"的会客室，顺利举行了递交"国书"的仪式。

不知是老化加速，还是心情过于激动，蒋介石在完成新任"大使"递交"国书"仪式的第二天，就心脏病复发，从此，这个"高招"再也没有派上用场。

有关这次就职典礼仪式还有一个小插曲。

5月20日这天，台湾电视台照例转播了就职典礼的盛况，当时，蒋中正、严家淦当选连任"总统"和"副总统"，当他们宣誓就任完毕，接着来到"总统府"阳台上接受20万人的欢呼时，台湾电视台副控室的职员，不知为什么，是无意，还是有意，竟在"总统"接受欢呼的画面由"总统"转到"副总统"的特写时，居然屏幕下端会叠印闽南语连续剧的对字幕："大哥不好了"，好像是严家淦在诅咒蒋介石的话，这样一种场面，真是大煞风景，又好像在预言着什么，令人玩味却又十分好笑。

台湾"中华文化复兴委员会"的诸老诸公们，更有人认为是故意在"触霉头"，而且，他们把此话与清帝宣统登基时，摄政王所说的："快了！快了！快完了！"这句话相比，并认为这个字幕的话更为严重，事后，他们还怂恿蒋介石的孙子蒋孝武带有关人员到台湾电视台做了彻底清查，而追查的结果，只追出是副控室的值班人员个人的疏忽，最后竟然没有什么人为此去蹲大牢，确也是一大奇迹。

不祥之兆

1972年6月间，士林官邸的医官为蒋介石做了一次全面的身体检查，结果出来后，医官们大为紧张。一个陈姓医官便直接面见蒋介石，很直率地把检查结果告诉了他，并建议蒋介石立刻停止一切对外活动半年，且须在一个完全封闭的环境下，做最清静的休息和疗养。

蒋介石听到医官的这个休息建议后，大为紧张，马上去把情况告知了夫人宋美龄，同时征询夫人的意见。宋美龄对直言相告的陈医官大为光火，她不假思索地对蒋介石说："不要听他夸大其词，你的身体还好得很，为什么要休息半年，这简直是岂有此理！这个陈医官太不识大局了！"

侍卫翁元说，宋美龄的答复，很显然和医官们的考虑是大相径庭的。她的主要着眼点是蒋介石一旦不在其位，那么大权岂不旁落？蒋家荣耀谁来更续？她自己崇高的地位是不是也会受到损失呢？

蒋夫人的想法不是没有道理的。在那时台湾还处在强人掌权的年代，如果蒋介石身体不行，不能履行他的职务，自然和一般民主制度健全国家的领导者因病不能执政是不可同日而语的。也就是说蒋介石身体垮了的消息一旦外泄，很可能会引起政局不稳、人心动荡，这对蒋家或者对台湾都不能说是件好事。所以，蒋夫人怒气冲冲地把陈医官叫到房间里，毫不客气地数落了他一顿。

"你应该对事情有个轻重的观念，你这样跑去和先生乱讲一通，会影响他的情绪的，这个责任谁负担得起啊？你这样只会让他心里感受到更大的压力，你知道吗？何况他刚刚就任，他怎么可以就这样休息半年，我们的老百姓会怎么想啊？先生是绝对不能在这个时机上休息半年的，这对'国家'会有很大的不利影响的，你知不知道？"①从此，任何有关蒋介石病情的报告，都要经过宋美龄的允许，才可以对蒋介石讲。宋美龄还振振有词地说：这样做完全是为了蒋介石的心理着想。

对于蒋介石的病情，医生们是从医学的角度来考虑变化程度的，而宋美龄的思考方式则是掺杂了不少政治的因素。但是，有哪位医生敢不听"第一夫人"的指令呢？

医生的预言很快应验了，蒋介石的病况确实不断在加重。但是因为有了陈医生被蒋夫人当面指责的事情发生，所有的医生都再也不敢直接向蒋介石汇报病情，而是在先向宋美龄报告之后，再会商如何向蒋介石解释他目前的状况，透露给蒋介石的消息，不外是"没关系"、"多休息"之类的安慰话，或是与病情没有太直接关系的话题。宋美龄始终都没有答应让蒋介石休养半年，蒋介石自己也坚持继续处理一些比较重要的公务。

① 参见翁元口述《我在蒋介石父子身边的日子》。

蒋介石手拄手杖，身体状况每况愈下

蒋介石的健康不断恶化，医生们也在不断给宋美龄提出一次比一次严重的体检报告，迫使宋美龄不得不考虑一些应急的准备。

几经说服，宋美龄才意识到问题的严重性，假如不立即给蒋介石更周密的医学处理，蒋介石的病情是相当悲观的。于是，宋美龄又下了命令，在蒋介石的医疗小组中再增加两位台湾当时最权威的心脏方面的专家，一位是姜必宁，另一位是李有柄。从这两位权威医师加入医疗班子，就可以看出蒋介石病况的严重性和复杂程度。

急请"救兵"

7月前后，蒋介石的病况继续发展，甚至到了随时都有可能恶化的地步。医生们几经讨论，决定邀请当时在心脏病治疗方面颇负盛名的国际一流权威专家余南庚博士，回台湾来为蒋介石看病。

士林官邸的医生们之所以要搬"救兵"，说好听的，是因蒋介石病情越来越重的压力，其实，更大的压力是来自宋美龄急迫的心情。侍卫们都看得出，此时的蒋夫人在几经治疗却仍无起色的情况下，对蒋介石身体的康复已经渐渐失去了信心。

余南庚，是台湾早年留学美国的优秀医学人才，曾经担任过美国的心脏医学学会的会长，在台湾留美医学人才中，称得上是心脏医学的顶尖专家。他也是士林官邸医生一致公认的当时最优秀的心脏医学权威，如果能够把他请回台湾，蒋介石的病情或许还存有康复的一线希望。经过宋美龄的批准，医生们马上派人急赴美国请余南庚博士回台，以解蒋介石心脏病的燃眉之急。然而就在"援兵"未到之时，蒋介石却突然陷入昏迷状态，士林官邸上下立刻笼罩在一片焦虑和绝望之中。

宋美龄此刻发挥了临危不乱的镇定精神。她指挥着所有在场人员，从蒋介石昏迷之时起，停止一切休假，而且所有的服务人员，一律不准和家人联络，如果有任何工作人员的家人打电话上山询问工作人员的去处，一律回答出差数天才会回台北。所以，在那段时间，有不少士林官邸工作人员的夫人以为丈夫失踪了。

士林官邸的侍卫们形容：蒋夫人宋美龄就像一个战场上的指挥官，指挥所有的官邸人员如何应变急救，而医生不仅要在蒋介石病榻前忙前忙后监测蒋介石的病情，随时为抢救做好准备，同时还要不断向宋美龄报告最新的病情发展。

"救兵"终于搬到，经过余南庚的处理，虽然蒋介石没有马上苏醒过来，但病情有了相当程度的起色，这使宋美龄对余博士信心倍增。

在余博士的建议下，蒋介石住进了台湾最好的医院——荣民总医院。孔二小姐陪伴宋美龄也跟着搬进了医院。此时，孔二小姐不愧是宋美龄的贴心人，在蒋介石的昏迷时期，她为照顾好蒋介石的问题，动了不少脑筋，想出了不少好的方法。当然，也是为宋美龄排忧解难。

蒋介石在昏迷时期，工作人员怕蒋介石久卧病床会长褥疮，就每隔两个小时为他翻一次身体，并且做全身按摩，以活络血脉。可是，每次侍卫们为他翻身时，蒋介石的小便就会因膀胱失禁而不自觉地流出来，所以侍卫们为他按摩之外，还要及时为他更换床单和衣裤，每天都要这样换上好几次。

除了小便失禁问题之外，帮助蒋介石解大便更是令工作人员头疼的一件事。当时，每隔一两天，就要由医生为其排便一次，此项工作被侍卫们称为"掏粪"。具体操作是，由医务人员戴上手套，然后用手指直接伸到蒋介石的直肠内，将已经结成颗粒状的粪便，一粒一粒地抠出来，只有这样，才能让他的身体维持正常的排泄循环。但是，每次的"掏粪"工作，总要忙得医生满头大汗。而且，这项工作一直持续到了蒋介石苏醒以后很长时间，原因是医生们考虑到蒋介石心脏负荷问题，即便是他已经醒来，医生们也不敢让他自己解大便，仍然由一名医院院长负责带领侍卫们继续为蒋介石"掏粪"。

孔二小姐动了一番脑筋之后，终于想出一个妙法，她叫士林官邸内务科的木匠，把蒋介石病床的床板改成活动的，这样在侍卫们为蒋介石更换床单和衣裤时，把床板抽出来呈一个"L"形，就可以既方便又省力地完成工作。孔二小姐还去定做了一个海绵制的床垫，她命人在床垫中间，也就是蒋介石躺卧时位于臀部的地方，挖了一个碗口大的洞，每当医生和副官要为蒋介石"掏粪"时，就可以直接透过这个床垫的洞口，进行这一向被医师视为畏途的"工作"。针对蒋介石翻身时常见的小便失禁情况，孔二小姐想出的办法是，使用长条形的塑胶袋，套在他的裤子里，这样就大致解决了小便失禁所造成的麻烦。

在医生、士林官邸工作人员的精心护理下，蒋介石终于在1973年的元月间苏醒过来。昏迷半年，他的记忆力基本上未受到大的影响，体力也日渐恢复，士林官邸的人都十分兴奋。对蒋介石的苏醒，宋美龄却有另一种想法——她急切地希望见到蒋介石能够很快恢复往日的活动力，并且马上就和正常人一样，能够回"总统府"上班。

蒋公尚在人世

20世纪70年代初期，蒋介石有好长一段时间没有到"总统府"上班，而且，在许多蒋介石应出席的场合，他都是踪迹皆无。外界根据各种迹象，猜测政治强人蒋介石已罹染重病，甚至免不了会对他病情有各种更严重的传闻。

为了向公众"证明"蒋介石尚且健康，宋美龄和她的心腹们真是绞尽脑汁。特别是在蒋介石从昏迷中清醒过来之后，宋美龄很快采用举行家族重要活动等办法，使蒋介石公开露面来辟谣，由此显示出她长于耍弄外交手腕的"能才"。

从1973年蒋介石苏醒之后，一共对外露了四次面。而这四次的公开露面，都是宋美龄一手决策设计的。

第一次在新闻媒体上曝光，是1973年7月，台湾报刊登载了一张蒋介石与其孙蒋孝勇夫妇新婚合影的照片。

那天，蒋介石身着长袍马褂，坐在病房的客厅椅子上，由宋美龄代表接受蒋孝勇夫妇的奉茶仪式。

宋美龄特别决定选这个主题，作为对外发布的一条新闻，是想证明蒋介石能为最小的孙子主持婚礼，说明蒋介石的身体是健康如昔的。宋美龄力求这次的新闻曝光，要显得非常自然，不仅对画面要求很高，而且在士林官邸对外发布的说辞上，宋美龄都要求必须考虑到外界可能的反应和联想，要字斟句酌、小心谨慎，以求不出纰漏。

第二次是 1973 年 11 月间，国民党的十届三中全会结束后，参加全会的十位主席团主席，来到医院会客室晋见他们的"总裁"。

当时，蒋介石的右手肌肉萎缩已经十分严重，右手即使坐着的时候也会因无法控制而不自觉地垂下来。如何能在银屏画面上不暴露出右手上的"缺陷"，这一点很让宋美龄伤脑筋。最后终于有个"聪明"的手下人想出了一个好办法，用透明胶布将蒋介石已萎缩的右手手腕"绑"在椅子的扶手上，再给他穿上长袍马褂，人们就看不出来他的右手有什么问题了。

第三次曝光是蒋介石的孙子蒋孝武夫妇带着刚满周岁的蒋友松，到士林官邸探望蒋介石夫妇。经宋美龄批准，新闻界发布了一幅蒋氏的全家照，昭告世人蒋介石还好好地活在人间。

画面上，蒋介石手上抱着他最小的重孙蒋友松，好一副享受天伦之乐的样子。而事实上，蒋友松只是在拍照的时候，才象征性地放在蒋介石的手腕上，时间最多不超过几分钟。而在外界看来，蒋介石无疑是健康的。

第四次曝光，为时势所迫，也是别无选择的一次纯政治性的曝光，同样是宋美龄一手导演的。

1975 年年初，美国驻台湾"大使"马康卫即将离职回国，求见蒋介石。面对"大使"离职返美的最后一次晋见请求，宋美龄真是左右为难。她反复权衡了是否接见的得失利弊，又和她的心腹反复商量后，认为见比不见为好，只有见，才可免去那些误解和猜测，所以决定接见。

一方面不能让马康卫看出蒋介石身体的"破绽"，另一方面不能让蒋介石过于疲劳，又不能对马康卫失礼，着实让宋美龄左右为难。

宋美龄为蒙混过关做了充分的准备，但医疗组对蒋介石的身体能否承受却没有把握，他们强调蒋介石不宜离开心电图的监视太久，否则没人可以保证蒋介石不会发生那种令人措手不及的意外。况且，蒋介石在前一阶段，已出现过几次心跳突然停止的状况。

宋美龄没有改变接见马康卫的决心，还是按照计划进行了。医生们则在客厅的隐秘处严阵以待；侍卫们也在客厅的后方随时听候派遣。

表面看来，一切都是那么冠冕堂皇，尽管蒋介石表情有一点儿僵硬、不太自然，但是有夫人在一旁协助，马康卫还是能够比较清楚地"了解"蒋介石的意思，并且还可适时地掩饰蒋介石口齿不清和词不达意的"窘态"。但有经验的人都不难发现，蒋介石的病情已到了相当严重的程度。

不久，蒋介石终于病重不治，宋美龄再也不用为他如何露面而犯愁了。

为康复"加速"

蒋介石已是快 90 岁的人了，却不想退出政治舞台。为了让蒋介石尽快康复，以便赶快回到"总统府"上班，宋美龄和她的亲信伤透了脑筋。

他们在照顾蒋介石的工作上下了很大的工夫，孔二小姐对此贡献最大。

侍卫人员在那段日子里，最怕的就是孔二小姐夜间查勤。

台湾的天气正值比较炎热的季节，而蒋介石有一种特别的习惯，就是不管天气多么炎热，他都不喜欢吹电扇，更不喜欢放冷气。因此护理人员多了一项"非常工作"，即为他日夜不停地扇扇子。用这种原始而且累人的方法来解热，在现代化程度那样高的士林官邸，也算一道风景。

因天气炎热，护理人员在夜间很容易打瞌睡，所以孔二小姐亲自担负起"查勤"工作。可是由于侍卫人员白天已忙了一整天了，晚间再值班时，难免会打起瞌睡来。孔二小姐可不管这些，她夜间经常是一身暗色的西装，到夜深人静的时候，她就身轻如燕地从外面走进蒋介石的病房，先在进来的地方探个头看看，到底有没有人在打瞌睡，要是有人敢打瞌睡被她看见，孔二小姐会毫不留情面地给那个睡觉的人一顿臭骂。

其实，侍卫人员都是对蒋介石忠心耿耿的，他们何尝不知道本职工作的重要性呢？只不过是由于他们多半都是 40 岁以上的中年人了，体力大不如年轻时代那样充沛。况且，因人手有限，他们有时是 24 小时地工作，一天没有多少睡眠时间，所以值班打一下瞌睡是人的生理自然反应，是没有办法的事情，可是孔二小姐却是从不替别人着想。

1974 年间，宋美龄听从了孔二小姐的建议，从振兴复健医院又请了一位外国复健医生，每天专门为蒋介石做各种复健运动，并且按摩全身的肌肉，但是成效却十分有限。

到了年末，蒋介石的心脏仍然没有显著改善的迹象，宋美龄已表现出十分的无奈和烦躁，她不顾医疗小组的阻拦，硬要把蒋介石从医院搬回士林官邸。她对医疗小组的医生吼叫：

"我不管！他（指蒋介石）如果不搬，我还是要回士林官邸过 CHRISTMAS（圣诞节）！我搬回去！"①

对于宋美龄的要求，蒋介石也没有反对的意思。医疗小组只好从命，连同蒋介石一起搬回士林官邸。为了蒋介石回士林官邸休养，差点没把整座病房的所有医疗设备都拆回士林官邸。所以，侍卫们当时就戏称士林官邸几乎成了一座小型荣民总医院。各种医疗器材应有尽有，连可以搬动的 X 光摄影机也移到了士林官邸，尽管它体积过于庞大，但还是整机搬到了士林官邸。

宋美龄如愿了，他们夫妇回到自己家中过了 1974 年的圣诞节，但是，宋美龄没有料到的是，这一次是他们两人一起过的最后一个圣诞节。

为了蒋介石的康复，宋美龄始终在不停地想办法，在 1975 年 3 月间，她听从一个友人的建议，请了一位美国胸腔专家医师来为蒋介石治疗。这个美国医生看了蒋介石的病历和各种检验报告以后，马上提出了他的看法：他认为蒋介石的病情之所以没有显著的起色，是因为蒋介石的肺脏有三分之二浸泡在"水"里。所以，他建议蒋介石最好能够立即进行"肺脏穿刺手术"，只有把肺脏里边的积水抽掉，才可以使他的心脏病好起来。但蒋介石的医疗小组的医生则坚决反对这样的治疗方式。

他们的理由很简单，因为蒋介石已经是 89 岁高龄的老人了，这样的岁数，从临床来看，是根本不适合做这种穿刺手术的，一旦发生手术并发症，后果是会致命的。而且当时，蒋介石的心脏已经有几次停跳的情况，这足以让医生们提心吊胆了，如果加上这种手术，万一发生不可预料的事情，到底责任如何归属是必须先说清楚的问题。

这样一件大事，当然必须由宋美龄拍板定夺。据士林官邸的人披露：当时，医疗小组的负责人王师揆主任，向宋美龄力陈了进行背部穿刺肺脏手术的高度危险性，并再三劝诫千万不可进行这项手术。宋美龄听取了双方的各种意见，还是坚持主张立即进行穿刺手术，她很坚定地说："专家提出的意见很好，我们为什么不能试试看再说，就这样决定了，我负全权责任！"②

宋美龄固执己见，医生们也毫无办法。第一，宋美龄是蒋介石的配偶，她在

---

① 参见翁元口述《我在蒋介石父子身边的日子》。
② 参见翁元口述《我在蒋介石父子身边的日子》。

法律上有充分的权利做这样的决定；第二，她贵为"第一夫人"，在官邸的大小事情上，她从来都是一言九鼎的，谁也不能违背她的意思。最后的结果当然是宋美龄同意美国医生的建议，马上准备做这个手术。

王师揆事后说，他始终认为蒋介石不应该接受这个手术，他的理由是：蒋介石的肺脏虽说有三分之二泡在积水里，但是，这就好比一个土匪窝，我们的目的是把土匪包围在土匪窝里，不让他有机会往外边扩散。可是，如果施行了背穿手术，就等于把土匪窝的窠巢打破了，土匪全部倾巢而出，结果连同其他健康的肺部也受到感染，这就无法控制局面了！特别是医疗小组用盘尼西林这类消炎药品，控制蒋介石肺部病灶已有两三年时间。虽说是一种十分消极的手段，但已证明这是最稳妥的一种治疗方法，而且是一种别无选择的选择。只可惜一心一意希望丈夫尽快好起来的宋美龄对这一方案，已经开始产生怀疑和动摇了。

手术如期进行，结果果真叫士林官邸的医生们不幸言中，并发症接踵而来，术后的当晚，蒋介石就开始高烧不退，接着又加上小便大出血，心脏停止跳动的频率不但越来越高，而且间隔也越来越近。一个医生很无奈地私下里向侍卫翁元说：老先生这次大概很难熬过去了，唉！快油尽灯枯了！

4月5日下午，宋美龄像往常一样，坐在蒋介石的身边，蒋介石躺在床上，闭目养神，突然又睁开了双眼，伸出右手触摸他的夫人宋美龄，请她不要离开，然后再度闭上眼睛。宋美龄事后回忆说，"从前每天下午，他都会叫我离开，自己去休息一下，而那天却一反平日的习惯。"宋美龄相信，她的夫君蒋介石大概知道，他快要不久于人世了。

1975年4月5日晚上近9点的时间，蒋介石已沉睡多时，突然，心电图上的心搏曲线变成一条白色直线，当班的医护人员立刻进行急救，可是连续做了几次电击，蒋介石的心脏一点儿反应都没有。医疗小组知道事态非常严重，于是赶紧向宋美龄和蒋经国报告了这个最新的不幸消息。

就这样，病了两年零八个月的蒋介石命归了西天。

侍卫说，当时，消息一传出，蒋介石的屋内很快人声鼎沸，宋美龄在病榻边面色忧伤显得非常难过，蒋经国则在房间角落的壁炉边低声啜泣。医生在放弃了急救之后，已经开始在为蒋介石戴上假牙，工作人员忙着通知"副总统"严家淦等政府要员们速来士林官邸见蒋介石最后一面。

这位统治中国大陆22年，又在台湾偏安26年的大独裁者终于走完了他一生的道路，也永远地离开了他的亲人。

二十四、"国葬"的前前后后

蒋介石病逝后，台湾当局的党政要员在接到通知后，于当夜赶到士林官邸，并在此举行了在蒋介石遗嘱上签字的仪式，首先由蒋夫人宋美龄签，继而由"副总统"严家淦签，当"行政院长"、蒋的长子蒋经国在其父的遗嘱上签字时，"双手发抖，已不成书"。其后，其他要员们也都一一签了字。

当晚，蒋经国以长子身份同宋美龄商量治丧的有关事宜。经他们商定：暂厝蒋介石灵柩于台北市南 60 公里处的慈湖湖畔（因慈湖背依草苓山，湖水终年碧绿清澈，风景秀美，宛如江南蒋介石的故乡浙江奉化县的溪口镇。20 世纪 60 年代初，蒋介石途经此地时，他看中了这块风水宝地，在这里修建了一座中国四合院式的"行宫"，起名"慈湖"。蒋介石生前常来此小住，并嘱咐在他死后灵柩暂厝此地），"以待来日光复大陆，再奉安于南京紫金山"，以此来实现蒋介石的"心愿"。

蒋介石病逝后的两小时，台湾"行政院"发布经主治医师签字的医疗报告及蒋介石遗嘱。其遗嘱内容如下：

> 余自束发以来，即追随总理革命，无时不以耶稣基督与总理信徒自居。无日不为扫除三民主义之障碍，建设民主宪政之国家，艰苦奋斗。近二十年来，自由基地日益精实壮大，并不断以对"大陆共产"邪恶，展开政治作战；"反共复国"大业，方期日新月盛；全国军民、全党同志，绝不可因余之不起，而怀忧丧志！务望一致精诚团结，服膺本党与"政府"领导，奉主义为无形之总理，以"复国"为共同之目标，而中正之精神自必与我同志、同胞长相左右。实践三民主义，"光复大陆"国土，复兴民族文化，坚守民主阵容，为余毕生之志事，实亦即海内外军民同胞一致之革命职责与战斗决心。唯愿愈益坚此百忍，奋勉自强，非达成国民革命之责任，绝不中止。矢勤矢勇，毋息毋忽。①

---

① 《"中央"日报》社编《"领袖"精神万古长青》，1976 年 5 月。

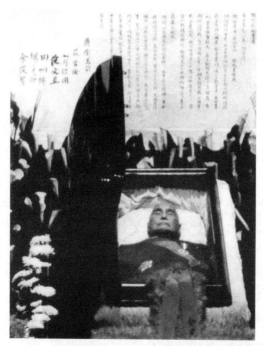

1975 年 4 月 5 日凌晨，蒋介石因心脏病突发而病逝

对此遗嘱海外马上有人就写出评论说：以"总统"身份向国民党发表遗嘱，竟然把耶稣基督放在第一位，不明了台湾情况的人，还以为基督教是国民党的"国教"呢。

又指出：蒋介石与宋美龄结婚时已经 40 多岁，直到那时，蒋介石才成为耶稣的"信徒"。蒋、宋结合是"为了金钱而结婚，为结婚而信教"的典型例子。各种蒋介石的传记中都找不到蒋介石早年和基督教发生任何关系的记载。难道蒋介石是 40 多岁才束发的吗？

还有其他许多评论，这些评论无一不让人感到，蒋介石时代已经无可奈何地结束了。

老蒋走了，小蒋还在，所以台湾为蒋介石举行了空前的"国葬"。

4 月 6 日，蒋介石的遗体由士林官邸移至荣民总医院，为的是翌日开始允许民众瞻仰蒋介石的遗容。在蒋介石灵堂四周插了 88 根白蜡烛，正中供奉着蒋介石的巨幅遗像及遗嘱。灵前有五个用素菊缀成的十字架，正中一个是宋美龄的，上款书"介兄夫君"，下款是"美龄敬挽"。

4 月 16 日是蒋介石的大殓日，宋美龄在蒋经国、蒋纬国的陪侍下参加了"奉厝大典"。

8点5分仪式开始。先是把蒋介石灵柩的棺盖放在七尺铜棺之上。之后，由张群、何应钦、陈立夫等八位中国国民党中央评议委员、中央常务委员一起将一面青天白日旗覆盖在灵柩之上。接着，又由国民党要员们为灵柩覆盖了青天白日满地红的"国旗"，然后，严家淦恭读祭文。

礼毕，台湾当局还怕蒋介石不能升入"天堂"，又在蒋介石的大殓日，以基督教仪式行之。牧师周联华为蒋介石主持了追思礼拜与安灵礼。周在证道中引述了蒋介石的所谓"嘉言"：

"忍受试练越深，赞美的歌声越高。属灵的奥秘祝福即在试练之中。丰盛的生命必须经过在狂风暴雨之中生长的。以信为本的人必定有一千次顶大的试练等在前面。"[1]

其后，周牧师领读经文，诗篇第23篇，读启应文。追思礼拜结束，响起圣乐，纪念馆外鸣礼炮21响。

这中间还有小插曲，媳妇蒋方良突然以宁波话要求："我可不可以亲阿爹一下？"于是这位在50岁生日时，曾获蒋介石亲笔题赠"贤良慈孝"的长媳俯身以自己的方式向她亲爱的公公郑重告别。

宋美龄在蒋经国、蒋纬国的陪侍下，参加了蒋介石的"奉厝大典"

[1]《"中央"日报》社编《"领袖"精神万古长青》，1976年5月。

接着，蒋介石的灵柩在执绋人员的护送下，停放在灵车上。

灵车前身用20万朵深黄色的菊花装饰，两边各有几条白绋，车前挂一青天白日"国徽"及鲜花十字架。灵车队99辆由宪兵队开道车领前，包括"国旗"车、党旗车、统帅旗车、奉行蒋介石遗嘱令车、捧勋车、遗像车。车队后面是宋美龄挽蒋介石的大型黄菊十字架，家属随其后。2000多名执绋人员乘车缓缓驶向蒋介石灵柩的暂厝地——慈湖。

据台港报载：在蒋介石灵柩往慈湖的路上，当局发动了成千上万的学生在灵车所经的途中跪地"迎灵"。绝大多数行业停止营业，鲜艳的建筑上一律奉命改漆素色，不合哀悼气氛的广告也一律从改，交通路口则搭牌楼，各家都要挂挽额，平常失修的马路和未铺柏油的路面一律要整修，害得沿途各商家和修路工人日夜赶工，满肚子的怨言无处申诉。当日，治丧委员会的大员们还想出了"路祭"这个名堂，沿路分配各机构行号另设供桌，同时规定灵车经过时不许迎灵的人们抬头正视。此外还要求全体民众在大典鸣炮之时，在原地悼念三分钟。

此次蒋介石丧事排场之大，实为古今中外所少有。

蒋介石遗体"暂厝"桃园慈湖

大典之后不久，宋美龄在中山楼召见国民党中常委谈话，此后就很少露面。在蒋介石去世后的第165天，她就称病赴美就医。台湾人士称，这是极高明的政治决定，因为如果继续留在台湾，她的身份、地位、角色都将会十分尴尬。

蒋介石死去不久时，台北曾有这样的传言：

　　1975 年蒋介石逝世时，宋美龄身边的智囊孔令侃从美国回来，是策划拥立蒋夫人宋美龄继任国民党总裁的主要人士。由于当时的国民党秘书长张宝树采取闪电接触的做法，促成国民党决定举行临时中常会，会议决定修改党章，保留"总裁"，使国民党领导人名义转为"主席"，并由蒋经国先行担任，日后由全代会追认，这样就破解了孔令侃等人的努力，蒋夫人宋美龄遂快快然赴美。

　　另一种大同小异的说法是为了党内的团结，宋美龄可能被推举继任国民党的总裁，作为元老们与少壮派之间的桥梁。从法律上来讲，"评议委员"有没有资格升为总裁，这个问题是不重要的，即使没有资格，也可以想办法在条文上补救。犹如蒋介石可以在条文上面动手脚，达到他几次连任"总统"的目的。可是，就在蒋介石尸骨未寒时，蒋经国即以迅雷不及掩耳的措施，由"中常委员会"举行临时全体会议（有评议委员出席），拥护他为一党之首。这样宋美龄出任"总裁"的可能性就没有了，"党"的主席也已被她的"经儿"抢去了。此后，她只好以"蒋夫人"的身份接见中外来宾，再也没有了蒋介石在世时那份荣耀和风头。甚至已到了无事可做、无话可讲，欲求像做一个严家淦一样的傀儡亦不可能的地步。如此尴尬，一走了之，为最上策。

　　即使宋美龄是以就医为名离台，台湾人也是从政治方面去做文章的。他们评论说，如果她此去只是为了治病，那就用不着这样万里奔波了。以蒋宋之富，不要说她可以用钱把美国任何名牌医生请到台北来出诊，就是请哪位医生同时搬来一座全科医院也不会有什么困难。因为当年陈诚在台北患癌症时，即曾有一座医院与药房搬到他的官邸，连同医生、护士一应俱全，昼夜轮班。当年蒋介石有病时，中国香港大学的某教授也曾在台港之间飞来飞去，甚是方便。如今宋美龄非到美国去割乳、治癌，她这样舍近求远，而且又恰是蒋介石死后不久，难道仅仅是迷信洋大夫的医术？其中内情，不言而喻。

　　那么，宋美龄在蒋介石死后很快就离台赴美的原因到底是什么呢？

　　读者可以从 9 月 17 日，宋美龄在行前发表《书勉全体国人》这份 4000 字的告别词中粗略地看到一些她列举的"出走"的理由。

　　文章前半部分是诉说她在近年来所遭遇的一系列变故：

　　"近数年来，余迭遭家人丧故，先是姐夫庸之兄去世，子安弟、子文兄相继溘逝，前年蔼龄大姐在美病笃，其时'总统'方感不适，致迟迟未行，迨赶往则姐已弥留，无从诀别，手足之情，无可补赎，遗憾良深，国艰家忧，接踵而至，两年前，余亦积渐染疾，但不遑自顾，盖因'总统'身体违和，医护唯恐稍有怠忽，衷心时刻不宁。'总统'一身系国家安危，三民主义之赓替，'中华民国'之前途，全担在其一人肩上。余日梦侍疾，祷望'总统'恢复健康，掌理大事，能多一年领导，国家即多一年扎实根基，如是几近两年，不意终于舍我而去，而余本身在长期强撑坚忍，勉抑悲痛之余，及今顿感身心俱乏，憬觉确已罹疾，亟须医理。"①

接着回顾了蒋介石去世后一些令宋美龄感动的场面：

"回溯'国丧'期间，我同胞对'元首'之肃穆哀悼，出于赤诚之爱戴表露，见诸国父纪念馆之感人景象，使余永世难忘，难觅恰当词汇，予以描述。千千万万之空身历其境，不分你我，融协随和，静默无声，神态严肃，循序排队，耐心宁候，昼日漏夜，忘其累苦，只求一瞻'总统'遗容，致最后之敬礼。纪念馆前一排居民，有自动开放门户24小时予人方便，亦有自动供应茶水者。由中南部各处前来吊祭之同胞，有一路须经七八个小时行程始达台北市，原先排列在前之致敬之同胞已伫立六七个小时，竟自动退让，使远来者得先入灵堂，毫无骚扰纷乱，充分表现礼让精神。灵堂外走廊中三军仪仗队同志双手擎枪，虽立正如木人，亦有涕泪难抑者，但仍肃立不稍改变其庄严仪态，令余感动伤心。

当灵榇奉厝慈湖，沿途民众跪祭泣拜，如波浪之此起彼伏。'总统'遗爱在民，无怪其真情流露，一皆发自心底。

丧期中市廛静穆，极少穿花绿色衣着者，有之则受民众路上之瞪目制裁；宵小敛迹，闾闾不惊。种种空前情景，不一而足，可谓历史所仅有，亦为举世所罕见。

国外风雨同窗，政坛人物及民间团体，函电纷来，恳切慰唁，其中亦有来自机会主义国家，却不因现在政策立场之不同或无国格者，仍表达其深切悼念旧友之忱，公义不存，私祖犹在，仍明晰称许'总统'对信仰原则无可摇撼，凛不可犯之嶙峋风骨，其私衷对其过往国策，可能神明内疚，隐含惭悔意味耶。

尤使余感动者，乃来自世界各城市乡里，甚至未曾相识之人士与家庭主妇，致函向余表达钦敬'总统'不屈不挠、坚毅奋斗之精神，同时对本国政府之摇摆态度，倍感惭愧。此种超越国界种族，坦率布露其纯洁等之心声，何难能而可贵，足见公道仍存在人们心坎深处，趋与正义决非任何诡鄙邪说所能长久一手掩盖。想起'火凤凰'一说，炼火的焚炼，只有使它更加增加进光采，故真理绝不

① 见宋美龄：《书勉全体国人》。

怕大时代政治的考验，而且必然能经历这样的淬炼。"①

在此，宋美龄借机将蒋介石大大吹捧一番：

"'总统'一生，长期处于忧患之中，从不耽于逸乐，治亦进，乱亦进，锲而不舍。他具有革命者之情操，是一个忠于总理者，是一个平凡的伟人，亦得称为追慕完人之真理者。"②

她借用中国古代政治家文天祥的一句名言"人生自古谁无死，留取丹心照汗青"来描述蒋介石的为人行事，她认为是贴切恰当的。

宋美龄对台湾民众的表现加以赞扬说，而今我们哀伤悲痛之余，渐归定静，我同胞已能自动转消极为积极，化悲哀为力量，各守岗位，振奋精神，有所作为，来一齐承担"总统"遗下来的未竟之志业。由此她想起蒋介石证道时曾说过的："一位义人和信徒逝世之后，他的踪迹虽远，但人世的天空，仍有他的光所照耀。这种人，音容宛在，是永远不朽的。当他离去之时，他的身后还留下了许多代表他的人，来继续完成他的未竟之志。"③宋美龄说，现在重读这一节耶稣复活节"总统"的证道词，就宛如"总统"为自己写照一样。

宋美龄还提到，我同胞在"国丧"期间所表现之整体一致精神，在崇尚功利、讲究现实者来看，殊认为不可思议，难以理解，若非亲历目睹，彼辈很难置信。闻有一外国记者向跪地痛哭之民众发问："你们如此做，得到多少酬劳？"④经懂外文的人一翻译，顿时激起公愤，被认为是对台湾民众的莫大侮辱。

她又举出有一外籍人士故意诱以金钱，欲我同胞由其拍摄所摆布之镜头，但不得逞这一事实，发出感叹：此种"买假见证"的别有用心，更不堪闻问，且反而显示出了我中华民族之不可欺凌。此外，另有美国商人，在从台中到台北的车上和一位台湾教授谈话，他问这位教授，蒋介石去世以后你的感受如何？这位教授说："在他没有去世以前，你若问我这句话，我或将回答你没有何种感受，但今'总统'去世，蓦然觉得我个人若有所失，心理上非常悲痛，你要我说何故会有这种感受，我亦说不出其所以然。"

宋美龄对此评论借题发挥说："其实，此乃我五千年文化涵育之忠孝仁爱精神，经革命唤起后所放射之光芒。凡我国人，应及时运用，尽力发扬，较诸徒

① 见宋美龄：《书勉全体国人》。
② 见宋美龄：《书勉全体国人》。
③ 见宋美龄：《书勉全体国人》。
④ 见宋美龄：《书勉全体国人》。

嚷'团结'口号，不可同日而语。实践固非易事，口号决非办法。"① 对此，台湾有人评论说，在这里宋美龄是讽刺蒋经国之流在蒋介石死后，口口声声的所谓"团结"。宋美龄是否有影射嫌疑，只能由知情人来下结论了，外人是不得而知的。

宋美龄在告别词中也回顾了她与蒋介石的夫妻之情："算来将近半个世纪——业已四十八个春秋——余与'总统'相守相勉，每日早晚'总统'偕余并肩一起做祷告、读经、默思；现在独对一帧笑容满面之遗照，闭目作静祷，室中沈寂，耳际如闻馨咳，余感觉伊乃健在，并觉随时在我身边。

'总统'生前喜爱的'圣咏'诗句第一首：

长乐唯君子，为善百祥集，莫偕无道行，耻与群小立，避彼轻慢徒，不屑与同席，优游圣道中，涵咏彻朝夕，譬如溪边树，及时结嘉实，岁寒叶不枯，条邑无极。"

蒋夫人宋美龄认为这首诗句句可以代表蒋介石精神生活的概貌，录赠诸位，当做精神礼物。

台湾作家对此也有评论，认为：她既然在"告别词"中把蒋介石与她说得如此恩爱，与她有"将近半个世纪"的"相守相勉"，她为什么不肯伴蒋介石之"灵"，守蒋介石之"灵"，直到完成蒋介石"遗下来的未竟的志业"？此话不无道理。

蒋夫人在她的"告别词"的最后说道："在精神上，'总统'仍为领导世界'反共'革命者，而此时此地，仍为光耀四海之'反共'灯塔所在。"② 在这一点上，宋美龄确实是继承了蒋介石的遗志，因为她时刻都未忘记"反共"这一重任。

台湾人士在评论宋美龄的"告别词"时认为它有四点"新意"：

第一，宋美龄"告别词"的全文中，没有再提"反攻大陆"了，这是不是她已认识到"反攻大陆"云云等于梦呓，提出来等于废话？

第二，"告别词"中没有一句提到蒋介石死后，蒋家朝廷已"寄托有人"，可以起死回生之类的话语。

第三，"告别词"中没有只字提到严家淦、蒋经国……没有指出他们在未来的时日中可以有所作为。当然也没有提到现任"国安会"秘书长的蒋介石的"另一个儿子"蒋纬国。

---

① 见宋美龄：《书勉全体国人》。

② 见宋美龄：《书勉全体国人》。

　　第四，"告别词"中没有提到美台关系有什么"光明"；也没有提到她将来一定要回到台湾。

　　宋美龄离台的内幕外人是不得而知的，只能从表面现象作分析。

　　亲蒋的刊物称之为"夫人深明大义"，有意"回避"，以便"经儿"放手大干；或是宋美龄由于悼亡心切，老地方容易触景生情，故换个环境，减少点悲伤。

　　而另一些刊物则不以为然，揣测说，这是蒋经国的亲信向宋美龄施加了压力，请她离去。因为宋美龄发表的书面讲话中引了"圣咏"诗一首，称"莫偕无道行，耻与群小立，避彼轻慢徒，不屑与同席"，流露出她是受到排挤后含恨而走的。

　　无论别人如何说长道短，宋美龄去意已决。9 月 17 日上午，她乘坐"中美号"专机前往美国，到机场送行的有严家淦"总统"伉俪、蒋经国"行政院长"夫妇和家人、张群等"总统府"资政及驻台湾的各国使节一百多人，蒋经国亲自扶持宋美龄进入机舱内，随同宋美龄赴美的有十多名侍从人员和护士。经过 12 个小时的飞行，当晚 9 点 35 分，"中美号"抵达美国肯尼迪机场，台湾驻美"大使"沈剑虹夫妇及美国政府代表在机场迎接，随即由六辆汽车组成的车队护送宋美龄去了纽约的长岛。

　　蒋家大办完丧事，蒋夫人宋美龄也离开了权力的是非之地，但有关蒋介石身后的一些事情却未了结，例如有关蒋家人的称谓就够叫人啼笑皆非的。

　　蒋介石在世时，"总统"就是蒋中正，蒋中正就是"总统"，谁也不敢妄存非分之想。任何人在台湾境内，只要说"总统"，就知道所指的是谁。到了严家淦"继任总统"的时候，在"总统"上面加一"严"字，称为"严总统"，也不会发生混淆之事，同时，严家淦又很自谦，处处以"过渡总统"自居，每提到"总统"二字时，他先带头称"总统蒋公"，以示自己无自为"总统"的意思，好在当时的继任"总统"是严家淦，蒋经国是"蒋院长"，在称呼上也不会发生什么误会。

　　到了蒋经国当选第六任"总统"之后，称呼的问题就产生了，不论称"总统蒋公"还是称"蒋总统"，都会发生所指对象（即是指先后哪个蒋"总统"）不明确的问题。

　　不知是哪位"高人"提出这样的规定：

　　称老"总统"蒋介石为"先'总统'蒋公"，在形于文字时，一定要在"蒋"字上面空一格，以示崇敬之意。

宋美龄与蒋方良

称蒋夫人宋美龄仍为"蒋夫人",不得称"先'总统'夫人"或"先'总统'蒋公夫人"之类不适当的名称。

称现任蒋"总统"为"蒋'总统'经国先生",形于文字时,"蒋"字、"经"字上面不用空格,以体现经国先生崇尚民主之意。

称现任"总统"夫人为"蒋总统经国先生夫人",不得称"蒋夫人"或"蒋'总统'夫人"。

这个通知发到了所有机关、团体、学校、部队,许多人为这些新改订的名称暗自叫苦,特别是那些吃公事饭的主官、主管、办理公文书的人们,为这些新名记得好累好累。他们说,尤其"蒋'总统'经国先生夫人"的名称长达九个字,有点像清朝的徽号,讲起来也像绕口令一样别扭。幸好那个俄国人"蒋'总统'经国先生夫人"平时不大出门,算是减少了文武官员趋奉的麻烦。如果她也像"蒋夫人"宋美龄一样,经常出现在公共场合,单在称呼上麻烦可就大了。

二十五、寂寞晚景

宋美龄赴美后，住在纽约长岛的一栋豪华别墅中。只是在 1976 年 4 月 2 日，为了追念蒋介石逝世一周年，特别搭乘"中美号"专机返回台北。待追思礼一过，宋美龄再度返回美国。像蒋经国就任"总统"，国民党"双十节"的七十大庆，国民党的"十一大"、"十二大"等重大活动，都曾请宋美龄回台捧场，均被她婉拒，她在美国一住就是 10 年。

这栋古老的住宅占地 15 顷，距纽约大约一个半小时的车程，房子原是孔祥熙的，后为孔令侃所有，现又作为了宋美龄的官邸。

1976 年宋美龄为了追念蒋介石逝世一周年，搭专机返台

这 10 年中，宋美龄在美国固然亲朋好友不少，但毕竟每人都有自己的事业和生活圈子，不时走动一下可以做到，整日陪伴在宋美龄的左右则不可能。再加上蒋介石已去世，她以往"第一夫人"的风光，和那种前呼后拥、门庭若市的情

景也随之逐渐逝去。尽管在宋美龄身边还有一批随侍人员（约30人）围在她周围侍候，可这些人毕竟不是家人可以谈话，尤其是谈贴心话的人几乎没有，所以，她晚景的寂寞是可想而知的。

应该说，宋美龄在美国长大，并在美国受教育，但此时留居美国，对她来说犹如生活在陌生人的圈子里。因为宋美龄赴美已是八十岁高龄的老人，故第二次世界大战中依然健在，并跟她有过多面之缘的美国友人，该是寥若晨星、屈指可数了，即便还活在人间的也多半风烛残年、行动不便，所以这些人不大可能与宋美龄有什么太多来往。就美国政坛来说，也不是宋美龄所熟悉的那些要角了，他们多半已经是第二代，甚至是第三代了（例如，尼克松、杜勒斯、艾森豪威尔等），跟他们之间自然不可能有所来往。

此外，蛰居在美国的10年，宋美龄已从老年迈向迟暮时光，故旧、亲友们不断逝去，所以她的日常生活日趋平静、恬淡，基本上是深居简出。

宋美龄给自己每天安排的时间表大致是读报、看电视，还利用大部分空闲时间选择自己喜爱的书籍阅读。据知情人说，美国经常有畅销书出版，但是宋美龄对一般的畅销书根本看不上眼，她喜欢读历史、传记之类的作品，而且就她的岁数来说，其阅读的速度相当快，几天就可以读完一厚本。除此之外，宋美龄还喜欢练练书法和绘画，她尤其擅长的是画兰花和山水。

1978年，蒋经国就任第六任"总统"前，台湾某些人士曾认为宋美龄能返台参加就职大典，并祭悼蒋介石，但当时宋美龄并未成此行。但她从礼貌出发，还是在这一年4月1日致函蒋经国说：

> 三月二十日、二十九日来电均悉。父亲去世三年之期将届，在此三年中，余每慯而悲从中来，上年返回士林，陈设依旧，令我有人去楼空之感，以往惯常之言音足声皆冥冥肃然，不禁欷歔。余与父亲除数次负任去美，其他时日相伴近半百年岁，尤以诸多问题，有细有巨均不惮有商有量，使彼此精神上有所寄托，二人相勉，所得安慰非可形诸笔墨。自忖父对我之生父，相处总共仅短短九年余，因我八岁即离家来美求学。返国后年余彼即弃养；与余母相与总共只十七年，即与父亲结缡，可谓自龄龄启蒙，最亲近最长久伴侣，兼相依为命者，乃父亲耳。此种扣心萦怀情性，只有如与方媳结合四十余年者，可能体会之。余幼承庭训，均授以对大悲伤、大灾祸以坚强镇静为鹄的，余虽不能谓事事做到，但时以之自律自勉。忝在母子之份，又汝

二十九日电深为关切，能体会余三年之情绪，乃馨心言之。母。[1]

从此电文中可得知，宋美龄在 1978 年未能返台的主要理由是"深恐睹物生情，哀思蒋公不能自已"。

据知情人说，这 10 年中，宋美龄对夫君蒋介石的思念确是多年未减，愈久弥坚，在她美国的寓邸里到处是蒋介石的照片，而且她要求奉祭蒋介石的鲜花长年保持清新。还有报道说，宋美龄对衣着及色泽的选择，多年不变，由此可以使人感到蒋夫人依旧有着当年的高雅气质。

在美国的 10 年中，宋美龄的活动都不是公开性质的，可还是有不少与她熟悉的人说，在美国仍经常可以见到蒋夫人，说这些话的有台湾的妇女领袖们，还有台湾的遗族子弟们，例如，每年宋美龄的生日一到，全美的国民党军队遗族子女们都会从各地赶到长岛为她过生日，而且，每次的聚会，至少要花上两三个小时的时间，可是宋美龄仍旧欢迎他们来折腾。因为这样就可以在她寂寞、平淡的日子里有一点小的波澜。

冷眼观察宋美龄在美 10 年的生活动向，应该承认，与她以往赴美相比，确实很少公开露面，即使是在全部都是台湾人聚会的场合，她也是避不出席。据有心人统计，只是在 20 世纪 70 年代后期，她所欣赏的陆以正在负责纽约新闻处时，曾举办过一次画展，宋美龄亲临观赏，以后，就再不曾露面了。

某作家对此评论说，"往中只堪哀，对景难排！"不要说宋美龄本人了，就是旁观者，如果想起蒋夫人当年在美国掀起的阵阵"宋美龄旋风"，对照一下这 10 年寂寞地客居长岛，也难免兴起一些对世态和人情的感慨。但如果想通了，国际交往上只有利害、没有道义可言，也就会一笑置之了。所言极是！

在宋美龄打发时间的计划中，据悉，她在处理有关文件，准备着手写她的回忆录。鉴于她的岁数和精力及她在中文写作水平上的困难，宋美龄在这方面是很难有所成就的。好在赴美的这十余年中，宋美龄曾有多位侍从秘书，大部分是由台湾派来的，其中有不少是蒋纬国的亲信，这些人除了为她安排生活琐事之外，主要任务就是替她整理文件之类的工作。像宋美龄每年给辅仁大学毕业典礼的贺词，全部是由秘书代劳并送回台湾的，当然对以往的文件、信函和资料的处理，也均出自秘书之手。不过自消息传出至宋美龄死，都未见到《宋美龄回忆录》的

---

① 辛慕轩等著：《宋美龄写真》，第 128 页。

只言片语。是她本人另有考虑，还是计划无法实现，只有另待考证了。

到了美国以后，对宋美龄来说已是远离台湾的政治圈子，但她一生都在与政治打交道，是不会轻易超脱的。

身居海外，她对台湾的情况，尤其是政治事务方面的发展，甚为关注。每每有来访的台湾人士，她必探询岛内外的政局。而且，她在台湾有几位当局的重要人物作为耳目，所以，她虽在美，但与台湾的联络一直畅通无阻。例如，当局在处理"外交"或涉及宋美龄把持的某些领域的人事安排问题上，如必须征求她的意见时，宋美龄均会很迅速地获知并表达她的看法。应该承认，宋美龄旅居美国的前期，她对岛内政情的发展，以及有关政治经济方面的事情一点儿也不陌生。而且在私下里，宋美龄对台湾政局的变化，还表示出颇为担心。可见，她不能也不想远离台湾的政治现实。

当然，除了台湾政局的消息外，宋美龄对台湾的其他方面也是颇关注的。例如，台湾每有灾难，她会以资相助；历年辅仁大学毕业典礼，宋美龄会从美国寄来致勉贺词；而台湾的"国民大会"也经常与宋美龄驰电往返等。

蒋夫人与台岛的来往并不是经过她的继子们，而是她早在台湾时已培植的那批亲信，这些人又被称作是"夫人派"的代表，如当年任台湾"总统府"秘书长的沈昌焕、台湾在美国"北美事务协调会"主任钱复（人称台湾驻美"地下大使"），还有台湾"故宫博物院"院长秦孝仪、台湾驻纽约"总领事"邓权昌，以及"妇联会"方面的钱剑秋等人。

他们当中的一些人会经常到宋美龄的美国别墅中走动走动，如台湾驻美国的"北美事务协调会"主任钱复常常抽空到纽约一行，探望并代表当局向蒋夫人问安；还有深受宋美龄信任的邓权昌，蒋夫人旅居美国十余年间，邓氏一直奉命照顾蒋夫人的一切，宋美龄凡有所需，基本上均由邓氏包办。尽管宋美龄身边有女秘书及其他随从，但若干对外事务，仍由其秘书通知邓权昌来办理。据说，这个邓"总领事"（后称邓处长）个人作风很差，与台湾在美人员的关系很不融洽，但因蒋夫人力保却一直相安无事。对宋美龄而言，这位邓"领事"在为夫人办事方面确实相当周到，所以深得蒋夫人信任，邓权昌也由此从"总领事"变为了"纽约办事处处长"，且一干就是十余年，这不能不说与宋美龄的推荐与力保有关。

在这里，笔者还要插入一个曾经通过台湾新闻媒介传出的不是笑话的笑话：

当年，宋美龄长居美国时，时任台湾"总统府"秘书长的沈昌焕，适逢他的朋友祝贺他身兼重任，沈却说："我主要是在这里接电话的。"原来，蒋夫人宋美龄因关注台湾，常常在美国给蒋经国通电话，有时想到一个什么问题，或在报上见到一件有关台湾的事情，她都会拨电话到台北。但是老太太到底老了，常常忘记纽约与台北时差12小时到13小时，她下午3点发话，而蒋经国却在"午夜梦回中"，当然受不了。而原来的"总统府秘书长"马纪壮本系北方人，又出身军旅，对于这个接电话的差使，常常是穷于应付。有时不便说"总统"睡了，只得搪塞说："'总统'不在。"蒋老夫人则想，你作为秘书长，连"总统"在哪里都不知道，干什么吃的？在这种情况下换上沈昌焕就"交关灵光了"！他不但有丰富的"外交辞令"，而且习惯于夫人的脾味，你讲上海话，他答上海话；你说英文，他答英文。总之，几下"太极拳"一打，宋美龄既感满意，蒋经国亦少受干扰。这个接电话的差使真正是"一流"的！

台湾政界与妇女界人士赴美时，多半都要到纽约宋美龄的寓邸问安，但不是每个政要都有这个被接见的"殊荣"，如台湾妇女界能够见到蒋夫人的已经不多，只有像钱剑秋、王亚权、赵筱梅等人。像赵筱梅这位昔日曾为蒋夫人负责过育幼院工作的心腹人物，每次专程来访，终能获得一晤。

宋美龄还是比较念及旧情的，一直被宋美龄扶助的、主持国民党妇工委的钱剑秋因年事已高，很少访美，但一旦到美必能受到蒋夫人的"幸见"。王亚权也是宋美龄愿意接见的妇女代表之一，其原因在于，王亚权近年来执掌台湾"妇联会"事务的大权，而"妇联会"又是宋美龄到台湾后一手创办和一直把持的群众团体。

1985年5月，国民党"妇工会"主任钱剑秋赴美，给台湾传播媒介带来了有关宋美龄的近况消息。特别是钱剑秋一行人拍回了不少与宋美龄合影的照片发表在台湾鲜有报道宋美龄消息的报刊上。一时间，宋美龄又成了人们议论的话题。有人评论说，从照片上来看，蒋夫人较10年前离台时稍呈老态，但精神不差。以她已到坐八望九之龄，蒋夫人能在此神态中依稀透出当年之风采，诚属不易。

在蒋氏家族后人中，最得宋美龄宠爱的是蒋经国的三儿子蒋孝勇。据说，当年他是个可以坐在蒋介石"总统府"办公桌上撒尿的小孩。这个昔日深为蒋介石夫妇喜爱的孙子，目前在宋美龄心中仍然一如从前。蒋氏家族如果有什么信息需要转达给蒋老夫人时，蒋孝勇是唯一的最佳信使，而且蒋孝勇几乎每年都要前往纽约拜见祖母宋美龄一次。

另一个受到宋美龄关切的蒋家人就是蒋介石的二公子。所以，蒋纬国在这10

年来，也曾若干次赴美向这位继母问安，回报宋美龄对他的关怀。其他蒋家方面的晚辈中，以居住在旧金山的蒋孝章一家人，探望宋美龄的次数为最多。蒋经国对这位继母也算是恭敬有加了。十余年间，他对宋美龄在美的生活状况颇为关切，不时关照手下亲信赴美探视继母大人。

1985 年又让宋美龄过了一段十分烦心的日子。这年年初，美国作家斯特林·西格雷夫撰写的《宋家王朝》出版了，很快便成了美国、中国香港及东南亚一带的畅销书。

作者称：曾经有过关于孙中山和蒋介石的传记，其中几处对他们有温和的批评。对宋家姐妹有两本极尽阿谀美化之能事的传记，和一本由赛珍珠的妹妹写的关于宋家姐妹的儿童读物。但是这些书全都避而不谈宋家家史的黑暗面。本书是第一部宋氏家族的传记，它第一次全面考证了宋家的积极贡献和被长期隐瞒的阴险活动。把宋家成员集中起来作为单一主题来研究，不难看出，他们在取得权力的道路上是如何互相提携和互相倾轧的。

作者还揭露：这样的传记不能更早问世的原因，就在于宋家不愿意。在 20 世纪 70 年代美国对中国政策改变以前，任何对宋家“不健康”的兴趣，尤其是对蒋家不够虔诚的态度，都足以危及一切记者的生活。

作者用了大量的史料，以一个旁观者的眼光，向世人展示了这个赫赫有名的“宋氏家族”的兴衰史。同时，也披露了许多鲜为人知的史实。因此，此作品一问世，就备受瞩目。

宋美龄认为，该书诬蔑丑化了蒋介石及孔宋家族。这对既是宋氏家族的主要成员又是蒋夫人的宋美龄而言简直是无法容忍的事情，她必须想办法加以反击。

先是遥控台湾岛内外的若干名教授联名给美国各家报纸登载启事，驳斥西格雷夫取材不当与见解偏颇。由于这些文章没有提供恰当的反证，所以自然未能达到预期的效果，反而等于为西格雷夫的新作大做了广告。

尔后，蒋夫人宋美龄又在一个名叫黎东方的作者发表的驳斥《宋氏王朝》的作品上大做文章。据悉，黎东方的作品在写好之后，曾通过台湾的秦孝仪送交在纽约居住的宋美龄作了删改和增补了若干关键内容，所以，这部作品问世后，颇受蒋、宋、孔家人相当的重视和好评。

在这 10 年中，宋美龄还曾发表了几篇类似文告性的文章，为了表示她诚心加盟“三民主义统一中国运动”，宋美龄先在 1976 年公开了一篇《与鲍罗廷谈话的回忆》；此后，于 1982 年 8 月中旬，她公开写信给北京的廖承志，规劝其幡然悔悟，做"总统"信徒；另外，她于 1984 年 2 月又致函中华人民共和国总理周恩来的遗孀邓颖超，劝其信服三民主义，以免成为中华民族的罪人。真是"一年一信"，忙得不亦乐乎，为其夫君蒋介石奋斗了大半生的"事业"继续发挥着余热。只可惜，这些文告并不具有任何说服效果，只不过是以往国民党惯用的"心战喊话"手段的翻版而已。笔者认为，它的作用充其量不过是提醒人们不要把她遗忘。至于对她文章及观点的评论，另章叙述。

总体来说，蒋介石去世后，宋美龄初在美的十余年，日子过得还算惬意，她在美的对外事务由"外交部"人员代劳，对内则由其贴身秘书办理，通信有中文、英文两个要员负责（中文方面由秦孝仪负责，英文方面则交给沈昌焕这位台湾"外交"上的大档头人士）。可以说，万事不操心，这大概也是宋美龄能够长寿的秘诀所在。

二十六、附加注解的"回忆"

　　1976 年，宋美龄来到美国后，由于无所事事，为了排遣孤独与寂寞，她在寓所里写了一篇长达四万字的"大作"，即《与鲍罗廷谈话的回忆》，这篇大作曾于 1976 年 10 月底在纽约公开发表，后被台北报刊转载。从这部"长篇宏论"中，笔者认为可以对宋美龄的世界观和政治倾向有一个大致的了解。

　　宋美龄的文章开头部分用相当长的篇幅介绍了她与鲍罗廷的相识及鲍罗廷其人。

　　1926 年，宋美龄与她的母亲、大姐宋蔼龄从上海前往汉口，去探视她的哥哥宋子文和二姐宋庆龄。

　　宋美龄介绍说，鲍罗廷不是他的真名（他原姓格鲁百，Grutzenberg），鲍罗廷是国父孙中山先生的首席顾问。当年，越飞与国父在上海那次著名的会晤中，讨论协助中国统一、摆脱国内的军阀祸患和治外法权的束缚等问题。会后，苏俄即派鲍罗廷前来作国父的首席顾问。1925 年，孙中山在北平逝世，带来代表苏俄政治局和第三国际高级官员国书的鲍罗廷，在广州成为国民政府的首席顾问。宋美龄认为，鲍罗廷的这一职务相当于苏俄在"中华民国"的殖民地总督。

鲍罗廷

宋对鲍罗廷的外观描述是：他身材高大，狮头、仪表堂堂，一头整洁、稍卷深棕色、直覆颈后的长发，留着一小撮酷似法国将军式浓浓的短胡，面貌刚毅端正。偶尔，一缕亲切的神情掠过他的脸上，有时，他的眼睛也会露出肯定的神情，总是支吾其词，善于适当地掩饰他的真实思想。他以不带苏俄腔调的美国中部口音说话，声音低沉、清楚、从容，犹如男中音，只有在强调重点时，才将声音减缓放低。他给人的印象是自制、富有魄力和煽动力。

在宋美龄的记忆中似乎还可以看见当年鲍罗廷在不同的场合身着淡灰、藏青哔叽、红地绿紫、浅褐或深褐色的中山装。他常在宋子文公寓起居室里来回踱步。随着他心情的变化，讲话的语调或沉重、或轻快、或缓慢、或急促，左手食指和中指间夹着英制加力克或三五牌香烟。当他提出苏俄共产党使中国及全世界共产化的计划时，烟雾袅袅上升似乎使得他的手指熏得更黄。时常，他的右手握成拳头靠近上衣胸口，强调重点时，拳头重重而快速地往下移动，或者灵巧而迅速地重新举起紧握的拳头，悬在空中，好像作为时间的休止符，以准备下一次强调重点时再往下移动。偶尔，他伸出仍夹着香烟的左手手掌，作为右手拳头的落着点。虽然他有时坐下燃点另一支香烟，但在作讨论时，他却很少坐下。他连续不断抽着烟，技巧性地让烟灰延长到几乎要掉到地板上，才及时地弹入放置在他踱步途中的烟灰缸内，对夹在两指间的香烟看也不看一眼。

在此，宋美龄之所以细致地描述鲍罗廷的抽烟姿势，是想从这里得出她对鲍罗廷的看法：他是一个很适合向那些外派或返回世界各地不同岗位的同志演讲、解说阐明、指导及传播政策、战术和策略的老手。尤有进者，反映出他是一位惯于在秘密集会压力下工作的人。在不时变动的集会场所，几乎连桌椅与烟灰缸都没有的情形之下，他仍然我行我素，抽烟不断。这些行为形态帮助我们洞察衡量此人。因为自幼我就听说过，以及有机会入神地观察革命者是如何在习惯的影响下本能地行动。有趣的是，鲍罗廷正好具有此种习惯。

为什么鲍罗廷会成为孙中山的顾问呢？宋美龄的答案是，苏俄是当时唯一留心国父呼吁中国恢复民族地位的国家，所有其他国家对此则充耳不闻。

宋美龄说她自己来自一个革命家庭，她的父亲是孙中山的亲密同志，所以她与她的家庭和鲍罗廷夫妇早已相识，无论是在孙中山最后病卧的北平，还是国民革命运动中心和政府所在地的广州，或是稍后在武汉，她与鲍罗廷夫妇接触频繁。在此她记录了一段同鲍罗廷在武汉时代的谈话。

笔者认为，在宋美龄的晚年，"反共"几乎已变成她的一种本能，言必称"反共",文必提"反共",这篇写在20世纪70年代的文章同样离不开这个基调。

在介绍完鲍罗廷之后,宋美龄很快就切入她的这个主题。她歪曲史实说:当年她们在武汉的三个月当中,国民政府的政策和第三国际政策的歧义变得最为明显。破绽的情形不久就演变成巨大的分裂,其原因是共产党干部横行霸道,篡代地方政府的功能。他们任意逮捕、公然殴打、非法搜查逮捕、非法审判和处决,私自建立武力。共产党故意在国民政府管辖地区制造混乱,而在国民党内部,共产党渗透的表面化,以及公然夺权,使得决裂之局无法弥补。

宋美龄说:当时苏俄的军事和政治顾问假借协助中国完成革命的名义,而实际听命于第三国际,尽其可能地秘密阻挠妨碍我们,同时组织武装暴动为所欲为时,公开的决裂于是开始。第三国际之所以加速提高警觉是由于下列事实促成的:在大约九个月的时间里,蒋总司令领导下北伐的国民革命军,已从广东省打到江苏省——第一大都市上海所在地,击溃占有中国沿海人口最稠密数省份的军阀主力部队,而抵达南京——国民政府的未来首都。此番迅速完成任务的杰出表现,殊难符合共产党当时的目标。时间表的提前,使得苏俄感到惊奇和恐慌。即使那些军事顾问依照最"宽大"的估计,也未能预料得到,这种速度严重影响共产党"窃据"中国的计划。这些计划是他们意图在准备完成与时机成熟时一举击之。因此,他们必须快速进行,以扭转局势。

接着,宋美龄大段大段地回忆了当年与鲍罗廷谈话的内容,她说这些内容是第三国际最初为中国而订,并提供世界其他国家遵循的行动计划的重要部分。

不用说,事实上宋美龄的本性及她的信念和鲍罗廷所说的一切正好是背道而驰的,所以宋美龄在文章中毫不隐讳地指出:"鲍罗廷当年冷静地提出的建议大部分是怪诞不经,其理由是荒谬绝伦的。如果认为民主制度具有缺点,不是健全的治国制度,那么共产主义所表现的更是虚幻不实,不合道理。共产主义乃是要人类走向绝望的道路。"

既然持不同的政治观点,为什么还会与鲍罗廷谈起这些话题?宋美龄解释说,这些谈话开始纯粹是以探讨殖民主义消逝后中国在世界上的未来地位,以及俄国在其扶助弱小国家使之挣脱帝国主义压迫所采取利他行动的真正动机为原议。

宋美龄还标榜自己曾经受过开明教育,并具有渴求知识之好,所以使得她能够相当容忍地听取偏锋邪道骗人之说。

但是,宋美龄承认在谈话中,当鲍罗廷对美国民主政治有意"玷辱"时,她也有脉搏逐渐加快的时候，当然，如果是揭晓美国开国元勋和常人一样是有缺点的，这样的她早已知道的事实，她是不会感到意外的，宋美龄认为重要的是，尽管美国的民主政治有许多缺点，但毕竟是民主政治的先进——促进人类尊严和自由观念的成功者，而且他们对某些方面已有一定的贡献。由此看来她这个受欧美教育、吃洋面包长大的人，听到与她所受的教育相反观点的时候，心跳加快是很自然的事情了。

宋美龄攻击共产主义在全球的发展是：列宁得意之说——尤其是 1917 年以后在《军人真理报》及《真理报》上所说——在传播毒素方面已赢得胜利。

她说她对鲍罗廷所宣传的共产主义感到不安，她认为鲍罗廷告诉她的一切，如果在任何地方施行，都会被谴责为不人道、残酷和暴虐。她心中担心的是：鲍罗廷所说的一切是否能够为中国人默然地接受，作为全国必须经历的必要严酷试炼，以期最后安享马克思所谓"国家逐渐凋萎"的"理想世界"？

宋美龄认为俄国共产主义声言解决人类桎梏所采取的方式是违背天良的毁灭性途径，是将这些人类问题隐藏在周密的极大谎言之中。宋美龄甚至把这一学说比作美国西部众所周知的卖药者所谓的"推销骗局"——他们在卖蛇油或百灵特效药品时，无不保证这些药品都是万应灵丹。

在对共产主义进行无情的鞭笞之余，宋美龄对那位竭尽全力宣传共产主义的鲍罗廷倒是笔下颇留了一些情面。她写道：

> 为了保持对鲍罗廷先生的正确估计和持平态度，我必须说他是才气纵横、深思（但却并不熟虑）而受过优秀自修教育的人，而并不像列宁所批评斯大林或斯薇拉娜笔下所刻画她的父亲斯大林那一种粗鲁而毫无教养的人。鲍罗廷非常能干、尖锐而冷酷，如果用今天尖刻的字眼，则"在他的血管里，是流着冰水的"。他能满不在乎冷酷无情地看着残酷、不法和堕落现象。他泰然自若并诚信地扮演着第三国际的佼佼者角色。
>
> 鲍罗廷代表莫斯科方面执行他那邪恶的使命之已告失败，是一项不可辩争的事实，然而如果认为这是由于他个人在领导方面的失败，则是极端单纯而天真的想法。他是个非常错综复杂的人。第三国际远在莫斯科衡量应如何在中国推行共产主义，以及应如何推翻国民党，决定了各城市里已被共党渗透的工会和工人的夺权伎俩——也就是共党于 1917 年和以后岁月里在俄国所走的正统路线。这种策略之所以失败，是由于我们当时能及时切除了这块

癌变，防止了它的蔓延滋长。

许多年来，宋美龄常常在想：鲍罗廷及像他一样精神健全、心智成熟、博学聪颖的人，怎么能接受说人性本愿为卑贱、安于屈从、毫无发挥其意志的希望、安于作为新共党寡头政治的奴隶这个前提的？

宋美龄还提到她在和鲍罗廷的会谈中，曾经对鲍的直率感到愤怒及惊讶。她想到一个严正而有力的问题，向他提出：为什么他（指鲍罗廷）不仅就他对共产主义的看法和想法，如此毫无隐瞒坦白道出，同时还透露了俄共政治局和第三国际征服世界黑暗而愚昧的计划？他否认这种计划是愚昧而黑暗的，他说，相反的，无产阶级的国际主义，曾经而且还将为全人类带来一种无比的幸福。他一再反复地说，共产党的基本信念是：人类的根本需要是填饱肚皮、职业保障、辅导和获得精神上的庇护所——所有这些甚至精神上的需要，共产党都可以给他们。他强调说，历史证明对抗饥饿的斗争，是人类最大的斗争。只有煽动叛乱的人和狡黠的讼棍们，才为了利己的卑下的目的，煞费苦心地利用政治民主的空洞辞藻，硬说自由才是人类所渴望的食粮。民众并不需要宗教的符咒和魔术，因为宗教是迷信，是毫无实质或智慧基础的。只有真正的历史学士能领会到过去，而知识分子则歪曲事实，炫耀他们的辩才以佐证他们可随时玩弄或者拥护某种主义，即有所乘。

鲍罗廷在回答宋美龄共产党人为什么从不隐瞒自己的观点时指出：

第一，我们共产党人从不试图隐匿我们世界革命的号召。如果资本主义和自由主义者不肯相信我们时常公开所说的一切，或者曲解我们所说的，咎不在我。

第二，我们认为，对某些和我们并没有共同信仰的聪明人，在最高政策方面不欺骗是一种"必要的政策"，也是良好的策略。因为将我们的目标加以"伪装"，即或可以成功一时，终必将促使他们更大力地反感。我们只对一般民众隐匿我们的目标，因为他们内心不愿或者根本不能了解政治的各种错综复杂因素。所以我们不使他们有这种重荷，是比较仁慈的。所有这些人民所需要的，只是些刺激性的简单口号和予以攻击的目标。此外，假如我们掩饰高级政策，或每天的政策千变万化，我们将会丧失敌人对我们的尊重和同志对我们的信心。

第三，根据我们屡试不爽的经验，每当我们赤裸裸地揭露我们的希望和目标的时候，我们发现一些非共产党知识分子们，除非他们是彻头彻尾"反共"者，每每都同情我们，且他们常常能以比很多我们同志更好的口才，轻而易举地排除我们所遭遇的各种困难和置疑。虽然如此，我们对自己人的经常告诫，是认清他们在主义和智慧方面的双重性，所以终究不可靠而使我们极端蔑视者也。

宋美龄回忆说，每当和鲍罗廷先生长谈，我提出质问或者表示不同意见的时候，他便详加说明，对于我对第三国际缜密拟订的计划的看法，则采取二分法的观点。他认为，这些计划不仅适用于中国，同时也适用于全世界。他为了使自己的观点尽量成为对"革命志士"们具有权威性的客观教训，他反复阐释列宁的教条，表示真正的"革命志士"是愿意采用所有的各种谋略的。因为在随着重大剧变而来的机会空隙中，共党的"革命志士"们必须准备并力争掌握、导引和充分利用事态所带来的一切重大机会。

对当年鲍先生的信任和坦诚，宋美龄根本是不屑一顾的。相反，倒成了日后她攻击的靶子，她在文章中大肆地攻击道："纳粹思想和'共党'思想极为类似。"

她为列宁的哲学下的定义是："不容讳言是口是心非的、暴力的和破坏的务实主义哲学。"①

她以苏联在社会主义革命和建设中出现的一些问题为借口，大肆攻击马克思主义，攻击社会主义和共产主义的价值观。她说："尤其重要的是，'共产主义乃全然不顾人类尊严和生命，卑劣而明目张胆地诋毁被认定的人类的价值'，克格勃——苏俄的秘密警察，也就在这种胆怯的犬儒思想之下，成为职业性的'灵魂调查者'，以暴虐手段滥杀无辜，在斯大林统治下仅仅在苏俄陆、海军里面惨遭他们屠戮的，就达三万人之多。"据报道，斯大林在 1937 年上了纳粹德国秘密警察盖世太保的大当，认为红军将领正在酝酿推翻他的一次政变阴谋。纳粹制造了一些文件透露给斯大林……即德国参谋本部和希特勒要俄国在希特勒入侵俄国之前，翦除掉一些富有经验的将校，斯大林这位经常为了怕政变而战栗不安的暴君，也就吞下了德国所投下的钓饵。

宋美龄从指责俄共的"老祖宗"开始，一直骂到了 20 世纪 70 年代的苏联领导人，她说，共产主义在国家人格化方面，僭越地对形形色色的人类活动及人与人之间的关系，加以彻底控制。因此，"共党"的宣言与行动及理论与实践，常常是不会也是不能一致的。苏俄动辄谴责法西斯主义，可是"共党"之狠毒却远非当年法西斯意大利所可望其项背，当今苏俄的穷凶极恶和贪得无厌，则一如当年的德国。它自命为苏维埃联邦社会主义共和国，而事实上，它既非联邦也不是什

---

① 宋美龄著：《与鲍罗廷谈话回忆》。

么社会主义，更不是什么共和国。它对于民主制度，只是口头禅，而在它的政治思想、制度和行为里，却毫无民主政治可言，它蛮不讲理地教唆它的傀儡东德，称它那在苏俄唆使下所构筑的柏林墙为反法西斯围墙，就好像西德是个法西斯国家似的，而他们自己则否。

她肆意地责难苏俄在精神、社会和文化各方面，都将人类的活动过分管制。苏俄宪法在表面上是说每个人都有自由的，都是在法律保护之下的，但是事实上，每个普通人民都不能擅越雷池一步，他们未经特许根本不能随意旅行。享有特权的新贵族统治阶级，在构成"小"贵族而也享有特权的干部支持之下，自命为在"共党"统治下人民——新的工人——的保护者。时间已经证明，他们为人民工作的绩效究竟如何。苏俄统治了俄国约60年后的今天，还不能解决他们最基本的问题——粮食。最近几年来，苏俄每年都要从加拿大、澳大利亚和美国，从这些它所谴责为资本主义和压榨社会的国家，采购它所迫切需要的小麦——这真是对苏俄共产主义的极大讽刺。

宋美龄在文章中还分析了20世纪70年代中期，世界格局的新变化，并引用了较多的现代资料，来提醒人们注意美、苏在世界地位的变化情况，提醒人们注意资本主义阵营和社会主义阵营在世界格局中新的动向。

宋美龄说："美国经公认为在它的大陆领域里，拥有固有的力量和财富，它拥有使之成为今天超级大国所必具的各种要素，例如，学识技术、经济和矿产雄厚天赋资源。可是要知道，美国固可承受大量弊损和精神衰退，不论其承受门槛有多高，毕竟还是有一定限度的——它绝不能任令事态走下坡到任何地步，终究会超过了忍受的界限。"

基沃斯先生在1976年6月30日《纽约时报》的社论里，说明美国的外在病态。他说，过去美国人不允许忍受任何任意的凌辱，它会挺身而出维护它的权利，它在世界上受到尊重。

可是今天可不同了，美国人再也不是受到尊重，他人都在欺负我们。我们驻在一些小国的大使和外交官们，竟无故遭反美分子暗杀，而这些敌对行动，却从不会引起我们的报复，"山姆大叔"已经变成个窝囊废了。任何人谋杀了一个以色列人，一定会受到睚眦必报的膺惩。杀死一两个美国人，国务院会说："别理它，他们只是美国人。"①

---

① 宋美龄著：《与鲍罗廷谈话回忆》。

我们之在全世界丧失尊敬，大部分是由于我们有个怯懦的国会。在我们所选出的民意代表们的脑子里，只在盘算一件事，那就是他们本人怎样可以当选连任。当一个傲慢的小国掴我们脸上的时候，我们照例是抱头鼠窜地逃避。国会大员们说："要记住越南。"他们应该说："要记住福矶河谷、约克镇和琉璜岛……"

"我们真是丢人，竟任令黎巴嫩的不法之徒们谋杀了我们的大使和他的助理。我们甚至任令他们火烧我们的撤侨列车，而却毫无任何报复表示。他们不会放火烧英国人，他们非常清楚，英军部队会消灭他们这种没有国家的暴徒的……"

美国国民还在其他各地遭到谋杀或绑架。我们美国的力量、道德情操和我们的国格，都已经式微了。这不是 1776 年。"山姆大叔"已经变成个忍气吞声的懦夫，他只对绥靖和解感兴趣。巴拿马那个高傲的马克思主义军事独裁者，竟也拧着我们的鼻子，谩骂威胁我们，要用武力把我们轰出去……

宋美龄之所以不厌其烦地引用上述资料，不仅在于她想让读者判断这篇文章内容的真实程度，她还想告诉读者们：现实中没有苏俄的外交官遭到残杀，因为第三世界和自由世界的大部分国家及恐怖分子们都知道，那样他们将会激怒"共党"大国，将会引起严重后果。

出于"反共"立场，宋美龄认为当年她听了这么多有关共产主义的"邪说"，50 年后回想起来，她感到了解这些还是非常有价值的：

"第一，我从较甚于'通常可靠方面'，对'无产阶级国际主义'的阴谋获得较多实际的了解，这也就是说，实际上我们必须自问，我们是否想要苏维埃式的帝国主义来替代我们曾所设法摆脱的英国和法国及其他形式的西方帝国主义。

第二，直接听取了一位在中国的共产党国际高阶层负责人士，对于'拯救我们以及其余人类'的方法所做的注解，使我深深感觉到这种帝国主义比我们历史上所忍受的一切帝国主义更有野心、更狡猾、更阴险、更残酷。"①

毫无疑问，宋美龄将共产主义仍视为洪水猛兽，用恶毒的语言攻击了一番共产主义之后，就连在解释为什么这篇"大作"不是谈话式的体裁的原因的，宋美龄也没忘对共产主义使用一些"刻薄"字眼。她说：

"第一，这次会谈产生在差不多 50 年前。这次会谈的发生，一方面是由于我

---

① 宋美龄著：《与鲍罗廷谈话回忆》。

的质询；另一方面则是鲍罗廷有意'推销'共产主义。本来我们对任何种类的帝国主义都有反感，而俄国的第三国际，由于它的伪装，以及它对人类生活的残暴不仁，使我们觉得更加可憎。第三国际所披上帝国主义的外衣色彩较淡艳，剪裁较为称身。他们所运用的方法，比这些年来西方国家的帝国主义所实施毫无粉饰的炮艇政策或者严厉而残暴的方法，要更为高明诡谲。如果认为民主制在很多方面是伪善的，那么当狼披上羊皮的时候，则又是何等的欺世盗名？

第二，这次会谈不是属于问答方式的会议，而是大部分由两个人所做表面上意见相投的谈话，家姐孔夫人坐在一旁静听我们交谈，间或发表一些意见，而家兄子文则沓沓来往于他的书房和客厅之间，每当他忙中得闲时，他就加入旁听，我们三人对鲍罗廷在思想上根本是南辕北辙；一方的目标是孙中山先生三民主义所揭示的美好生活，另一方则是共产主义'对未来幸福画饼充饥暧昧不明'的承诺。我们在会谈之后，作了些提要式的注释，有些日子的会谈摘要比较详尽，有时则由于事忙而较为简略。我是用扼要方式，就我所认为有醒目性的会谈内容写下这些摘要的——故只记下当天我所认为突出的、广泛的、傲慢的、虚伪的、粗野的或者不人道的论点，或者我所认为武断归纳的是非价值观念，以及不合逻辑的逻辑。

第三，半个世纪已经过去了，我可以说，我不能记忆起这一连串的问与答在时间上的正确顺序。借助于我的札记摘要，里面间或记有直接引语和一些提示，助我回忆起很多会谈内容，而将一些记忆犹存的各项要点，忠实地加以重新组合供给读者。如果我有错误，那倒不是错在言过其实，而是错在轻描淡写了'共党漠视人类生活，以及第三国际赤化世界的狂热'。"

文章中，宋美龄解释为什么在50年后才整理出这么一份不伦不类的文字提供给世人，她说：

"第一，我认为在今天的世界上任何地方，认识当年鲍罗廷先生的人已经不多。曾经听到他就苏俄对中国和世界的希望，不通过译员而直接用英语交谈，因为当时有关人士彼此之间还没有共同的语言的桥梁使双方可倾所欲言，容或少之又少；至于在'对立阵营'里曾听到过他这种议论的人，更是少得不在话下。

第二，从历史的间隔来评估共产主义的实际行为，我们会感到自1917年以来苏俄的共产哲学与行动，和鲍罗廷在1926年所扼要传述的，几乎毫无二致。

第三，对于那些可能会问我，尤其因为我这些年，一直在就共产主义的各种危险中从事研究、写作和演讲，则我更应该早就揭发苏俄这种企图。我的答复非常简单：我那些会谈的札记，是和许多其他文件保存在一起的，直到最近我才找到这些文件。"

宋美龄强调她是一个忽东忽西、不停地行动和经常忙于应付各种日常问题，同时要不断注意当前和当代事物的人，浩瀚的文件和书信，已经使她宵旰辛劳，所以能在50年后，把当年的东西整理出来实属不易了。

在文章的结尾，宋美龄引了18世纪爱尔兰诗人兼作家叶慈的一首诗，说是20世纪六七十年代最好的写照：

> 事物皆分崩；中枢不堪守；
> 混乱称当世；……
> 善者吝悔罪；恶者欲横流。

之后，她又为中国"以众人望，人则易从"这一警句加了注释。她说，只有令人钦佩，人们才肯心甘情愿地接受领导，"而共产主义所表现的，恰巧相反"。

那么，谁来执社会的"牛耳"呢？宋美龄又回到了她最初受到欧美教育所接受的那一套观念上，即"不论民主制度如何呈现疵痕和笨拙，它还是人类和人类进步的精髓，用19世纪著名政论家巴琪沃特的话来说，毕竟还是'讨论的政体'。亦即说是'众志成城'的政体"。[①]

通篇看过宋美龄的"大作"，最令人费解的是，同样是衡量社会制度的优劣，宋美龄允许资本主义制度可以有缺点、有疵痕，但是，她却要求社会主义、共产主义是完美无缺、白璧无瑕的。其实也不难理解，回顾一下宋美龄晚年的所作所为，很明显在她的政治观点中"反共"始终是一个主旋律。由此也可以明白为什么宋美龄会对50年的往事耿耿于怀，因为她在消磨时间时，要有一个"题目"可借，才可发挥出她对共产主义口诛笔伐的才能。

英国哲学家——保守主义的思想巨匠柏克（E.Burke）形容人的一生是"少年激进、中年保守、晚年反动"。这一比喻评价宋美龄也是适合的，尤其是她的晚年言论确是如此。面对时代的巨变，她这位一生酷爱政治权力，也享受着政治

---

① 宋美龄著：《与鲍罗廷谈话的回忆》。

权力的精英已丧失了应变的能力。尽管她也非常重视阅读、非常关心时事，但是，无论世事怎么变迁，格局怎么重新组合，她都是抱残守缺、喋喋不休地唱着老调子，让人感到是那么落伍、那么不合潮流。问题的关键就在于，进入晚年之后，她的基本政治态度已经定型，所以，只好以不变应万变。因而，宋美龄的"反共"言论显得那么苍白无力，其警示后人的作用当然也只是微乎其微了。真不如缄口不言，颐养天年为好。问题在于，她会这样做吗？如果说鲍罗廷宣传共产主义是狂热的，那么蒋夫人的"反共"难道是理智的吗？

此外，此文既然是由回忆鲍氏引起的，那么有关鲍罗廷的生死下落也应有个交代，就目前所见到最权威的消息是与鲍罗廷在中国共过事的俄国女译员维利华的记载（1965年以俄文发表），附录如下：

"我回到莫斯科（1927年）后，便立刻去看鲍罗廷。那时候，他住在首都旅社。他说，他要写一本关于中国的书，不过不要出版，然而他没有完成他的著作。稍后，他在塔斯社做事，又编英文莫斯科新闻。1949年春天，鲍罗廷被捕，后来竟死于狱中。"①

此外，于俊道编著的《中国革命中的共产国际人物》有关鲍罗廷回国的情况有如下报道：

鲍罗廷回国以后，在莫斯科没有一个人说他的好话，人们都认为他是作为一个被打败的人回到莫斯科的。斯大林对鲍罗廷回国，未进行公开谴责，但却拒绝见他。很快，鲍罗廷就被停止了在共产国际中的一切工作。

1928年6月18日至7月11日，中国共产党第六次全国代表大会在莫斯科召开。会上，瞿秋白在《中国革命与共产党》的报告中，直接批评了鲍罗廷，指出了鲍罗廷在中国第一次国内革命战争时期起了十分重要的作用，对于中国革命的失败，他负有重要责任。共产国际政治书记处第一书记布哈林也参加了这次大会。他在会上也严厉地批评了鲍罗廷，指出鲍罗廷只注重同蒋介石、汪精卫这些敌人谈判，而不去积极地发动广大的人民群众。他还说："共产国际要求中国建立七个工农师，而鲍罗廷就是顶着不办。鲍罗廷还把共产国际的指示隐匿起来，这是他一个很大的错误。"同时，布哈林还宣布共产国际已经成立了特别委员会，要对鲍罗廷所犯错误进行审查。

鲍罗廷回国后不再担任共产国际的任何工作，先后被任命为苏联副劳动人民

---

① 参见台湾版《传记文学》第二十三卷第五期。

委员、塔斯社副社长、苏联新闻局主编职务，对于中国革命的问题不再涉及，也不写关于中国问题的文章和发表任何讲话。可是 1931 年 8 月，不知为何共产国际东方部突然请鲍罗廷在一次会议上作报告。这次报告会，凡是到过中国的苏联军政人员都参加了，鲍罗廷在报告中，对这个时期关于中国富农问题的争论发表了自己的意见，认为不能在中国实行苏联那种消灭富农的路线。

1932 年，鲍罗廷在美国著名记者安娜·路易斯·斯特朗主编的《莫斯科日报》(后改为《莫斯科新闻》) 担任编辑。1949 年，苏联政府错误地指责美国进步作家安娜·路易斯·斯特朗为"间谍"，并把她驱逐出境。这一错案株连了鲍罗廷，于是鲍罗廷被逮捕并遣送到西伯利亚的劳动集中营。1951 年死于雅库茨克。

二十七、两封公开信

1982年7月24日，中华人民共和国全国人大常委会副委员长廖承志，为了祖国的统一大业，在《人民日报》公开发表了致台湾国民党负责人蒋经国的一封信，廖信真切感人，大致讲了以下几个方面：

第一，"祖国统一乃千秋功业，台湾终必归回祖国，早日解决对各方有利"。

第二，"应以天下为公，以国家民族利益为最高准则，……依时顺势，负起历史责任，毅然和谈，达成国家统一"。

第三，"当今国际风云变幻莫测，台湾上下众议纷纭，岁月不居，来日苦短，夜长梦多，时不我与，盼弟善为抉择，未雨绸缪"。

第四，欢迎蒋经国在统一之后，即把蒋介石的遗体"迁安故土，或奉化，或南京，或庐山，以了吾弟孝心"。

第五，"人到高年，愈加怀旧，如弟方便，余当束装就道，前往台北探望……'度尽劫波兄弟在，相逢一笑泯恩仇'"。

廖公的这封公开信，既回顾了过去，展望了未来，又对祖国统一的大业晓以利害，而且通篇的语言充满感情，动人心弦，在海内外引起了炎黄子孙极大的反响。

对此公开信，台湾方面和蒋经国没有任何反应。而本想对廖公的信一笑了之的宋美龄却发话了，同年8月17日，她发表了致廖承志函，作为对廖承志致蒋经国函的复信。笔者认为：能有回音已属不易，但从其复信中一目了然的政治观点来说，却给人一种风马牛不相及的感觉。

首先，信的开头就为台湾当局默不作声和之所以她来回复作了解释："经国主政，负有对我'中华民国'赓续之职责，故一再声言'不接触、不谈判、不妥协'，乃是表达我'中华民国'、中华民族及中国国民党浩然正气使之然也。"①

---

① 李桓编译：《宋美龄传》，第300-305页。

接着，她用了几大段回顾起历史上她与廖公父母的相识及她对他们的看法。宋美龄说："余与令尊仲恺先生及令堂廖夫人，曩昔在广州大元帅府，得曾相识。嗣后，我总理在平病危，乃与大姐孔夫人赴平，予二家姐孙夫人精神上奥援，于此时期中，在铁狮子胡同，与令堂朝夕相接，其足令余钦佩者，乃令堂对总理之三民主义，救国宏图，娓娓道来，令余惊讶不已。盖我国民党党人，固知推翻清朝，改革腐陈，大不乏人，但一位从未浸受西方教育之中国女子而能了解西方传来之民主意识，在五十余年前实罕见。余认其为一位真不可多得之三民主义信徒也。"

宋美龄又说及廖仲恺先生乃是黄埔军校之党代表，并回忆起当年北伐出军前夕，她与孙夫人宋庆龄、长兄宋子文等参加黄埔阅兵典礼，蒋介石向学生训话时，称许廖党代表对国民党之勋猷（此时廖先生已遭暗杀故去）。在此，宋美龄特别强调说："蒋介石热泪盈眶，其真挚恸心，形于词色，闻之者莫不动容。"宋美龄认为廖仲恺先生始终是总理之忠实信徒。她借用廖承志为人应"忠孝两全"的这句话来提醒说：倘谓仲恺先生乃乔装为三民主义及总理之信徒，而实际上乃为潜伏国民党内者，则岂非有亏忠贞；若仲恺先生矢心忠贞，则岂非廖承志有亏孝道耶？若忠贞皆零，则廖氏父子二代历史岂非茫然自失，将如何作交代耶？此意尚望三思。

在此，宋美龄还借章太炎之口来大骂共产党，她说："国学大师章太炎为陈炯明撰墓志，谓我总理'联俄容共'铸成大错，中国共产党曲解国父世界上以平等待我民族之要旨，断章取义，以国父容共一词为护身符。"[1]同时，她又再次提醒廖承志："世侄在万籁俱寂时，谅亦曾自忖一生，波劫重重，在抗战前后，若非先总统怀仁念旧，则世侄何能脱囹圄之厄，生命之忧，致尚希冀三次合作，岂非梦呓？又岂不明黄台之瓜不堪三摘至理耶？"[2]

宋美龄又把话锋转到了中国大陆"文化大革命"的失误上面，这部分占了该信三分之一的篇幅。她把道听途说来的消息、从西方报纸上看来的有关"文革"的统计数字，无论真实不真实一股脑儿地全搬到"复信"中，作为攻击共产党人的证据。她这样大肆地渲染"文革"的错误，并不想去总结什么经验教训，目的就是一个，即借否定"文化大革命"来否定中国共产党领导新中国几十年的成就。

最后，宋美龄又搬出蒋介石"反攻大陆"的那番老调子规劝廖承志，要他"然

① 李桓编译：《宋美龄传》，第 300-305 页。
② 李桓编译：《宋美龄传》，第 300-305 页。

若能敝帚自珍，翻然来归，以承父志，淡泊改观，颐养天年，或能予以参加'建国'工作之机会。倘执迷不醒，他日'光复大陆'，则诸君仍可冉冉超生，若愿欣赏雪窦风光，亦决不必削发，以净馀劫，回头是岸，愿扪心自问"。①

从以上的介绍来看，宋美龄通篇都在回避廖承志信中反复强调的主题即祖国统一问题，而是千方百计绕到她那个"反共"的调子上，借机出一出被中国共产党赶到海岛憋了几十年的这口恶气。

据知情人说，此篇大作乃出自宋美龄的红人秦孝仪的手笔。时隔不久，这位笔杆子为蒋宋美龄撰写的另一篇"佳作"又问世了。

1924年1月，中国国民党第一次全国代表大会由孙中山主持在广州召开了。60年后的1984年1月，在北京召开了国民党"一大"60周年学术讨论会暨孙中山研究学会成立大会。在这个学术研讨会上，中国人民政治协商会议全国委员会主席邓颖超作了讲话。

邓颖超主席回顾了国民党"一大"的历史内容和历史地位，颂扬了孙中山先生的历史功绩。同时，在这个讲话中，她还指出了"在1927年，由于国民党内一部分人背弃了孙中山先生遗嘱中的谆谆嘱咐，背弃了国民党第一次全国代表大会宣言中规定的道路，使第一次国共合作遭到了破坏，中国一时又回到黑暗和分裂的局面中去"。

回顾历史，展望未来，邓颖超在此还特别论述祖国统一是"历史的主流，分裂只是短暂的插曲"。借此机会，她向台湾当局强调："孤悬海外，受制于人，这种局面终究是很难长期维持下去的。是非利害，何等分明。孰去孰从，不难立决。"并提出建议："只要大家都以祖国统一作为共同的前提，以诚相见，多商量，多交换意见，问题总是不难得到合情合理的妥善解决的。"

在美国公寓里消磨时间的宋美龄，看到邓颖超的讲话又坐不住了，很快就遥控在台湾的秦孝仪为她准备好"炮弹"。同年2月16日，宋美龄致函邓颖超说：

"近阅报载，先生在我中国国民党第一次全国代表大会60周年纪念会中曾作一次演说，追念在我总理中山先生主持下，召开第一次全国代表大会'确定'了'联俄容共'（非如所言'联共'）及'扶助农工'三大革命政策。兹将当时决策之来源为先生道之。"②

于是，宋美龄就按她的理解来演绎60年前的历史。

①　李桓编译：《宋美龄传》，第300-305页。
②　李桓编译：《宋美龄传》，第300-305页。

苏联的援华是为了"名利双收"

宋美龄说："按当时国家处境危殆，外则有世界列强企图恣意瓜分中国。加之各帝国主义借用不平等条约之各种特权，不断榨取我人力、物力资源，以填其欲壑，国内则有大小军阀猖獗，生灵涂炭、民生凋敝。我总理深于此，乃为中国在国际享有平等待遇，呼吁世界助我自助，亦即是求取消束缚我国之不平等条约，但世界列强犹如聋不加理会，此时仅新起之苏联政权"，给予孙中山政府以支持。对此，宋美龄却把这种态度解释为"别具心裁，予我革命基地广东以极有限之械弹，得一箭双雕之收获"。而且，她还认为："当时，苏联政权被各国歧视，世界地位极为孤立，其予我一臂之助，既可博得全世界受压迫众生之好感，并又可以之炫耀于列强之前，显示苏俄政权乃是有正义之政权。且在广大之中国，顺理成章，树立一将来征服世界不绝之兵源，亦即充当其炮灰之资源，假此机会肆意吸收训练基干分子，以贯彻由苏俄所控制之全世界苏维埃帝国蓝图之推行与实施。名利双收，莫过于此。"[①]

国民党乃共产党的"保姆"

宋美龄对此是这样解释的：

"当时大会所通过之'容共'政策，旨在联合国内一切反军阀反帝国主义之力量，其实，共产党之力量，证之于当时所谓共产党全国代表大会（由上海法租界潜逃至嘉兴南湖开会）到会者仅十二人耳。其首脑人物为陈公博、周佛海、张国焘、董必武及毛泽东等，事实上，中国国民党乃是中国共产党之保姆。""盖若非仰赖当时国民党之掩护、育养，其便能成为后日之党耶？"宋美龄又进一步强调："何以谓国民党为共产党之保姆耶？须知，当时共产党员参加我党政军者，事先均宣誓效忠国民党，永矢勿渝，总理及党中央无分彼此，允其依个人志趣选择参加，凭其资历，委以权位。"[②]

宋美龄借用孙中山的话再次重弹"共产主义不适合于中国国情"老调，并攻击说，共产党徒锐意阴谋成立共党细胞于我各单位之中，扩张潜力，并进一步攫取武力，后日之叶剑英、彭德怀、贺龙、林彪及"过气之小军阀"朱德，曾任广东时代国民党候补中央委员及党中宣部代部长毛泽东等人无一不先宣誓效忠国民

---

① 李桓编译：《宋美龄传》，第 300–305 页。

② 李桓编译：《宋美龄传》，第 300–305 页。

党，而后背叛誓言，成为反国民党之一群。

然而，历史真实是，第一次国共合作前，正是孙中山在走投无路的情况下，年轻的中国共产党帮助他改组了散沙一盘的中国国民党，在孙中山的"联共"政策下，国民党增添了新鲜血液，端正了革命方向，也由此迎来了中国革命的高潮。

既然是给老相识写信，宋美龄必然免不了那套从吹捧开始叙旧，然后再到规劝的路数。

她说："回忆，前在重庆抗战时期，曾与大姐孔夫人数度与先生聚首交谈，征询先生对当时抗战问题及国家前途之展望，余二人均认为先生识解超群，娓娓道来，理解精透，所谈及之问题均无过于偏颇之处，实我当时女界有数人才……犹记？告家姐：若邓颖超能为国民效一己之力，必脱颖而出，甚至超颖而出也。又何必沉湎于被泰半理智之犹太人所不齿之德国犹太马克思政府所蛊惑耶？"[①]

由于宋美龄认为邓颖超是沉湎于马克思主义的"邪说"，故边解释边谩骂地回忆起历史："19世纪20年代马列理论曾在俄国得手，凭借许多因素侥幸成功，此实由于当时一般知识分子沉醉于'时髦心理'，令'马列邪说'弥漫于知识阶层，大多自认为马列信徒或马列崇拜者。尤其在法国，几乎造成倘任何人不能诵说几句马列恩教条，则必目为白痴或非知识分子之风气，只要是马列教条，即不求甚解，'囫囵吞枣'犹如天诏，加之，法国左派理论家沙特不时以辩证法及逻辑语，撰写似是而非之文字诱言惑众。周先生正在此种热潮中留法，接受马列理论熏陶。"[②]

接着，她就用挑拨的口气提到："待李立三路线失败后，共党二万五千里'流窜时期'，遵义会议前夕，周先生已得有领导地位。但卒被毛泽东所夺取。论资格、人望、能力、见解，周先生均凌驾乎毛泽东之上，本当续任共党军委会主席，但在遵义不知系感于前途荆棘满地，事不可为耶？抑被毛泽东以小小'三面红旗'打法使之望陷阱而却步耶？此在龄思考中，始终为一费解之疑窦。"[③]

其实，用不着宋美龄费什么脑子，历史早已下了公正的结论：中国共产党人的领袖不是自封的，更不是人为树立的，而是经过实际斗争检验和锻炼出来，并得到全党认可的。同理可证，中国共产党人在中国大陆的领导地位，也是经过中

---

① 李桓编译：《宋美龄传》，第300-305页。
② 李桓编译：《宋美龄传》，第300-305页。
③ 李桓编译：《宋美龄传》，第300-305页。

国革命斗争实际的检验，得到全中国人民的认可的。

对于邓颖超讲话中谈到的祖国统一问题，这次宋美龄没有回避，但是她认为"近三十余年来，共产党政权已早知无法再可侵蚀金马台澎之复兴基地，乃重袭统战故伎。以恶言毁谤为张本，或以蜜语骗诈为武器，企图成'三度合作'"。同时，宋美龄又借机对两次国共合作的历史作了演讲。她说："第一次我总理宽大容共，遂使原不过五十余人之共产党徒，经中国国民党褓褓鞠育后造成骚扰动乱，凡十四年。及再次容共，乃当中日战争国家存亡关头，先总裁不咎既往，诚恕相待，原望其回心转意，以抵御外侮为重，岂知共党以怨报德，趁火打劫，铸成大陆的沉沦。二次惨痛，殷之昭昭，一而再之为已甚，其可三乎？"①

到底是谁"以怨报德"？这个问题并不难回答。众所周知，在民族危亡的关头，蒋介石实行"攘外必先安内"的对外政策，不仅遭到全国人民的反对，也激起了国民党内部的反对，于是，逼出一个"西安事变"，中国共产党人以大局出发，尽力使事变得以和平解决，迎来了第二次国共合作。然而，蒋介石不顾民族的危亡，在抗战八年中，用了五年半时间与中共搞摩擦，发动了三次"反共"高潮。对周恩来当年发出"千古奇冤，江南一叶；同室操戈，相煎何急！"的感叹宋美龄应该不会那么健忘吧！其实，不必再多说什么，宋美龄是过来人了，她也应该明白：对于国共两党孰是孰非，人民自有公论！历史自有公论！

宋美龄的这次致函确实没有回避、没有反对统一问题，然而，她要的"统一"是什么呢？在信中她非常明确提出要"信服三民主义统一中国"。这种不顾当今世界历史潮流和海峡两岸几十年发展的现实，泛泛空谈"三民主义统一中国"，对真正实现祖国统一又有什么意义呢？

宋美龄明明知道国民党不可能"反攻大陆"，明明知道台湾不是也不能代表全中国，咬定要按照国民党的要求来统一中国，并坚持说只有台湾的"国民政府"才是代表全中国的，让人感到的只能是自欺欺人和色厉内荏。

究其不肯面对现实的目的，只是为了把一党私利置于国家民族利益之上。

宋美龄这些年来，一直口口声声标榜自己和吹嘘夫君蒋介石是忠实于姐夫孙中山三民主义的，是继承了孙中山的遗志的。那么就不知宋美龄想过没有，当初，在辛亥革命后，宣统退位，南北议和，孙中山身居非常时期大总统高位，但是他为了顾全大局，曾将总统大任让给袁世凯去当。先不论这次礼让是否正确，

---

① 李桓编译：《宋美龄传》，第300-305页。

或出于权宜之策，只从这一举动，就给后人留下了"天下为公"的深刻印象，也为后人树立了以国家民族利益为重的榜样。相比之下，蒋氏父子在台湾几十年，不以民族利益为重，把台湾变成他们的家天下。然而至今宋美龄仍操着他们父子的旧调，她是不是有愧于作为孙中山先生的信徒呢？

笔者认为：宋美龄晚年所表露出的对于中国共产党的仇恨，是一种带有王权性质的阶级仇恨，这种特殊的仇恨是高于一切的。在她的心目中，唯一的敌人就是中国共产党，所以"反共"作为她一切言行的根本准则和目的，是死心塌地、绝无回旋余地的。其实背后的原因，无非就是当年中国共产党人组织中国人民没有让蒋氏做成全中国的皇帝。因而，她至死也要与中共为敌。真不知，宋美龄一贯声称坚持的三民主义中的"民族主义"到哪里去了。

"今日真正之中国乃在台湾"，这是宋美龄最得意的话题。

应该承认，国民党在台湾确实创造了一些发展经济的条件，积累了一些经济建设的经验。在数十年台湾统治中，能够把握国际变化的时机，有所作为，失误较少。其中一些经济方面的成就是可供大陆借鉴的。但这绝不意味着谈统一问题，就是用台湾经济模式来统一中国。毕竟两种制度基础不同，也各有所长，只能是互相学习，互相补充，共同为中华民族的强盛作出应有的贡献。

况且近些年来台湾经济发展并非一枝独秀，许多亚洲国家和地区有后来居上的趋势，甚至有的国家和地区的成就早就超越了台湾。如果非要说台湾在"蒋家王朝"的统治下有什么功绩的话，一曰这是领导者应有之责；二曰这种评价也应由别人来做，自吹自擂，无足称道。

这两篇大作，虽都是以蒋夫人宋美龄的名义发表的，但连台湾人都认为它们没有任何实际的效果，多数人很不以为然。自欺欺人的说教，也许连她自己都欺骗不了，又怎能欺骗世界？

二十八、"我将再起"

在美国待久了，宋美龄不免又有了思乡之情。于是她又想回台湾。1986年8月13日台湾《自立晚报》的一条消息率先报道了蒋夫人要返台的信息：旅居美国多年的蒋夫人，有意在今年年底返回台湾探访亲友，目前正透过有关人士筹划安排中，如果一切顺利，9、10月间可成行。其后，该报将其消息进一步证实说，蒋宋美龄定于10月下旬返台。

其实，据权威人士透露，1986年7月初，宋美龄的秘书将她要返台的打算告知台湾在美国的"北美事务协调会"主任钱复，要他由适当的渠道"转致"台湾当局。所谓"适当渠道"就是指宋美龄在"台湾当局"的亲信，如沈昌焕等。

消息告知了蒋经国后，蒋经国迅即以父亲百年诞辰纪念名义，恳请蒋老夫人回台主持。于是，宋美龄返台就有了名正言顺、水到渠成之势。

有关人士分析说：关于宋美龄回台有三种说法，其一是蒋夫人为了解决台湾接班的问题而自动要求回去的；其二是蒋经国因实行解除戒严、开放党禁而邀请她回去安抚顽固保守的元老派的；其三是台湾的保守派邀请她回去对抗蒋经国的。

但也有人分析：上述三种理由都不成立。因为，第一，台湾接班的格局，蒋经国早已心中有数，不需要等待宋美龄来参与定夺；第二，解除戒严、开放党禁，这已是台湾政治形势发展的必然趋势，无论何人都是无法阻止的。

笔者分析，宋美龄此时返台既有纽约生活太寂寞的因素，也有夫君蒋介石百年冥诞、儿子奉请母亲返台这一事实，所以她就很快欣然就道了，并无太多的政治背景。至于以后出现的蒋老夫人"干政"现象，应另当别论。

1986年10月25日，在蒋经国三公子蒋孝勇前往纽约，恭迎、并沿途陪侍下，年近九旬的蒋介石遗孀宋美龄，乘坐"中华航空公司"的珍宝号专机，从她美国纽约长岛别墅的隐居地，返抵台北。

在松山军用机场欢迎她的有蒋经国及其夫人蒋方良，其他家庭成员和12位高级党政军官员。这些高级官员包括：台湾"副总统"李登辉、严家淦夫人（代表其患病中风的丈夫）、台湾"立法院"长倪文亚、"司法院"长黄少谷、"考试院"长孔德成、"监察院"长余俊贤、台湾"总统府"秘书长沈昌焕、国民党中央秘书长马树礼、参谋总长郝柏村，除了蒋经国和李登辉外，都是元老派中的保守人物。

台湾的中央社报道说，宋美龄虽然已属高龄，但她的精神健康看来还算不错。虽然经过长途旅程，但宋美龄看上去"容光焕发，很高兴见到亲人及老朋友"。还有一些人评论说，蒋夫人这次回国可以看出她驻颜有术，比起10年前并未有任何明显的改变，不像台湾某些政治杂志的封面把宋美龄画成垂垂老矣的模样。

台湾的《雷声》杂志曾撰文介绍宋美龄刚刚归来时的状况。

该刊称：宋美龄归来后，住在以前的士林官邸内。经过彻底修葺整理后的旧官邸，均循早先居住时的样式。蒋孝武、蒋孝勇的孩子们均前往官邸陪伴；远在美国的唯一的孙女蒋孝章，也专程回台陪伴祖母。"孙子女及曾孙绕膝，使得夫人又恢复了1975年以前'老总统'仍在场的情景，据说心情极为愉快"。

此外，该刊还提到，宋美龄的两个儿媳妇也是礼貌周到，令老夫人十分满意。蒋纬国的夫人邱爱伦更是整日陪在婆婆身边，照料饮食起居；而一口宁波话说得极为地道的蒋经国夫人方良女士，也每天都到官邸请安。"面对蒋氏家属中这么多的人，好久没有享受过天伦之乐的蒋夫人，自然分外开心了！"

就政治心理学而言，年龄越大，权力欲望也就越大。20世纪80年代的台湾政坛正好使这一结论得到应验。台湾的国民党内，所有年事已高的政治人物，非万不得已，都不愿意轻言退休。

美国哥伦比亚大学政治学博士温格勒在美国出版的《中国季刊》中发表了一篇论文——《台湾政治》。他指出：台湾政治权力多操控在少数元老派手中。此言不谬，在宋美龄返台的前后，台湾政坛就年龄层来看，确实偏高。特别是在尊老敬贤的文化背景下，台湾政坛更是无法摆脱"老人政治"的阴影。

台湾人对此评论说：在蒋经国先生接掌权力之后，尽管"老臣"们多已退隐山林，悠游岁月。然而，他们的影响力还在，因为中国政治本身就是有"家族政治"的倾向，再加上"亲随关系"、"派系联盟"等非正式组织，使"元老派"在关键时刻仍然会发生强大的影响力。所以，研究台湾未来政治发展，绝不能忽视"元老派"的地位。他们还举例加以说明，例如"总统府"、"资政"，张群、何应钦与谷正纲等人，他们所具有的政治影响力，绝对在部、会首长之上。

综观 20 世纪 80 年代中期台湾政局的结构，平均年龄偏高确是不争之事实。试看台湾"五院院长"（以 1987 年公布的资料为据）：

"行政院长"俞国华，74 岁；

"立法院长"倪文亚，84 岁；

"司法院长"黄少谷，86 岁；

"考试院长"孔德成，67 岁；

"监察院长"余俊贤，86 岁。

再看看国民党党务系统：国民党最高权力圈——中央常务委员会委员的平均年龄超过 70 岁，而中央委员会秘书长马树礼的年龄则近 80 岁。

因此，台湾整个决策层被视为"元老政治"，人称元老派一言九鼎并不为过。

宋美龄离台近十一年，但仍然在国民党内占有举足轻重的地位，归结起来有几个因素在起着作用，其中最有利的条件应该说就是来自国民党内这些不言退休的元老们的支持。

国民党退台以后，那些曾为国民党打天下的旧日文臣武将，当年也曾是蒋介石亲信的这批人，一心仍以效忠蒋为职志，所以这批将军、侍从、特务、幕僚，或者他们的后裔，逐渐都成为台湾当局掌实权的人物。

另外，据斯坦福大学博士诺斯的统计，大陆时期的国民党领导层平均年龄不到 50 岁，但迁台以来，领导层新陈代谢的速度趋缓，在改造委员会（1950 年成立）时就已跻身权力层的袁守谦、谷正纲、沈昌焕这些"党国大老"，迄今仍在权力核心之内。他们几十年如一日，中常委地位雷打不动。虽然隔几年总有几张新面孔进入中常会，但"真正有发言权的，大多是党国大老。年龄没有 70 岁是很难取得发言地位的，权位不高的也没有胆在党主席面前放言高论"。①

在上述元老们看来，台湾的天下是蒋家打出来的，蒋家主宰国民党也已半个世纪，而且，蒋家又长期确保其政治地位只升不降。因此，即使蒋介石不在了，蒋夫人宋美龄也依然是尚有余威。

宋美龄的影响力在蒋介石死后依然非比寻常。台北政治圈长久以来，即对所谓"夫人派"究竟是否存在，势力如何，对政局影响程度如何，一直抱着相当的兴趣与关注。《雷声》周刊甚至认为，"蒋夫人才是台湾未来政局稳定与否的关键

---

① 台湾：《风云论坛》第 15 册。

所在"。

那么，蒋夫人宋美龄的"余威"又是如何起作用的呢？

1986年，蒋经国大刀阔斧地进行政治改革，令岛内外瞩目。台湾人评论：其最大的阻力就来自元老派。姑且不论元老派是否有恋栈权力的私心，就算是有"天下为公"的心怀，也会因固有的政治观念，而无法接受蒋经国的"六大革新方案"，特别是开放党禁，解除戒严，调整"中央民意代表机关"等改革方案。这些都与元老派的政治观念有极大的差距。

恰逢宋美龄回台，于是，台湾某些人士估计，面对元老派的阻力，蒋宋美龄的回国就成为这关键时期不可测的变数，还有人预测这是元老派阻止蒋经国改革的"王牌"。

但是，宋美龄的动向并非如上述所言。美国《纽约时报》在1986年年底刊载的专文指出，蒋宋美龄对于蒋经国提出的开放组党、解除戒严等开放的政治路线不表反对，并且表示支持政治民主化路线。

《雷声》报道，蒋经国直到去世前，"更是晨昏定省。早晨上班之前，必至士林官邸打一转，晚间回家之后又去一趟，后来蒋夫人告诉经国先生：你事情太忙，不必每天均来，但是经国先生仍旧抽空前往。"

该刊披露：当时宋美龄与蒋经国经过几度长谈，"对岛内外若干重大的政治以及人事上部署，均已获得肯定的共识。""经国先生的政治上革新计划，闻更获得蒋夫人的全力支持，使得经国先生更为宽心"。

另据台湾《纵横》周刊披露，在宋美龄返台之前的近半年中，蒋经国与宋美龄间的联络相当频繁，除了专人专使的报告，不断从台北直奔纽约的长岛外，宋美龄还经常在每周三上午，国民党中常会例会散会的时间，直接打电话给蒋经国，垂询台北的近况。

来自士林官邸内部的消息也透露说，自宋美龄返台之后，蒋经国先生的心情极为愉快，家族之间来往非常频繁。

此外，还有消息报道，在十月底的最后一次国民党中常会上，蒋经国责成推动政治革新方案的"十二人小组"加速完成革新的草案。

以此迹象推断，蒋经国的"革新"决策，"蒋夫人不但事先有所了解，'返国'之行，实更有为是项决策'背书'的意味"。所以，宋美龄此次返台并非传言中所说的是改革的阻力。甚至《纵横》周刊一篇文章还认为，宋美龄支持蒋经国的决策，以她"望九高龄兼蒋公夫人的身份，做出这等几同挎刀的'背书'，无疑将使国民党内的保守派再一次遭到挫折"。

宋美龄回到台湾后的作为还表现在，不仅在台湾岛内的报刊上发表她近年来的见闻和感想，起到提醒世人警觉的作用。而且她陆续召见了台湾党政军高层人士，听取他们对政局变化的意见，并予以嘉勉劝慰，其作用在于安抚元老派们。因为当时反对蒋经国改革的势力，在辈分上是高出蒋经国一代的，所以，蒋经国对这些蒋介石时代的"老功臣们"不得不退让三分。而此时，由宋美龄出面做工作，碍于蒋老夫人的面子，必能减少一些改革的阻力。

如果上述报道属实，应该说，宋美龄此时的活动，对加强国民党领导层的团结、和谐和稳定台湾政局是有积极意义的。

台湾人把当年具有实力的元老派与蒋家和宋美龄的深厚渊源罗列如下：

严家淦——先担任过士林官邸秘书主任、蒋介石的副"总统"，后为中央常委兼"十二人小组"召集人。

张群——曾担任蒋介石的"总统府"秘书长，后任"总统府""资政"。

黄少谷——先担任蒋介石的侍从室主任秘书，后任"司法院长"、中央常委兼"十二人小组"的成员。

何应钦——曾担任蒋介石时代的"总统府"战略委员会主任委员。

谷正纲——在蒋介石时代，担任"国民大会"主席团主席，后任国民党中央常委，"十二人小组"成员。

袁守谦——蒋介石时代，担任过"革命实践研究院"主任，后任国民党中央常委，"十二人小组"成员。

李国鼎——蒋介石时代，先后担任"财经两部部长"，后任国民党中央常委，"行政院"政务委员。

沈昌焕——蒋介石时代两度担任"外交部长"，后任"总统府秘书长"，中央常委兼"十二人小组"成员。

秦孝仪——蒋介石时代，担任"文化工作会主任"，后为党史会主委。

以上具有政治实权的元老派与宋美龄都有着密切关系，例如，张群和李国鼎都是虔诚的基督徒，他们的夫人又与蒋夫人宋美龄同属"基督教妇女祈祷会"的核心，其交往程度绝非一般；严家淦、黄少谷、沈昌焕、秦孝仪都是官邸出身，与蒋介石夫妇朝夕相处，其关系自然也是一般官员无法相比的。

还有知情人说，宋美龄此番回台，除了召见元老派们恳谈并抚慰他们外，还特别召见参谋总长郝柏村及三个军种的总司令。郝氏曾担任蒋介石的士林官邸侍卫长，深得蒋夫人宋美龄的欣赏。当时台湾军方没有人列入领导改革的"十二人小组"，这对于军方首长们多少会产生一些负面影响。为此，宋美龄特别召见军方领袖们予以嘉勉，以她那特殊的地位，无形中肯定了军方的作用，这就为抚平军方的不满，赢得他们对于蒋经国政治革新的支持打下了基础。

除了与政要及将领们打交道外，宋美龄还关照到一位老人就是毛松年。他曾主管侨委会多年，卸下"侨委会"委员长职务后马上被委以驻日代表的重任，这不能不说是宋美龄的"功劳"，也足见当年蒋经国对其后母的尊重，以及宋美龄的"余威"尚在。

应该承认，60年来，宋美龄一直维持着"中国最有政治实力的女人"的地位。晚年到了台湾，国民党的"全代会"、"中全会"开会时，宋美龄都坐在会场最中间，排在张群、何应钦等国民党元老之前。即使年近九旬，回到台湾，她仍是台湾国民党中央评议委员会荣誉主席。无论在哪里出现，都是前呼后拥，气派非凡。

难怪台湾评论她时说，在蒋家掌权时，她的影响力彰而不显，蒋经国死后，她的力量仍透过文胆近臣进逼权力的核心人物。

微妙角色

1986年10月25日，宋美龄刚刚从美国返回台湾，10月31日，台北就举行了历时40分钟的蒋介石百年诞辰纪念大会。尽管宋美龄大部分时间都是坐在轮椅上，但并没有影响她成为纪念会瞩目的主角。特别引人注意的是在当日，她发表了《我将再起》的专文。由于题目含义十分暧昧，更是引起人们对她发表这一文章的动机的各种揣测和各种不同的评说。

有人说，它像一声闷雷，充满着诡异的气氛，对台湾民心士气是一大打击。人们认为这时的"我"不是像46年前的。在抗战最艰苦的1940年，宋美龄写的一本也称《我将再起》的书所指的"我"是指苦难中抗战中的中国，现在所指的是宋美龄本人，认为蒋老夫人是由于看不惯世事变幻不合乎她的理解，因此她要东山再起。

另一些人则认为：不必对蒋老夫人的未来的政治权力，作太多的预测，她毕竟已经是年近90岁的老人了。在历经半世纪的权力波澜后，宋美龄早已看透政治的本质，彻悟了人类权力的险恶。在《我将再起》一文中，她只是洋溢基督教的博爱宽忍精神，表达对蒋介石的追思。从中可以看出这位硕果仅存的宋家姐妹，晚年回归基督的心境。所以就以平常心看待她的这一文章即可。

宋美龄真的要回归基督，不问世事吗？据笔者掌握的资料来看，此时的宋美龄并不甘心轻易地退出政治舞台。从她日后的所作所为可以看出，她还想过问台湾的政治，说苛刻一点，一旦时机成熟，大有要垂帘听政的味道。

只要看一看宋美龄返台后的行踪和言论，就不难得出上述结论。

回台之初，宋美龄重温昔年旧梦，曾有几次前往"妇联总会"。一时间，造成"妇联会"门前岗哨林立、警卫森严。后由于行走困难，很少离开士林官邸，改由"妇联会"总干事王亚权每隔一两天就来士林官邸向宋美龄汇报一次工作。

由于外界重视宋美龄在岛内政坛可能发生的影响力，外国传播机构在宋美龄返台之初，曾特别训令其驻台记者密切注意宋美龄的新闻。没有想到他们却真的得到了宋美龄的"最新动态"：

在人们的想象中，蒋夫人宋美龄女士当然是最大的亲美派，但斗转星移，形势发展，亲美派在某种情况下也会变成"反美派"，当然在仰人鼻息的台湾也只能是情绪上的反感而已。

宋美龄也有反感美国的时候。这位蒋夫人回台后于12月8日应台湾留美同学会和美侨商会之邀在圆山大饭店公开发表演讲，在畅谈国际新闻媒介对世局的影响时，她对于美国传播界就流露出严重的不满情绪，几乎是从演讲一开始就点了《纽约时报》的名。

接着，借美国武器管制暨裁军总署署长阿德曼的文章，控诉了美国的电视报道。宋美龄说："应该是诚实与正直典范的人，为了自身的成见和目的，竟以不正确的话和彻底的谬言，扭曲事实来操纵大众——我们这些可怜的大众！"[1]这里，宋美龄是用的"我们"，把自己这位曾被白宫奉为上宾的中国"第一夫人"也列入"可怜"的一群。

报道还说，宋美龄对20世纪40年代美国自由派人士亦予以无情挞伐，指出"自由派人士彻底锻断了自由世界的羽翼，而丝毫不感到懊悔或愧疚，更无承担责任感"[2]。从而提醒人们，"历史确实在重演"。她警告大家："将无意中撞入第三世界大战。"这使人很容易联想起她的侄儿孔令杰在德克萨斯州用1000多万美元修建的一个大防空洞，据说其建造动机之一——到必要时请他的姨妈前去避核难。

① 台湾出版，《蒋夫人与元老派》，第31页。
② 台湾出版，《蒋夫人与元老派》，第31页。

宋美龄在这篇演讲的结尾，引用了《圣经》马太福音第二十七章第二十四节的一段记载："当彼拉多（审判耶稣的巡抚）见到他无法控制局面，反而造成大骚动之时，他当众拿水洗手，并向众人说：流这义人的血，罪不在我，你们承当吧！"[①]因而她的这篇演讲以"结果你们来承当？"为题，狠狠批评了我们这个时代的所谓"政治家风范"。

对于宋美龄的这次演讲，台湾人评论说，蒋夫人从雅尔塔会议以来对美国政客憋着一口气，四十多年来并未除掉，一直耿耿在怀。当然，从民族尊严说，中国的主权被美国出卖给苏联是可恨的。不过，由于对美国气愤，而在国家大计上因气愤而未能根据现实冷静考虑，从而作出对历史不负责的决策，抚今思昔，（蒋夫人）恐怕也多少会感到遗憾吧？

除了公开表态外，蒋宋美龄回台后的一年多时间里曾多次接见台湾党政军人士。另外，国民党党政要员中接到宋美龄的孙子蒋孝勇的电话的人也不在少数，这些电话中往往有着"夫人的意思"这样的字句。由于她对蒋家和党政军实力派人物具有深远的影响力，所以在台湾的政治运行中，自然难免要流露出她的作用的轨迹。台湾人曾举过一个最明显的例子：

国民党"中央妇工会"主任钱剑秋，当时已是近八十岁的人，在整个国民党"中央党部"的各个部门领导中，恐怕找不出几个如此高寿的负责人了。但钱主任仍不为领导人年轻化的潮流所动，依然屹立在"妇工会"的领导岗位上，"除非有蒋夫人一句话"，否则谁也不能动她。1987年，"太平洋文化基金会"执行长李锺桂（国民党中常委、"法务部长"施启扬的夫人）原本想当"妇工会"主任多年了，而最终出任台湾"救国团"主任，尽管她也是非常"够力"的人物，只可惜她缺少了蒋夫人那句"关键"的话，想得到"妇工会"的宝座而不可得！而从另一角度看这个问题，正好可以证明：如果没有宋美龄的认可，钱剑秋岿然不动的局面是根本不可能改变的。

宋美龄自1986年返台至蒋经国去世，一年多的时间里，开始时她的活动常见诸报端。例如，报上时常有关于宋美龄接见要人，频频捐款救灾、建设的消息。后来，因她已年逾九旬，出入要坐轮椅，故人们除在报上得悉她偶有接见国民党党政军首长和参与追悼蒋经国的活动外，便很少有关于蒋夫人的生活起居和参政情况的消息了。事实上，宋美龄在这段时间里虽然深居简出，但对国内外政

---

① 台湾出版，《蒋夫人与元老派》，第31页。

局却依然十分地关注。

士林官邸透露：通过电讯传真机立即传送的几份美国当天报纸，亦属蒋夫人宋美龄每天"必读"课程，著名的英国维氏新闻社（VIS）通过人造卫星传送给台湾三家电视台播出的国外重大新闻，宋美龄也是每日必看。此外，"精简"过的台湾电视新闻，她则是利用晚餐过后的时间观看。对于台湾岛内的各家报纸，宋美龄一般只是看"剪报"而已。另外，英文版的《新闻周刊》和《时代论坛周刊》，皆为宋美龄的心爱读物。人们不禁会问，老迈的她，为什么仍这样密切注意时局的发展呢？

对宋美龄关注台湾政局也可从好的方面去理解。因为她一直活跃在中国政坛上，曾经风云一时，影响力遍及台湾岛内外，因此，在20世纪80年代后期，台湾政坛上几派明争暗斗之中，宋美龄对台湾未来势力的均衡和政治运作确可扮演一个微妙的角色。

曾有台湾人分析说，在当时台湾不易化解的权力内斗中，宋美龄虽已难一一干预，但是某一极不易解的政治情结却可能因她的三言两语而加以化解。所以，宋美龄的政治智慧运用得好不仅可显示其威望，而且可发挥稳定台湾、平衡各方的独特作用。

但是，她真能起到这种作用吗？

蒋经国病逝前，宋美龄频频约见党政军高级首脑，造成台北政界相当大的震撼。宋美龄此举既未得到蒋经国的认同，也不合台湾政治体制。所以，很快就遭到了传媒的抨击，《雷声》周刊就曾对此评论称：

宋美龄这种"不知自我节制的行为，实在有失进退之道，而且假若蒋夫人的动机是出之企图展示政治实力，则又令人对政局发展感到忧心"。

二十九、一个多层次的"拼图"

1986 年 10 月，宋美龄回到了她阔别十年的"家乡"，为了让台湾民众对她离台十年有一个大致的了解，自称为历史研究者的宋美龄把她滞留美国期间，对以往二三十年来她所经历的若干事件的回顾和感受整理了出来，并发表在台湾的报纸上。通过这个作品的问世可以看出，编辑在该篇文章发表时，就她所要强调的主题，分别加了若干小的标题，给读者以一种比较清晰和一目了然的感觉，不像是十年前那篇四万字的"回忆"，层次不清、逻辑关系那么混乱，读起来让人头疼和费解。当然此篇文章也不能排除捉刀代笔的可能，只因它是以宋美龄的名义发表的，就只有权当她的作品来评论了。

为了让读者对宋美龄在 20 世纪 80 年代的政治观点有一大概的了解，笔者特把她的这篇文章主要内容摘录如下：

美尚能推行民主理念

由于我的观察形成于美国，我将从对美国有利的角度谈起。毫无疑问的，美国有太多值得称誉的事。杰弗逊的民主理念，大体上在这个国度里推行，可说是顺利的，然而我们必须着眼于整个北美大陆，即使在法国与英国殖民时期，先由一些具有更独立和更冒险精神的男女们所移植；许多来到这个新世界的人，是以他们认为敬拜上帝的合适方式，他们或摒弃、或培育、或采纳、或创立的传统、社会规范和文化，使能更适应他们当地环境的需要。

换言之，美国的伟大，源自不为过去的泥泞子予似的寄生虫所覆盖，凡此将阻挡想象力，并阻挠足以勃发的成长。新大陆的立国先民，享受到不曾为传统中败坏的因素所压制和发展；美国这个国家能够自主的选择，采纳她所需求而挣脱羁绊。因此，纵放个人的创意及动力，而促成许多发明创造的机会。

几乎可以说，对每个人而言，提到亚美利坚这个名字即会联想到她是一个年轻勇毅且是充满活力而又美丽的一个国家，由具有崇高理想的男女们所工作和生活的住所；他们充满真善美的人性光辉，具有广博的胸襟气度，并对自由全力奉献投入。而他们的子孙则都被教导公民和政治自由的责任，而自稚子开始训导使确知这是整个美国人与生俱来的权利。

美错误政策影响严重

我相信，我已为你们，就美国立国先民的渊源，与新世界壮观的苗长的主要成因，就我的想象做了一个阐释。

但是我也要告诉各位黑暗、腐化的一面，特别是在过去45年间，一种逐渐扩大的阴影在地平线上显现出来，那是卡特总统曾经很适当地称之为美国的病态，在美国本土上已更加显明可见。他已成为20世纪70年代衰退的继承人。不幸令其越发使美国的威望与形象更加纠缠淆混，也更加被贬损。诸如对中国大陆上"赤色政权"之承认，这项政治包袱将更使后任的"总统"们和国会的任务变得更复杂。我特别向你们说到这种在美国病态的重要性，是因为美国造成的错误政策，将在整修自由世界和其成员中绵延不断地、不时重现地发生甚至得到更严重影响的结果。

身为一个历史的研究者，我毋庸告诉你们我已经领悟到因与果以及其繁复的后果之无穷尽的变数，因此浏览国务院最近解密后出版的档案第二卷《1895—1957年美国对外关系——中国》，对其中内容具有启发性的领悟。书中有一些不仅是颇饶兴味，而且对于在许多长期危机期间使得美国对台湾澎湖及其外岛的既定政策，变得蜕化性可与否的讨论中扮演重要角色的人物，其所揭露的特质与独特的性格也是极富启发性的文献。其中一些政策记录是关于在台湾防御中金门与马祖的重要性的众说纷纭的探讨。

当年美政要推卸责任

其他文件则显示出各撰述者为顺应当时紧张的情势及完全迁就赤色中共的威吓与高调而变换地端出"今日特餐"。然而其他在领导阶层中位居次要者却仍采取一种推卸责任的姿态，引用了"中华民国"政府中某一位或数位（未指名）的高阶层官员曾有杞忧者的言论作为他们"请示"的理由，于是避免了表达一个专业性的意见。这原是参谋学校教导高阶层官员如何作战术上或战略上判断和决策的基本训教。但是不幸地，若干人却故意避免提出任何坚定的看法，他们这种设想是怕有碍于其升迁的缘故。但是我必须说参谋首长联席会议主席雷德福上将，以及太平洋区总司令史敦普上将不但胆敢表达坚强的战略见解，而且就金门对厦门、马祖在闽江口对福州，在台澎防卫上有其士气与心理战略上价值，用铿锵有力的言词向他的同僚、长官以及往昔的盟友——如当时英国首相艾登表明战略意见，并强调国务卿杜勒斯宣布的美国外交政策。

我也必须明白地赞颂负责西太平洋地区助理国务次卿华特·罗宾森先生，因为他在始终坚持美国政策，不论在国会听证或忠实地实践既定的对外政策，尽管这些政策，似乎受到国内外起伏不定的风暴而制造不同的解释。

我绝不能不缅怀杜勒斯国务卿。美国国内的所谓自由分子、共产党和"左倾"国家，在那些顷刻就可以转变的风势之中，均图以暂时妥协而欲其放弃其所宣誓信守的原则之雄辩来取悦并献媚中共。杜勒斯在这些极不平常的压力下，提供了不寻常的支助，以忠实地推行艾森豪威尔总统所宣布的政策。

感谢国会中忠诚朋友

最重要的是，我必须对国会中一些不具名的忠诚朋友表示感谢，他们对艾森豪威尔总统进行强有力的劝说，以抗拒不断来自全球各地，联合各种别有用心、既自私又短见、不利于我国、极尽恼人的势力。

让我幽默一句，引用艾森豪威尔总统新闻发言人哈格特先生的一段详细日记。但是在引用之前，我必须对艾森豪威尔总统风度、宽大和友善致谢。他曾派霍华德把令人鼓舞的信息送给蒋"总统"和我，并向我们殷殷致意。霍华德先生是斯克里普斯—霍华德报系的执行委员会主席，也是我们多年来的忠实好友。这信息是强调坚守台湾和澎湖群岛对自由世界之重要性，但是确守台澎不必与金马诸岛相提并论。其次，艾森豪威尔总统相信，中共将会很快地攻击韩国或迟早会攻击中南半岛，这将是"中华民国""反攻和猛攻心脏地带"的"良机"。因此，艾森豪威尔央请霍氏对我们表示，法国政府曾不接受美国政府的建议，而尝试防守不可守的奠边府之错误。艾森豪威尔总统更进一步地特别提到诺曼底登陆，当时他身为联军总指挥，他的策略是让盟军在法国大陆海岸登陆，而不在如布勒斯特（Brest）或勒阿法（Le Havre）的海港登陆。这种以攻击欧陆海滩的策略与金马相比拟，乃真是艾森豪威尔总统某种天真的魅力，他把金马和盟军登陆的奥玛哈与内布拉斯加海滩相提并论，同视为"反攻大陆"的据点。1955年2月24日下午3点48分，参谋首长联席会议主席雷德福自华盛顿给夏威夷美国太平洋区总司令史敦普的电报里言简意赅地描述了当时的情况。他说：金门和马祖的重要性是在心理军事上的考虑。它们是蒋"总统"（原文为Gimo此属中外对我"总统"私下的尊称）防卫台湾的一部分。它们是他的前哨与警视站，它们阻绝两个关键性港口地区，而且是中共侵台时极可能希望攫取的地方。"中华民国"之保有金门马祖，使"中共极难为了侵犯台澎地区而秘密集结大军"。

艾森豪威尔盼自金马撤退

一件事让我觉得有趣，艾森豪威尔总统不但是位军人，也是一位足智多谋的外交家。首先，他知道霍氏和我们的友谊，所以他特意请这一位既非外交官又非美国政府官员的人物，来代他传达信息给我们。艾森豪威尔总统利用一个好朋友鼓励我们自金马撤退，并且希望播下此一想法之后很快地变成我们"总统"自己的想法。而且，艾森豪威尔总统完全忽视在"天神计划"中（按指第二次世界大战诺曼底登陆），他拥有1000多艘载重吨位船只、炮舰、运输舰和补给舰的配合，它们全部积极地参加攻击而且全都在他的指挥之下迳达海滩，事实上侵入法国攻击部队，上船下船，岂非是上下若多更小的金马岛屿么？这如何可比拟我反攻时，亦可由台直接攻进大陆呢？

我们"总统"问艾森豪威尔总统的好几位特使，包括霍华德先生在内，很明确地指出，无论有无美国协助，他都会坚决固守这两个外岛。从我们许多漫长的人生过程中，谙悉具有广泛经验与机智精神的老练的人们可领略和认识高尚的意志之不可侮。

领导者决心丝毫未变

由于我一向对重要的出版品极为注意，因此，毋庸赘言地，当《美国国务院档案第一卷》及最近的《第二卷》出版之后，我立即得到了。对于形成历史事件的一些重要事实，及对于许多藉档案中经由事后的阐释却仍搞不清的记载，我们现在加以讨论，甚至也是枉然，更不必论及那些我们至今仍受其后遗症之害，明显的错误判断与决策，虽然，常识会使我们不至于犯下此种错误。但我在《美国国务院档案第二卷》中，仍发现一些事实，颇引人注意。美国官员中，尚不乏有远见明达之士。例如：国务卿杜勒斯、罗勃逊、雷德福及史敦普两位海军上将，皆具有此种特质。事实上，法国军队在奠边府溃败之后，艾森豪威尔总统私下亦承认所赖以对抗共产主义扩张，使西太平洋地区诸国免于陷入战火之两支"反共"武力只剩下其中之一。当法国在中南半岛失败后，只有先"总统"所领导的"中华民国"仍保持精锐的战斗力，在政策上一旦需要时，仍足以忠诚执行其所赋予的任务。同时，我更注意到，政治人物们对于先"总统"的刚毅，咸表由衷尊敬，即使多位政治上的敌人，无论在日本军方威胁利诱下提出最优惠的和谈条件，仍保有不屈不挠的意志，而万分敬佩。在美国的军援，开始点滴地到来之前，在"中华民国"孤立惨烈地奋战了四年之后，领导者的决心仍未丝毫改变。

先"总统"具特定敏锐力

假使没有先"总统"在大原则上不屈服、不妥协的领导，坚守金门马祖，谁也不难想象到，如果金马陷落，难道台湾不会像这两个外岛一样沦亡？若不是因为他的坚定不移，谁能说，会因此而造成什么样的后果？虽然用科学无法实际而确切地证明，但是，时间已一再地显示，只有慧眼独具才能体认出来伟大的特质，即使伟大的特质是随手就可以触及的。"中华民国"在面临生死存亡关头的困苦时机，同样幸运地，我们有一位不胆怯、不动摇、亦不屈服于不可胜数的压力的领导。设非如此，全球所发起的善意、友好及协助，亦是枉然的。请回忆一下，当20世纪50年代时，世界各国狂热地向中共屈膝，并由于万隆会议的召开而更加扩大。周恩来竭力利用万隆会议，作为它有力的论坛。（根据《美国国务院档案第二卷》所报道）

"宁为玉碎而不愿瓦全"

我必须承认，当我读到艾森豪威尔总统，经由当时美国驻伦敦大使而密送给丘吉尔首相的电报时，我非常感动。（虽然，我自小即被教导要压抑自己的情绪，尤其是悲伤时）我引述部分电文如下："我们相信，如果我们企图强迫蒋氏放弃这些岛屿，他宁可独立行动，同归于尽。"艾森豪威尔总统的观察深湛，他全然地能透视到先"总统"之坚强，而衷心感佩，甚至引用于着重对英国的行文之中，忠告丘吉尔首相和艾登外相，若再使用压力，亦必徒然，实可谓之罕见。

在这么多年来我与先"总统"共处的日子里，几次听他平静又坚定地告诉我，他的目的乃是将自己奉献给国家和党。读到上面的话，我要情不自禁地泪眼模糊了，并不因为我对于先"总统"精神之了解——他这种精神，一再地被许多世界领袖，诸如艾森豪威尔总统，和其他领袖们所肯定，也不是他们曾向丘吉尔以及艾登提到的这种精神——而是在我内心那份油然涌出的骄傲感。我所骄傲的是在这艰难的时代，我们有这么一位不平凡的领袖，使世界人们确认中国永远是一个民族、一个国家，我们将不再被蔑视为历时约三世纪之久的东亚病夫。

台湾创造 20 世纪奇迹

有一天我读了《中国——发现与发明之地》一书中的一段，作者是谭普先生，资料来源于一位杰出的汉学家李约瑟博士。书中提及中国有一百多种惊人的"第一"（发明），其中部分早在 1500 年以前已发明。尽管一般所熟知的中国很早说发明了火药、丝织品、纸张以及面条。谭普先生的书会令你们——我的同胞们为之振奋，而且也为我们中国文化而感到骄傲。我们民族的智慧和勤勉工作的传统，使我们不至于被看成劣等民族，和许多东方国家及西方国家相形之下，我们的台湾更是 20 世纪下半叶的一个奇迹。最近几次在教育方面的调查，显示了我们中国学生在美国许多学校的班级中名列前茅，近三十年来，中国学人前后已有四位获得诺贝尔奖，而且我们大家都知道最近一位李远哲博士又赢得了诺贝尔奖。

未来有值得关切的事

说了那么多过去的事，让我们来展望将来。我所关切的是一些对未来不祥的征兆。很明显的由种族偏见造成的盲目的爱国主义再度在日本昂扬起其丑陋的头颅，因为潜伏的军国主义先锋正又在日本崛起。让我为大家举出一些事实来，当艾奎诺总统最近到日本做官方访问时，日本裕仁天皇为第二次世界大战中日本军人所给予菲律宾人民的残害，向艾奎诺总统再三道歉，我认为这是很有君子的风度，但日本天皇的这份应有的表示，不久，即遭受到一些日本顽固人士的激动訾议。由这里我想到了蒋作宾将军，他是一个老国民党党员，毕业于早期日本军校，于 20 世纪 30 年代，曾由我政府派任驻日使节（1937年卢沟桥事件爆发时，我国和日本断绝了外交关系）。当蒋将军以特命全权"公使"身份，向日本天皇呈递国书时，裕仁天皇为日本军事暴行向我国蒋"公使"致歉，担任礼宾官的宫内大臣陪同我"公使"晋见。当蒋氏向天皇告辞后，宫内大臣却恳求蒋"公使"不要公开透露天皇的道歉，否则他（指宫内大臣）将毫无选择余地，只有切腹自杀。我们的"公使"及政府，本着与人为善的胸怀，一直没有将此事公之于世。我们或许可以就此了解日本军国主义自世纪初就一直很盛行，事实上，有好几次发生对日本将级军官、大臣级的文官的暗杀行为，还有在皇宫前发生的不少的暴动事件，都为的是军人恐吓及威胁日本人民，使其对军阀就范。

日篡改侵略屠杀史实

但是面对1986年的今天，在日本战败与盟国占领下，并历经四十余年的民主化和国民大批出外观光的结果，应可使日本人更意识到外在世界的存在。日本民族不应再有褊狭观念，否则仍会预兆着黑暗与不祥，对于日本天皇正当地向艾奎诺总统表示了他的遗憾与难过，仍然有人大表反对，真是令人不可置信。我们也应注意数年前东条已获得平反，他的纪念牌又再放进了靖国神社，靖国神社供奉的全是日本国家的伟人、功臣及烈士的牌位，供正式祭奠，定时祭拜。有一些日本政党党员曾反对将东条英机的牌位放在神社里，但这项意见被神社的供奉僧侣拒绝而作罢。早在1982年7月24日，路透社曾自东京报道说，日本文部省决定要删除在学校教科书上任何有关日本在1937年到1945年间对中国发动战争的"批评性文字"。这个篡改侵略及大屠杀的种种行为，文部省竟然狂言说是"一项审定政策"，而且是"既客观又公正的"。忽视事实真相的教育是为了实现这句讥诮讽刺的格言："无知便是福"。日本内阁在世界舆论的压力之下，已有愧然之意，而不再赞成这种做法，那位大臣因而说被迫辞职了，封建时期武士道的英雄事迹确实是一种令人赞佩对部落民族的忠诚，适合作现在青少年或成人茶余饭后消遣时光的，但是在20世纪的现在，此种像发生在17、18、19世纪的野蛮行为，颂扬暴力与大屠杀的英雄式崇拜，已经不再符合现代文明人的信念。更进一步说，让日本的后代子孙了解可耻的真相，而不对他们隐瞒事实而欺骗，让他们由其祖父辈、父执辈的命运——不光荣地在异国领土上杀人或被杀——此等错误与悲剧中进益学习，这不是对他们更有可贵的好处吗？否则，他们将无法从真相中去学习，更遑论从挫败的悲剧中获得可贵的教训？日本民族世世代代子孙应由过去掠夺的罪行所得到的教训中成长，而不应再次为追求东条及他的徒众过去虚假辉煌的事迹而沦入于悲惨的情境。

应阻止军国主义复活

大家都知道，广岛和平纪念碑显然就是一座反战纪念碑。只要世界存在一天，它也应与世界同时存在，日本军国主义者难道还要蛊惑于民族优越感的口号，而再一次回到尚斗传统，令血气方刚的青年误入歧途？除非日本政党的领袖们为了日本民主政治的将来着想能洞察先机，并具有魄力，及时阻止正在萌芽复生的军国主义，否则就太迟了，最后，当危险的仇外情绪爆发时，谁是真正的受害者呢？当然是日本人民，因为核战争是没有前线和后方之分的，任何地方都是前线。

"民主"已广被误解

当今世界充满着怪异现象，"民主"一词已经成了任人投掷的陈腐口号。一些行之多年的原则，现在却反被指为"意识形态上的障碍"。凡是坚守原则的人，会立即被指斥为既不进步而落伍的守旧者。让我举一个典型的例子来说明这层意思，弗尔柯夫（Vladmir Volkoff）在他的《蒙太奇》（Le Montage）一书中，探讨俄国秘密警察及其对法国知识分子的影响时指出，20 世纪 60 年代的法国"被一股歪风所笼罩，一个人若不是马克思主义者，便是一个傻瓜，甚或连傻瓜都不如"。在知识界中，如果一个人无法清楚地暗示或明白地让人知道，他是一名知识分子的马克思主义者，那么他就不会受人重视；真的！知识分子不动大脑已到了可笑的地步。

知识分子缺实际经验

前美国驻联合国大使寇克派屈瑞克（Jean Kirkpatrick）在她的《政治新兴阶级》一文中，提到我所景仰的第一次大战后奥国财政部长休姆·彼德（Joseph Schum Peter）的话（他在经济方面写过许多渊博著作），休氏虽不客气，但却中肯地道出，知识分子之不同于一般人的许多事实之一，在于他们缺乏直接的责任，或是没有第一手知识，或是缺少实际经验。但是在从事批评时，他们十分苛刻，却又是提不出方案与解决办法，最重要的是没有责任。这是一个有力的批评，而又无法反驳的论证。

虽然，我强烈地反对马克思对自由选举之藐视，因为他诬指自由选举是资本主义式微的一种不可避免的症状。但是，无可否认地，伦纳（Max Learnera）曾引述一位作家拉弗尔（Jean Frncois Ravel）的至理名言，拉氏指出："民主政治国家灭亡的重要原因，是在于它们遵循原则来运作，而没有抵抗敌人的力量；可是敌人却不顾原则，而只全凭力量来运作。"在此我敦请你们帮我找出一个对拉氏不可驳倒的反驳。

口喊民主而制造暴乱

大家也该牢记，欧洲的民主以及在英国那种无可伦比兴盛的范例，却是经由艰苦而无数次的尝试逐渐发展出来的。人们常说"国会之母"（指英国）是由大宪章所发展而成的民主式的政府。事实上，大宪章不是英王与英国人民之间的协定，只是英王以君主的身份与其臣子和贵族之间的协定。不过，在需要时大家便端出大宪章，而盛誉其可贵，仿佛民主的整个过程，可于一瞬息间就几近尽善尽美。很少人了解个人的自由与政治自由的观念，是经由曲折迂回而又痛苦的过程所取得。它是来自约翰·弥尔敦（John Milton）的著作，在英国唤起了自由意识——思想自由、出版自由、个人生活与行为自由，进而导致教会与国家的自由。经历了近百年才有自由主义的精神，理性主义及整个17世纪的乐观主义，从约翰·洛克、汤姆斯·赫克、汤姆·彭及卢梭和一大伙其他学者的著作，最后经由他们的后继者到汤姆斯·杰弗逊才在美国实现了民主共和国。然而我若说在欧洲、南美洲，尤其在非洲，所有大大小小民主形式的政府，与我们所了解的英国或美国，都享有同等的民主模式与精神，那将是我昧着良心说瞎话。英国为获致真正民主的精神与真谛，费了近一世纪的时间，不计失败与挫折，最后才发展到较高可行的成熟度。时下有"即溶咖啡"或"即饮茶"，然而只有蒙骗才能提供立即的民主。狂暴野心分子想要的是从混乱中图利而不遵循法律与秩序。说来可耻，那些口喊民主口号而鼓励流氓在各处滋事的人为的是推展其竞选活动。这些候选人在选举前凡事承诺，而在他们赢得选举之后，就至少一部分食言而肥。

中外警察有霄壤之别

由于以上关系，我要提一提在美丽岛事件时，我们的警员与安全人员的可敬行为。警察们遭被收买的流氓谩骂与投石击伤，以及这些流氓恶棍乘机破坏社会繁荣与安全。我建议各位好国民不妨看看民主的法国机动警察与民主的美国城镇警察，是如何在以催泪瓦斯、震伤弹、警棍与夜勤棍处理暴动与暴民的影片，那些和我们警察的打不还手、骂不还口相比对，真不啻霄壤之别。

如果说在美国各州与全国性竞选活动中没有使用诈术，谰言攻人，或散布谣言毁谤的做法，那未免近于浮夸。但这是否表示，所有的民主选举都应仿效村夫的粗俗，或未开化民族的缺乏礼貌？换句话说，美国国会与总统制的民主政治显然并不适用于英国。我们根据以往可以得知，民主政治不应对外国的方式照单全收。对我们来说，民主政治实应植根于国父孙中山先生的三民主义。

几个星期以前，布克曼荣获 1986 年诺贝尔经济学奖，其突出的贡献在于发明"公众选择"的学说，这是一个经济学和政治学的融合物，以清晰的文字提出以自我为中心的自私，是候选人竞选的旨趣。他也发明"程序病态"的学说，即联邦议会及州议会在选举后便将诺言忘记得一干二净，不顾选举前的允诺，只做一些微不足道的事情，而且又习惯玩膺选者彼此"复兴互惠"的把戏。

国家的死敌来自内部

以上拼凑的回忆片断，都是我们努力要避免的民主政治的弱点，如不加以防范，可能导致古希腊的暴民政治。

在此并不完美的世界中，民主政治无疑是最高等的政府形式，然而正如同目前，在近两年中，里根总统及好多明理之士就常常指责民主政治有时不免失之偏袒，未能照顾到全民的福祉。

最后，我以美国哲学家威廉·詹姆斯的一句确切的警语表达我们大家互勉的国家与同胞最诚挚的期望和警惕，在这个"天下一家"的世界里，这句话可谓放之四海而皆准，是即："国家的死敌并非外来的，他们来自萧墙之内。"

　　此外，在宋美龄的这篇"拼图"中，还曾恶毒攻击共产党藐视民主概念，特别是她用了十分尖刻的语言攻击了中国共产党的领袖毛泽东。

　　从以上引证，不难看出宋美龄1986年的这篇"所思所感"，其主要内容除了对中国共产党人的攻击，就是宣称"先总统"如何如何正确。当然，客观地说该文也并非没有可取之处。例如，她抨击"日篡改侵略屠杀史实"，提出"应阻止军国主义复活"。就这点来说，她还算是有点爱国之心吧。

三十、无力挽狂澜

正当蒋经国雄心勃勃全力大展宏图之际，疾病把他打倒了。1988年1月23日，蒋经国突感身体不适，大量吐血，迅速引发心脏功能衰竭，终告不治，终年79岁。

宋美龄得知后，马上赶到蒋经国的大直官邸。她一到，不顾当时众人正在流泪、呜咽，就发号施令说："大家该商量善后的事宜。"当时，蒋经国的亲家俞国华马上凑上去说："希望夫人有个指示。"

宋美龄答道："办这种事秦孝仪有经验，让他多用点心。"然后，她看了由王家骅已录好的"遗嘱稿"，认为满意后，对在场的人说："李副'总统'、'五院院长'都要签名再发布。"她前后大约在大直官邸停留了20分钟。

宋美龄的到来，虽然时间很短，却决定了两件大事：一是治丧及权力承转的"灵前会议"，由她派下的秦孝仪来主持。在秦孝仪的主持下，决定了当天晚上由国民党召开"紧急中常会"来宣布蒋经国的死讯。"紧急中常会"的主席人选，李登辉是不便担任的。因为如果李登辉主持，那么，原定在下午8时"继任'总统'"宣誓就职时，他无法完成自己宣布自己就职这一程序。最后商定由俞国华来担任"紧急中常会"的临时主席。其二，"1月5日的遗嘱"，在宋美龄的"指导"之下，由李登辉、俞国华、倪文亚、林洋港、孔德成、黄尊秋及蒋孝勇依序补签，完成了"法律文件"的"手续"。

大直官邸的这个"灵前会议"，蒋夫人宋美龄的不凡"表现"，着实让未来的"继任'总统'"李登辉见识不浅。因为在这之前，他作为学者进入政界，而且一路顺风，较少参与政治上派系的恩恩怨怨，所以，对士林官邸的"法力无边"，是比较陌生的。尽管，1986年蒋夫人宋美龄回国主持"蒋介石百年冥诞"之后，曾经有一次邀约他前往士林官邸一谈，但彼此都维持着一定的礼仪和距离，因而，李登辉对蒋夫人宋美龄谈不上有多少"了解"。

李登辉确实很聪明，领教了"老夫人"的余威后，为了求取宋美龄的支持，他在蒋经国去世的第二天，坐上"总统"宝座之后的第一件事，就是找来"总统府"秘书长沈昌焕，要他与士林官邸联络，表示他要去"拜谒"蒋老夫人宋美龄，向蒋夫人问安。于是，约了当日上午 11 时见面，由沈昌焕陪同前往。

到了士林官邸，蒋老夫人宋美龄早已梳洗打扮完毕，坐在轮椅上等候，李登辉赶紧恭恭敬敬地趋前问候。逗留仅有十多分钟，谈些什么，两位当事人没说，在场的沈昌焕也不曾说起过，所以，外人自是不得而知。但是，有一点可以肯定，就他们的关系而言，无非是在做一篇"官场文章"，并不一定会有什么实质性的"交易"。

蒋经国的突然去世，台湾政坛表面平静，实则暗潮汹涌。

1 月 13 日的"灵前会议"由宋美龄定下士林官邸的"大档头"秦孝仪主控方针后，足见宋美龄在一年多前就宣称"我将再起"，并非什么基督精神，而是含有多么高深的禅机妙谛！特别是在这十分敏感的时刻，曾作为宋美龄智囊的孔令侃和宋家晚辈的宋仲虎又翩然而至。来台后，他们既未前去向经国先生拜灵，也不露面，行踪诡秘，更使人感到时局的微妙与复杂。有人形容说，当时的各种猜测与传言，犹如坠地的马蜂窝一样，声震耳鼓。

蒋经国死后，1 月 27 日，国民党中常会经过事前的激烈的斗争，急急忙忙通过了由李登辉代理国民党主席的决定。

对于推举李登辉任国民党代理主席一事，宋美龄虽已年迈，但却不糊涂，她很快就表示了不同意见。她心里十分明白：此举的动机，和当时国内外、台前幕后各种复杂的因素有关。急促的手段说明了背后的目的。匆忙推出李登辉当国民党主席，是借李登辉阻挡俞国华、沈昌焕、王惕吾。"先下手为强"以期夺保守派、夫人派的权。

以宋美龄为首的"夫人派"及"官邸派"频频集会研商对策，一时间还传出"夫人派"一度打算由宋美龄披挂上阵，但宋已年过九旬，如果出马，恐怕阻力太大，而且也不易获得党内一致支持。于是退而求其次，按宋美龄的意思提出拥立俞国华任党主席，所以，蒋经国一死，他们便把俞国华放在电视面前，要全世界的人都看见是谁主持国民党临时中常会宣布了蒋经国的逝世，以便注入前置印象，造成俞氏将来继任国民党主席的理所当然性。但俞国华自身形象不佳，不是李登辉的对手，在民意与舆论的压力下，节节败退，李登辉渐渐形成优势，占了上风。宋美龄之所以急急地出马，就是为了使台湾党政分立、互相牵制，避免出现台湾籍人的"总统"同时兼任国民党主席的局面。

据台湾媒介披露：在这场权力之争中，关键性人物是国民党中央党部的秘书长李焕。就政治上的恩怨及个人政治关系而言，李焕毫无疑问是支持李登辉的。因为俞国华自就任"行政院长"以来，一直对李焕怀有心病，唯恐李焕会取他而代之。后来，又曾有过李焕继任党的秘书长以后，奉命拟写"加强中常会功能办法"，先后遭到了沈昌焕和俞国华的联手反击一事。因此，在政治上李焕不可能拥护俞国华为党的主席做他自己的顶头上司。尤其是在蒋经国逝世后，李焕更不愿见这种情况发生。由此就政治上的选择而言，李焕宁愿李登辉做国民党主席。

于是，经李焕与高层人士密商之后，就出现了为"勿使经国先生的遗志中辍"，为"谋求现阶段的党内团结、和谐"，为"免使地域观念成为被指责的借口"，尤其为了要避免被称为"外省人的国民党"、"本省人的政府"这样的借口，而推举李登辉任国民党代主席的事情。

经过李登辉在台前、李焕在幕后的这番努力，并不糊涂的蒋老夫人，立即在1月26日下午，急忙叫她的孙子蒋孝勇亲自送达国民党中央秘书长李焕的那封历史性的亲笔信函。信中表达了她的意愿，即她认为此时选举国民党代主席时机不当，理应缓议，应该在国民党"十三大"时决定才比较合适。

但是李焕等人经过紧急磋商，决定不等代表大会召开立即进行。翌日，国民党中常会按照李焕既定的方针如期召开，会议由与李焕关系密切的余纪忠（国民党中常委兼《中国时报》创办人）主持。由于事前布置周密，俞国华在会上被人奚落，大势已去，李登辉于是顺利荣登国民党代主席的宝座。

在台湾传媒中，还有另一种说法，即：

俞国华在众意难违的情况下，劝阻了"宫廷派"人士的活动，而主动提出联署书面由他自己亲自领衔提案：建议以李登辉先生为党的代理主席。27日上午通过的提案，就是根据俞国华领衔联署的书面提案所形成的结果。因此，也可以说：俞国华拥立李登辉，再度造成了"党政一体"的效果！

是李焕指挥有方，或是俞国华顺水推舟，无论是哪一种说法，被人称作未完成的"宫廷复辟政变"，都使得士林老官邸的"太皇太后"蒋夫人宋美龄"满面全豆花"（台湾的一句俗语）！就连执丧在身的"三太子"——蒋孝勇，也因为在这一回合中担任急先锋的角色，而弄得猪八戒照镜子——里外不是人。

尽管事后，国民党力图掩饰上述分歧，然而，纸还是包不住火。该党中常委的两大报，私下爆出不少这一方面的信息。至于政论性的新闻杂志（包括《时报新闻周刊》），更是绘声绘色全盘托出，以至连外国的外文报刊，也有许多加入这一"扬恶"行列。一时间，舆论哗然，九旬老太宋美龄和已到四十不"惑"之年的蒋孝勇，被某些人形容为过街老鼠，而且无人敢冒天下之大不韪，给予同情。

据有些人分析：从若干迹象判断，似乎国民党上、下（党、政、特部门），都有意无意地让这一件丑闻曝光。第一，不论党内、党外以至外国传媒的事件报道，虽有繁简的不同及言论角度的差异，但所揭露出来的要点均无歧误。很显然，消息的"来源"都是出于统一的源头。第二，《公论时代》杂志1月28日即被台北市政府新闻处行政处分"停刊一年"，该刊1月30日继续出版了第209期，新闻处会同警察局到市上收书，却网开一面，多数情况下是装作没有看见，他们甚至对重庆南路书摊的摊贩说："你放隐蔽一点吧！"该期的封面主题为：《宋楚瑜阵前倒戈，宋美龄圣旨失灵》《俞国华干在心里口难开》等，以上现象似乎均表明国民党"允许"甚至纵容内部消息的扩散。

国民党主席事件之后，也有许多人为宋美龄辩护，认为她已是逾九十高龄，不可能对权力有所恋栈，干政之事应属于过去蒋介石手下的"文胆"秦孝仪与蒋孝勇、孔令侃等人居间操纵，乃是挟太后以令诸侯的权谋。

无论是哪种传闻或是评论，都说明此时的蒋夫人宋美龄确实"失威"了。李登辉的上台，既然标志着蒋家王朝走到了尽头，蒋夫人的余威又何以为继呢？

台湾人不无讥讽地说道：由此引申，宋美龄苦心安排的老官邸人马在台湾党政部门之中，在她的想法里，那些老官邸出身的党政要员们自会饮水思源，知恩报答！必然就都会做她的股肱心腹之臣。以1月27日的"中常会"而言，俞国华、沈昌焕、郝柏村、曹圣芬、王惕吾……本来都是她的棋子，但她怎么也未想到，在紧要的时候，竟无一人能够体念"主母"的苦心。例如，老官邸出身的曹圣芬、王惕吾，不但不愿再与蒋夫人"沆瀣一气"，甚至在国民党中常会上也发言支持应当尽早确定党主席的主张；俞国华显然并不愿抵挡中常会的大趋势；郝柏村也与大家一同起立支持李登辉出任国民党代主席，相反地有哪一个大员去与士林官邸唱和呢？宋美龄的"故旧"们投靠新主人的比比皆是，岂能不使她感到失望、伤心！

来自士林官邸的消息说，蒋宋美龄"致函李焕"事件后多月以来，她的心情相当不平静。91岁高龄的宋美龄认为，这次要求推迟选举国民党主席的事件，是她个人参政六十多年以来，在政治生涯中所经历过的最大挫败。

宋美龄的建议未被采纳，无疑是个不争的事实，但是从台湾目前的政局的困境来看，如果当年采用"党政分立"的做法，是否就不会有李登辉甚嚣尘上大搞"台独"的今天了呢？

尽管台湾高层决策者中无人公开支持这位蒋老夫人的"高见"，但是她仍是蒋家的"太上家长"。有人认为蒋氏家族在台湾的政坛上是否还将扮演重要角色，依然要看宋美龄的决定了。因为另一个"蒋夫人"像是局外人。

蒋经国的夫人蒋方良在台湾没有亲戚，她在苏联也是孤女，没有亲友可以联络。尽管她应该是此时最重要的"未亡人"，但在整个治丧过程中，她由于过分悲伤，处在"荣总"医生的特别照料之中，几次到灵堂都要以轮椅代步，所以，政治上她似乎成了一个可有可无的人。

更令她委屈的是，她的一生，虽与蒋经国承受过很多苦难，却因为一位老"蒋夫人"健在，她连"蒋夫人"的称呼也不敢用，足见婆母的威严和她的委曲求全。因而，在蒋经国死后，有关蒋介石夫人宋美龄的动向问题要比蒋经国夫人蒋方良更加惹人注目，也就不足为怪了。

在台湾电视转播的葬礼上，91岁的宋美龄，坐着轮椅从侧门进入灵堂，这位备受国民党大老们尊崇、仍有一定影响力的前"第一夫人"，看来哀戚满脸。是真是假且不论，母亲为儿子送了终，从古至今，都算是人生的一大不幸。大概更令宋美龄悲哀的是，她的夫君蒋介石创下的这份"家业"，从此显然很难再姓"蒋"了。

台湾当时还有一条传闻：蒋夫人反对蒋经国合厝慈湖。

蒋经国去世后，"治丧会"曾有将他的灵枢并厝慈湖之议。所持的理由是：（1）父子同葬一地，自古即有此制。况乎只是"暂厝"，更无不可之理。（2）慈湖建制已定，被视为效忠宣誓的"精神堡垒"，合厝一起谒陵方便，不至顾此失彼。（3）慈湖一切现成，不必再费周章，随时可以奉厝。从词意上讲，"厝"是暂时停放灵枢之意，与"奉安山陵"不同，这一构想自有其可行的道理。但最后未被采纳，据闻系因蒋夫人宋美龄的反对而作罢。最后，改为"头寮宾馆"为蒋经国厝枢之地。

宋美龄为什么要反对蒋经国合厝慈湖？是她要留下来为自己日后使用之需，还是要显示她的"余威"，就不得而知了。不过，台湾人认为：如从她把士林官邸视为她的私人禁地去联想，留作日后自用，似乎也有此可能。

最后的冲刺

第一场权力之争暂告落幕。令宋美龄难堪的事还在后面。

1988 年在国民党"十三大"前，宋美龄主持召开了国民党中央妇女工作会议，要他们做好"妇工会"的工作，统化"妇工会"的"功能"。有舆论称：宋美龄目的是想让她属下的"妇工会"人员在新的权力机关中拥有席位，但年近八旬被提名为中委候选人的国民党"妇工会"主任钱剑秋，却在"十三大"的选举中落选了。这不但令钱剑秋难堪，也使宋美龄感到震惊，并面临必须"交棒"之苦。港报评论这一局面时说：这次选举的结果，使宋美龄把持了三十多年的国民党"妇工会""全军覆没"，也是宋美龄的"彻底垮台"。

宋美龄不甘心她的大势已去，她还要做最后的拼搏。于是，就有了她在国民党"十三大"上发表的震惊一时的"老干新枝"的演说。

1988 年 7 月 7 日，中国国民党召开了第十三次代表大会，这成为宋美龄发挥其政治影响力的最后冲刺阶段。

7 月 8 日，宋美龄亲自莅临"十三大"会场，因身体健康的原因，她请李焕代为宣读谈话，讲词称：

"眼前正值紧要关头，老成引退，新血继之，譬比大树虽新叶丛生，而卓然置基于地者，则赖老根老干。于今党内白发苍苍、步履蹒跚者，不乏当年驰骋疆场之斗士或为劳苦功高之重臣，其对党国之贡献，丝毫不容抹杀，当思前人种树，后人乘凉。夫国之强，党之壮，赖有一定之原则，连续生存之轨迹，创新而不忘旧，前进而不忘本，当年国父如不建党立国则无今日之中华，台澎依旧日本殖民地，饮水思源发人深省。"[①]

宋美龄的讲话对台湾政局并没有造成什么有轰动效应的改变。更令她不痛快的事实是，国民党元老派开始分崩离析。

据悉，曾为宋美龄"心腹"的秦孝仪，在 1988 年以后，多次公开"表态"，否认他是"官邸派"或"夫人派"的一员。一叶知秋，"官邸派"大势已去。身为"官邸派"重臣的俞国华，目睹一切，特别是当他受到也曾为宋美龄心腹的宋楚瑜在 1988 年 1 月 27 日中常会上无情的抨击与指责后，这位重量级元老曾多次对友人表示"寒心"。在大势所趋下，他也从现实利益出发，在 1988 年 3 月以后，

---

① 《"中央"日报》，1988 年 7 月 9 日。

不时对李登辉的心意加以揣摩，以便能使其言行与李主席即李"总统"保持一致，进而保住这个"行政院长"的位子，平平安安地度过所剩下的两年多的"院长"任期。

面对这一局面，宋美龄也只好偃旗息鼓，打道回府了。自从她发表那篇"老干新枝"的演说之后，将近一年的时间没有公开露面。社会上对她的健康状况传闻颇多，一说病得不轻，一说她将赴美定居，以跟岛内政治环境隔离。据台湾《新新闻》周刊1989年2月19日刊文说："1989年1月31日，宋美龄接受卵巢瘤切除手术，此次手术极端秘密。""荣总"罗光瑞院长曾和"行政院"首脑研究是否可以公布蒋老夫人住院情况，但最后仍未透露。据知情人透露：蒋老夫人这次住院长达三个半月，期间，一次曾出现过呼吸停止，但她的生命力十分坚韧，求生意志也很高，虽然肿瘤切片可能是恶性，而且也有其他最坏的可能性。然而92岁高龄的宋美龄已知道并接受一切，经过手术后，宋美龄健康状况良好。

另据台报载：1989年4月间，为蒋介石病逝14周年忌日而专程返台的孔令仪兄妹，曾向蒋老夫人进言，让她回纽约去住，以避免岛内对蒋氏家族翻旧账的批评性指责与攻讦。据了解，孔令侃、孔令仪兄妹的建议未发生效力，宋美龄依旧留在士林官邸，丝毫不为所动，而且根本没有在适当时间赴美的计划。

宋美龄为什么不愿意赴美定居呢？据接近她的人称，主要有两方面的原因：一是她的身体状况实在不利远行。一位官邸人士披露：蒋夫人1987年秋天在士林官邸走动时，不慎摔了一跤。且这一跤摔得不轻，使她长时间不良于行，事事依赖轮椅代步，行动不便，自不宜远行。二是事务上的原因，即指飞往美国去的专机及侍从人员的跟进，以及她在官邸内费用的拨付等。如果有一天要回来的话，松山机场更不可能冠盖云集，甚至可能会发生"归不得"的情况。因此，宋美龄的智囊们考虑的结果，认为仍以不走为宜。

根据以上情况分析，宋美龄当时离台赴美暂不会成行。所以，当年曾有人询问蒋夫人为何不赴美散散心时，宋美龄颇为不快地表示，难道有人想赶我出国不成？这是我的国家，我高兴留下来，就可以留下来。

1989年6月国民党十三届二中全会召开时，有舆论预测宋美龄在近一年未露面的情形下，有可能以国民党中央评议委员会主席团主席的身份露个面，给李登辉一点儿面子。但结果未如预测者所愿。闭幕之日，二中全会反向宋美龄发了致敬电文，令人意想不到。

宋美龄虽未出席国民党的十三届二中全会，却在二中全会后的半个月时间内，先后两次公开露面。虽因行动不便而必须坐在轮椅上，但健康尚称良好。

1989 年 6 月 12 日，美国东海岸的波士顿大学决定授予宋美龄荣誉博士学位，考虑到宋美龄的健康状况，决定在台北举行荣誉博士颁赠典礼。是日，"妇联会"贵宾如云，党政界高层人士 300 余人到场。值得注意的是李登辉夫人曾文惠女士只身前往，李登辉、宋楚瑜二人均未露面。据台报称：李、宋二人没到场的原因不是因为公务繁忙，而是他们根本没有受到邀请。果真如此，说明宋美龄对李登辉尚存不满。但是，宋美龄在接受荣誉博士学位的演讲中，也没有再说"我将再起"。

宋美龄为什么对国民党二中全会这么重要的会议不参加，而坚持要参加两个完全属于私人事项的集会？据了解宋美龄心情的人士指出：这完全是私人心态的调适问题。其实，这是她的一种"示威"和表示内心不满的无声的抗议。

台湾舆论界有一种说法：宋美龄一直对蒋经国病逝后推举李登辉当主席一事耿耿于怀。宋美龄认为她当时并不反对推举李登辉当主席，只是蒋经国去世就立刻改选别人，未免太不适宜，因此主张暂缓。没有想到宋楚瑜在中常会上因蒋夫人的建议而愤然退席，使得情势逆转，也使宋美龄背上干政的黑锅。因此，宋美龄仍对李登辉心存芥蒂，也不愿邀请他们参加这个典礼。再者，她不愿参加十三届二中全会是因为蒋介石在世时她在会中所拥有的地位，与现在她所能具有的地位相比，无法同日而语，故此心中无法很快适应，所以不愿再露面。

再度远行

蒋经国突逝与李登辉继"统"，使台湾政治转型期进入了一个新的阶段。在李登辉执政三年多的时间里，台湾政局发生了前所未有的变化：国民党内派系争斗激烈；台独势力猖獗，"统"、"独"之争已呈白热化状态；重返国际舞台，要求国际势力予以"双重承认"之说更是甚嚣尘上。

就在台湾处在这样一种政治气候下，1991 年 9 月 21 日，宋美龄再度离开台湾到达美国纽约。本来宋美龄是不愿赴美的，为什么又再度远行呢？据《台报》分析，有以下几个原因：

第一，宋美龄在台湾的亲族凋零，生活寂寞。在宋美龄返台的五年时间里，蒋家遭逢三次大的变故：第一次是蒋经国的去世；第二次是长孙蒋孝文的去世；第三次是她非常能干的孙子蒋孝武突然去世。"老干"犹存，"新枝"却已一个个凋零。尤其是蒋孝武的去世，间接向人们宣告"掌控台湾政局长达四十年的蒋氏家族，正式退出政治舞台了"。虽然宋美龄在蒋孝武病逝后表现得"相当坚强"，但对蒋家第三代重要人物的死，她总是难受的。对于身系"蒋家王朝"的她来说，从利益到感情都不能不说是一个沉重的打击。

第二，与"台独"的嚣张有密切关系。台湾解除戒严以来，要求民主的呼声日见强烈，同时"台独"势力也愈益嚣张。台湾报刊认为：宋美龄"看尽这个国家的兴衰分合"，她"不愿意将来埋遗骨在一个不叫'中华民国'的土地之上"。许多接近宋美龄的人士认为，宋这时赴美，是一次"痛苦心情的抉择"，此时已到了"不能再留在台湾的时候了"。在蒋经国去世后的三年时间里，几乎看不出台湾未来的发展有多大的"光明前景"，反之，"一个独立台湾"的现象却似乎越来越近。因此，对宋美龄而言，"眼不见为净"，"未来就算去美不归而埋骨他乡也算不了什么了"。

第三，与宋美龄的身体健康状况有关。据悉，宋美龄自 1978 年以来，视力、听力、记忆力等均严重衰退，数次住进"荣总"治疗。医生认为宋长期患有皮肤过敏，不仅对气候、食物过敏，甚至连"抗过敏的药物都引起过敏"。此外，台湾的气候与她不相适宜，医生认为"纽约天气对她较适合"。

宋美龄曾被视为"蒋家最后一位精神象征"，她的这次去美，等于为蒋氏家族在台湾政坛的影响力画下了句号。随着宋氏赴美，"永远的第一夫人"也将随之消失在人们的记忆中。事实也正是如此，宋美龄是普通"平民"，不该由政府派专机护送赴美，否则必须将其经费来源向民众交代清楚。这无论在蒋介石时代，还是在蒋经国时代都是不可想象的。

这位一贯声称自己是如何"爱国"的女士，老来竟流寓外国，甚至可能终其一生，此时，该是什么样的心情呢？

三十一、余生岁月

曾作为台湾最高行政长官的蒋介石去世至今已经二十多年了。在这漫长的二十多年里，虽然他的夫人宋美龄始终健康地活着，却似乎已落到了有家难归的地步。她大部分时间是旅居美国度过的。特别是她20世纪90年代初这次旅居美国，给大家的印象是要永远退出台湾的政治舞台，到她最喜欢的国家过起了隐居的生活。尽管偶尔也会成为一下新闻人物，但大多数时间是无声无息的。那么她又是如何打发余生的呢？

每日必读

阅读书刊应是宋美龄在纽约家中最主要的消遣之一。在纽约，她很少看电视，而阅读则是她长年保持的习惯。她每天必翻阅的报纸有《纽约时报》《每日新闻报》《纽约邮报》；同时她还订购着《时代杂志》《新闻周刊》《美国新闻与世界报道》三份美国主要的新闻性杂志；早些时候，宋美龄对台北的风土人情和社会动态也十分关心，故每天对桌上为她准备的台湾的《中央日报》也很喜欢翻阅。自从在台报版面上看见有人呼吁要把她从寄居数十年的士林区福林路的官邸扫地出门的消息后，虽然当时表情只是微微一笑，并未表示出任何不快，但从此她对台北送去的报纸，就不再多加翻动。

她不翻阅也无妨，因为在台北的士林官邸的秘书，会定期将台湾报纸上的重要内容，寄到纽约给她参考。

空闲时，宋美龄就画画国画、写写毛笔字。据知情人说，在她的客厅、卧室里的布置，没有古董和名画，挂的都是她自己的旧作，有的作品上还有蒋介石的亲笔题词。这些题词，字里行间，都蕴藏着夫君对她无限的情意，当宋美龄看到这些题词时，怀旧之情油然而生，当然又都多少会带些惆怅逸然而过。其中有一幅是这样写的：

宋美龄移居美国后，空闲时，就画画国画、写写毛笔字

辛亥春、夫人写兰，都二十四页，辑刊成册，皆为其得心应手之作，诚大涤子有所未及，盖写兰之难，在乎气韵温穆，笔墨浑厚，前贤能兼善此长者，未易多得，余乃以此而怡悦其清芳，并以此为夫人寿，中正题。

宋美龄有兴致时，她会向侍卫人员解说自己的画风，教一些欣赏国画的常识，有人把这场面描述成"宋美龄真像个老教授在启发学童，她既细心又耐烦"。

老来无病

1991 年，宋美龄流寓美国时，已是九十多岁高龄的老人，身体状况自然不比当年，而且在以往的岁月里还因乳癌和卵巢囊肿曾几度接受过手术治疗。但是给她检查过身体的医生却都认为，蒋夫人的健康、精神，比她的实际年龄要年轻得多。她没有高血压、心脏病或其他老年病。除偶尔因小感冒不适外，比较困扰她的仍是那个皮肤过敏症，一年总会犯上几次，经过涂药、服药后就会好起来。

1986 年时，宋美龄打算自美国返台，但不慎在曼哈顿家中摔了一跤，腿部、臀部都受了伤，并动了手术，很长一段时间，她都需要以轮椅代步。但是未想到的是，1991 年赴美后，在纽约经过调养、复健，情况愈见好转，逐渐可以不用轮椅，自己走路的时间越来越多。这大概与她喜欢亲近大自然有关。她的秘书说："天气好时，宋美龄会在家中的庭园、附近的公园散散心，欣赏一下自然风景，有时她也会到海边走走，如果路远一点儿，护士们希望她坐轮椅代步，这样可以节省体力，但看得出宋美龄不大喜欢这个建议。"

关心台政　但不表态

尽管前段宋美龄刚刚在"家"中的"威望"受挫，以致抱着"眼不见心不烦"态度离开了台湾，但她仍对台湾的各方面情况十分关注（特别是政治问题）。那里毕竟是她几十年的"家"呀。只不过此时的关心也仅止于关心，对政治她是再也不表示什么意见了。用她的亲信的话来说，这种关心完全出自她对台湾的情感。

除了台湾的亲人来访，台北一些高层官员访美，经过纽约时，也多要求拜见蒋夫人宋美龄，表达敬意。但是她的亲信说，很多时候常因这些官员行程太紧凑，与宋美龄的作息时间配合不上，同时，宋美龄也不愿意在纽约有太多不必要的活动，因此大多被婉谢了。

或许因感情的因素在起作用，最让宋美龄挂在心上的，就是台北的华兴小学、华兴中学及振兴复健医学中心。这些她早年一手创立的学校和医院，原先是以军眷的孩子为主要对象，以后提供给社会大众。目前，宋美龄仍是台湾华兴中、小学和振兴医院的董事长。所以，在台北的董事会，会定期将现况、师资等报告通过传真送到纽约来给她看，并征询其意见。

据她身边的人称，将华兴、振兴、"妇联会"等慈善、教育事业做好，就是宋美龄现在的生活目标。

信仰的力量

由于宋美龄出身基督教家庭，几十年来，读《圣经》、祈祷成为她这个基督徒的必修课。在纽约，在她身边待久了的工作人员都知道，宋美龄最喜爱的生活就是灵修。她每天常常要用一到两个小时虔诚地研读基督教的《圣经》。只要把《圣经》翻开，护士小姐们就可以自由活动去了。在这时刻，她将心灵交给了上帝，将自己融化在上帝的旨意之中，这时刻，她所想的就全都是基督的话语：

我在世为客旅，我家乃在天国。

到美国后，别墅里不可能为她建教堂了。所以，她常到曼哈顿或长岛住宅附近的教堂做礼拜。可以说，她从小对宗教的信仰，已成为现在精神上的重要支柱。几十年来，宋美龄虽屡经至亲故去和意想不到的各种事件的伤害，但她都未受到致命的打击。究其原因，她的一位亲信是这样总结的：她是十分坚强的人，这么多年，她经历了多少事？亲人该走的都会走，她明白这一点。而宗教在这个时候给她很大的慰藉，也给予她引导。

养生有方

已近百岁的宋美龄，仍显得神采奕奕，长葆雍容气质，这与她一生都十分注意养生之道不无关系。据说，平日特别喜欢吃水果、生菜，而且是什么水果都吃，对油腻的食品则完全忌口。过去喜欢吃的甜食也尽量少吃，这些都是她的养生之道。对于正餐的口味，她却是吃了数十年也未改变。到了美国的宋美龄，依然是那个官邸出身并追随多年的王厨师，口味依然还是江浙风味的菜肴。

工作人员说，偶尔，宋美龄兴致来了，她会亲自下厨房，叫来厨师，把她早年在上海时学会的包馄饨，调馅子、配料、绞拌等手艺都传授给厨师。工作人员们也会因此跟着饱餐一顿"太后"御手做的"皇家"御点。

还有传闻说：年近百岁，且还无大恙，这的确令世人羡慕不已。且有人曾多方打听她的养生秘诀。经美国《华盛顿邮报》的记者亚当·斯密坚持不懈地反复追问，终于得知了一条蒋夫人的养生妙方——常饮中国出的一种"回春乐富酒"。

除了上述的养生之道外，还应给宋美龄加上一条，这就是：一有不适，立即就医，这应是维护她健康的关键之一。

此外，宋美龄格外注意仪表，也是她不显衰老的重要因素。据她身边的人说，已到暮年的宋美龄对容貌和外表的修饰仍然是从不假他人之手的。她每天都要细心地打扮自己，配上适合各个时节的服饰，不到满意时绝不下楼，手下人跟在她的前后，常常会不由自主地赞叹这位永远雍容华贵的"第一夫人"不衰之风采。

不失童心，大概应算是宋美龄又一条长寿的秘诀吧。在纽约，她的侍从们说，宋美龄喜爱热闹，某次她与孙媳妇商量，想到街上走走，看看外面的风光，最后决定去超级市场转转。她们先是步行，走了一段后，要侍卫官就近招呼一辆出租车代步。

宋美龄上了计程车后，感到十分新奇，饶有趣味。活了 90 多岁，长期生活在大都会，又周游过世界的"第一夫人"，却在这种情形下生平第一次搭乘出租车，这使她又有了童心复活的感觉。这份感觉，大概她自己也觉得好笑。

善待属下

在国外，宋美龄的心境平和多了，或许是因为不再像过去时常需要端着高贵夫人的架子，或许是因为她做人的修养提高了，亦或许是为略施小计，以便下人更忠心地为她服务，也不排除是作者刻意的吹捧，总之，就目前所见的宋美龄赴美状况的资料来看，宋美龄在纽约寓所的表现颇得手下人的好评。在她身边的工作人员多是比她晚出生几十年的小字辈。所以，宋美龄更显得有一些长者之风。

特别是陪伴她的护士们，多是未婚的女孩子，她们通常是到美国侍奉半年就要返台探亲或结婚。对这样经常不断的人员流动，宋美龄时常感到不习惯。因为人是有感情的，相处久了必会建立起一定的感情。然而，这又是她必须接受的现实。据知情者称：宋美龄把这些护士视同孙女一般，到了轮换时，护士们的离开，对宋美龄来说，都要难过好几天，可想到不能误了年轻人的佳期、前程，她又不再提她的想法了。每个"孙女"离开时，她们都是挥泪告别。如今已有数十名护士小姐调动了，每人都带走她的一份情感和挂念。据称，这些女孩子的影子时常出现在宋美龄女士的心中，她也常为她们祈祷、祝福。

一次晚上，宋美龄感到在楼上坐得太久了，想起来走动一下，恰巧护士下楼去了，可是没想到，刚一起步，由于站立不稳跌了一跤，并且因腰部受伤住进了医院，当班的护士感到非常不安，难过地流下了眼泪。宋美龄却大度地安慰护士小姐说："没什么，是我自己不注意没叫你们，我毕竟是上年纪的人，跌跤是难免的。"她还特别交代护士长别难为那个护士。

还有报道说：宋美龄对待侍卫们的宗教引导和精神生活极为关注，但她对每个人的信仰自由又是最为尊重的，从不传教。她曾问她的侍卫官信何种宗教，答以佛教，宋美龄郑重地说："任何宗教都是好的，只要虔诚，存心向善，信佛、信基督都好。"

每当侍卫官退休，前来向她辞行时，宋美龄总是会叮咛，这次回到台北后，可带着家人到各地走走，甚至也可回大陆老家去看看，祭祖、扫墓，尽人子的心意。

宋美龄在美国，不像在台湾士林官邸时那样小气了。侍卫们说，每当夜深人静，宋美龄看完《圣经》准备休息时，她从不忘记亲自打开冰箱，拿些糖果给值班的侍卫官，还道声辛苦了，晚安！室内灯光才慢慢减弱下来。

侍卫们还记得有一次，宋美龄偶然去了一趟超市，也没忘记买些糖果带回来分给寓邸的工作人员。

90多岁的宋美龄，听力已不行了，但是记忆力却仍然很强。兴致一来，她就会将当年她亲见亲闻的掌故、趣闻，当做小故事讲给来自台北"荣总"的护士小姐们听。这些孙女辈的女孩儿对她的每句话都感到新鲜有趣。

中国人对过年总是情有独钟的，宋美龄也不例外，她同样带着欢喜的心情迎接新的岁月。特别是在纽约过年时，宋美龄居然会想起给工作人员发"红包"。

台湾的某刊物报道过：曾是"第一夫人"的宋美龄，如今是和由管家、护士、近亲和侍卫官们合组的大家庭共度新年的。大年三十的年夜饭后，该是发压岁钱的时刻，宋美龄在自己的卧室里拿着手杖踱步，偶而以英语说出"岂有此理，我怎么没有钱了呢"？随后，她用手杖轻轻敲敲孔二小姐孔令伟的房门，要她想法子，因为没有压岁钱可发了，宋美龄心中很不自在。据说，大年初一这一天她没有下楼，到了初二早上，她高兴了，整理过服装，挺起腰杆，由护士扶着走下楼梯，告诉侍卫官、护士、厨师说："请大家去向孔二小姐拿红包。"于是，工作人员每人按着等级，收到一百元或二百元不等的美元奖金。

难道真像某些台湾作者所说的：蒋介石给夫人只留下了"实行三民主义，坚守民主阵容"的遗嘱，实在没有留下什么财富赠给他的夫人？

在这里我们并不想讨论蒋夫人宋美龄到底有多少财产。只想说，如果她发红包一事属实的话，那么，由此看来，晚年的宋美龄对家族以外的人也开始富有人情味了。

据闻，在纽约时的宋美龄，对过去为她服务过的人员的来访处理得也颇为体面。例如，从台北来到美国的旧属，有些人专程到纽约来看望她时，她都不会慢待，有时她因接待不方便，就叫外甥女孔令伟代表她邀请到家中作客，代替她尽地主之谊，表示慰劳慰勉的心意。

礼节性的交往

宋美龄由于有"历史人物"的身份，晚年又曾多次访美，推动"台美外交"，因此，她在美国有较高的知名度，并与美国政界的一些名人，始终有着书信来往，现又到美国借居，自然更要礼尚往来了。

有报道说，宋美龄1991年赴美后，美国前总统里根、布什，都曾致函在纽约的蒋夫人，表达他们的敬意；宋美龄也与她当年在美留学时的两所母校——乔治亚州的卫尔斯利专科学校和麻省卫尔斯利学院的校长、校董会时有联系。她的两所母校，都视她为杰出校友，知道她已打算久居美国后，都曾邀请宋美龄到母校访问。此外，美国一些教会执事长老、牧师，也常写信给蒋夫人宋美龄。

1995年，宋美龄这位"历史人物"又成了美国的新闻人物。已度过98岁生日的宋美龄于7月26日由家人簇拥着，连续参加华府美国国会向她致敬的酒会和台北驻美代表鲁肇忠夫妇在双橡园举行的欢迎茶会。她心情愉快，一直面带笑容，与中外来宾晤谈。

由美国参议员赛门主持的致敬酒会是在参议院罗素大楼二层举行的。宋美龄于下午5点到达会场，在场的29位参议员、16位众议员分别来到酒会会场向蒋夫人表达敬意。在场的还有采访酒会新闻的美国、欧洲、日本、韩国以及中国台湾记者共100余人。

参议员塞蒙德、罗布、穆考斯基、格伦、辛普森、汤玛斯、裴尔、赛门以及众议员杜南、佛雷塞等，前美国国防部长温伯格、驻中国大使李洁明，以及政府官波顿、所罗门、华克、赵小兰等，这些人之所以来参加酒会，会见宋美龄，是因为他们都有一段个人与中国、与蒋介石、与宋美龄之间的故事。

早在1943年2月，宋美龄就曾应邀访问过华盛顿，受到美国总统罗斯福夫妇的欢迎，并住在白宫，向国会两院发表演说。这是她一生中最值得炫耀的一段往事。后来，宋美龄随夫君退往台湾，又曾四度以"第一夫人"的身份出现在华府。而这一次，宋美龄则以外国平民身份获得了美国国会致敬酒会的殊荣，使得她又惊又喜。

双橡园的欢迎茶会是当天下午6点半举行的，出席者大都是宋美龄的旧部好友们，如夏功权、郝柏村、林澄枝、孔令晟、许历农、严倬云等300余人。宋美龄于下午7时赶到会场，出席了这个茶会，接受与会人士的致敬后，她离开双橡园赴机场搭专机返回纽约。

久未露面的98岁的宋美龄为了这两次宴会，居然在华府停留了七个小时，可见身体相当不错。事后，某些台湾人把她此行的表现吹捧地说成是：高贵典雅的气质，迷人的风范，未因岁月飞逝而稍减分毫，她举止从容，言态镇定，处处展露风格天成的领袖风采，"她依然是受人敬爱的世界领袖，高贵妇人"，"与会的中外人士，对她的美丽、健康、风采依旧最为赞叹欣喜，啧啧称奇，大家都忍不住相互重述所感，喜极泪下"，等等，难免有肉麻之嫌。

最开心的时刻

宋美龄于1991年赴美后，每逢一年中的重要节日，如中国旧历新年、圣诞节，或宋美龄的生日，她的亲人，大都会聚集到纽约同她一起欢度。

事实上，宋美龄在北美的近亲，要比台湾多得多。如当时，孙辈有在旧金山的蒋孝章、在蒙特利尔的蒋孝勇，侄儿辈的孔令仪、孔令伟及三年前去世的孔令侃都住在纽约，孔令杰则住在德克萨斯州，蒋纬国的儿子蒋孝刚当时也在纽约工作。

蒋孝武的孩子蒋友兰、蒋友松，及蒋孝文的独女蒋友梅，因不在美国，来纽约的时间较少一些。蒋孝勇虽迁居加拿大的蒙特利尔，但时常飞来纽约看望祖母宋美龄，他的三个孩子蒋友柏、蒋友常、蒋友青从小就与宋美龄很亲，在台北时，常到士林官邸看望她，所以很受宋美龄的疼爱。蒋纬国这个唯一在世的"儿子"虽远在台北，也常飞抵纽约来尽孝道。

能够经常亲人团聚，享受天伦之乐，这大概也是已到高龄的宋美龄再度流寓美国的重要原因吧！

报道中还曾提到：宋美龄最喜爱子孙满堂的热闹，特别是当她娘家宋氏子侄带领家小来请安时，宋美龄总是夸奖能多生儿育女的侄孙媳妇宋曹俐璇，且待这个侄孙媳妇比谁都亲热。看得出，她有意表扬这位宋家的"功臣"。也难怪，中国人嘛！一看到娘家人丁兴旺，自然是喜出望外。

另一个令宋美龄开心的时刻就是：近年来每逢她的生日，都有来自世界各地的抗战时期遗族学校的祖字辈学生，聚集在纽约宋美龄的寓邸齐声叫着"蒋妈妈"。她虽然没有嫡出的后代，但每到生日，竟有这么多人称她妈妈、为她祝寿，这也应当算是人生的一大幸事！

亲属思乡和返回大陆

在"蒋家的大家长"宋美龄的默认下，蒋氏家族近年不断向大陆方面施放试探性的气球，报界经常传出蒋家亲属返回大陆的消息。

先是中国香港《大公报》摘登了陈香梅的《从章孝慈访问故乡说起》的文章。文章说：蒋经国的儿子章孝慈如愿以偿去北京访问，而且到他生母章亚若女士的墓地去致敬和致哀，获得了大陆方面热情的接待。后来章孝慈突然在北京犯了急病，两岸红十字会携手合作，很快就将他运回台北的荣民总医院治疗。祖国大陆方面随后又派人前往台北探视，极尽了同胞之情。

随后，新加坡的《联合早报》报道：离开祖国大陆四十多年的蒋纬国，对故土的思念别有一番滋味。

蒋纬国说，他当年自祖国大陆去台湾时，其中带去的两件东西至今仍供奉着，一是一杯祖国大陆的水；二是一杯祖国大陆的土。他说，几十年来，每逢年节，他都会对着故乡的土和水上香、叩拜。这位思乡心重的国民党二级上将很想回祖国大陆、回故乡看一看，走一走，唯因时机不成熟，使他迄今无法圆这个思乡梦。

还有消息说，蒋经国的大儿媳徐乃锦女士，通过秘密渠道回过祖国大陆。她的主要目的是安排蒋家后人们回浙江奉化祭扫蒋介石生母王太夫人陵墓一事。但是否还有其他使命，不得而知。

1996 年 7 月 25 日，台北"中央社"报道说：北京消息灵通人士证实，已故"总统"蒋经国先生的三公子蒋孝勇已于昨天抵达北京。不过，目前他住在哪里，是否仍照原计划看病求诊，并未对外公开。

罹患食道癌的蒋孝勇，原定 7 月 20 日到达北京，由北京医科大学组织北京医学界治疗肿瘤的权威医生，22 日在北医大第二附属医院——人民医院会诊病情，并负责接待和安排他在北京的行程，但是后来因故改期，原因不明。

消息人士说，蒋孝勇这次到北京会逗留几天，四处转一转，至于是否会看病，了解他在此前的治疗过程是否得当，就要看他自己的意愿。

据了解会诊安排的北京医疗界人士说，蒋孝勇的病历先前就已送达北京，会诊小组可就病历会诊，然后将结果告知即可，无需病人到医院与医生面对面接受诊治。

目前在世的蒋家后人中，大概与宋美龄最亲近的人就算是蒋孝勇了。国外那么好的医疗条件，却非要回到中国大陆来看病，是不是有些耐人寻味呢？事实上，蒋孝勇确实为他的爷爷和爸爸迁葬大陆一事做了一番实地考察。

与心爱的外甥女告别

跟随宋美龄到美国的孔二小姐，是宋美龄身边最值得信赖的亲人了。可是孔二小姐却因身体不适自美国返台接受振兴医院的治疗，当时被医生发现并确诊患上了直肠癌。在立即手术后，她的病情很快得到了稳定。于是，孔二小姐于 1993 年 2 月再度赴美陪伴宋美龄。直到 1993 年 9 月，孔令伟的直肠癌复发，她二度返台接受治疗，但是病情很不乐观。

1994 年 9 月 10 日，在孔令伟病危之际，97 岁的宋美龄飞抵台北来探视她心爱的 75 岁的外甥女。

台湾的《中国时报》1994 年 9 月 12 日在一篇报道中写道："以宋美龄九七高龄的风烛残年，冒着搭乘长途飞机的辛劳和危险，不辞万里跋涉，来到台湾探视孔令伟，她们之间的感情，绝对不是用一般的甥姨之情可以轻易诠释的。"

另外，台湾某些人还认为，宋美龄此行冒了很大政治风险，台湾《天地新闻》社社长曾撰文称："蒋夫人的身份地位，她了解当前的台湾环境，政治气候，是个最敏感的地带，尤其是李登辉几乎已同民进党一鼻孔出气了，她的来去，不会不考虑到出现一些尴尬的场面，不必说什么污辱了，即使有不敬的情况，也让她感到难堪的。"①

1994 年 9 月，孔令伟病危之际，97 岁的宋美龄飞抵台北探视 75 岁的外甥女

① 参见 1994 年 9 月 12 日香港《星岛日报》。

但是蒋夫人宋美龄为了和她这个从小带在身边长大、视同己出的外甥女见上一面，还是不顾一切地来了。台北的报纸说：蒋夫人抵达台北后，一直留在振兴复康医院中陪伴外甥女。但目前孔令伟的病情已趋稳定，蒋夫人也已离开振兴复康医院，据推测将返回美国。宋美龄虽然关切这位亲人的健康，大老远地从美国赶来，却无能为力。用蒋纬国的话来说，现在的孔二小姐只能把命交给上帝，把病交给医师。

宋美龄很清楚，她即将又要面临一次与亲人的生离死别，却又别无选择。只有靠另一种境界来帮助她承受这一打击了，即：心中怀有天国团聚的企盼。

听说老夫人要回家，士林官邸的管家、近亲加上侍卫官们，为了表示对蒋家的忠心，忙碌起来。李大伟、朱霞庭、蒋茂发等自动集资十余万元，分头去南门市场、花店买些宋美龄爱吃的蔬菜、水果和鲜花，按照往常的惯例布置起来。客厅、书房顿时洋溢花香。86岁的老副官王新标，亲自带着工友打扫院子。这些人心中仍保有老传统、旧观念，之所以这样殷勤备至，据说是因为他们希望：在蒋介石去世后的多年，士林官邸一直冷落着，不能让老夫人宋美龄回家有人情冷暖、今非昔比的伤感。

有报道说，宋美龄返回台北的当天下午终于进入了久别三年的士林官邸。她先上楼走进每个房间，向大家道谢，然后走进蒋介石的卧室，见床帐亦如生前，连床边几上的半杯白开水，也许刚换过还是温温的，她默祷了半分钟，摸摸枕头、摸摸睡衣就下楼离开了官邸。

士林官邸园内的老松树还是直挺碧绿，慈云亭上鸟雀起舞，松鼠跳跃在树丛里，蓝天白云依旧，可是这里已是几度沧桑。士林官邸的侍从们送走了老夫人宋美龄，都为自己已尽了一番心意，而感到满足。同时，他们又是一番惆怅地说："这一走又不知何年何月再回来，也许永远不会再回来了。"

宋美龄经短期探视慰问之后，终于硬下心肠离台赴美。

在宋美龄9月19日返美之后不到两个月，她一直宠爱有加的孔二小姐于1994年11月8日离开了人世，终年75岁。

孔令伟去世后，台北的振兴医院立刻用传真把死讯告诉了在美国纽约的宋美龄，她即刻吩咐有关人员按照孔二小姐的遗嘱，把她的遗体空运美国同其父母安葬在一起。

11月中旬，孔二小姐的遗体被放置在美国曼哈顿上东城麦迪达大道的堪贝尔殡仪馆内，接受孔宋家族在美国的亲友们祭吊。

在台北曾见过孔二小姐最后一面的宋美龄，于11月16日上午也亲自到堪贝尔殡仪馆参加孔二小姐的追思礼拜。11时，宋美龄着黑色洋装，面容肃穆，在两位年轻人的扶持下进入布里克教堂。由于宋美龄进入公墓时就表示，她不喜欢拍照，故公墓的管理职员禁止摄影记者入内。

孔氏家族的墓园位于芬克利夫公墓内一栋大厦的三层，墓园中已安放了孔祥熙、宋蔼龄、孔令侃三人的灵柩。

送葬的亲友步上三层，坐着轮椅的宋美龄也乘电梯抵达那里。就这样，上帝又从她身边召唤走了一个至爱亲朋。能够陪伴她的亲人已经越来越少了。此时，宋美龄是该为自己的长寿而喜还是为亲人的故去而悲呢？

三十二、九九动态

1996 年 3 月，美国纽约大都会艺术博物馆将从台湾运抵纽约的 450 件中华奇珍异宝，向公众展示并定名为"中华奇观"展览会。3 月 22 日，在展览会预展上，蒋介石的遗孀、已移居纽约多年的宋美龄女士也到了现场，这是她近十年来第一次在公众场合露面。

由于宋美龄的到来，预展上出现了从未有过的盛况，许多中外记者并不一定是为了参观中华瑰宝，而是为能一睹已近百岁的蒋夫人的风采。镁光灯此起彼落。由此可以看出，早已退出政治舞台的宋美龄，许多人还依然保持着对她的关注。

刚刚过完 99 岁生日的宋美龄精神矍铄，坐在轮椅上浏览了从台北"故宫博物院"运到美国的展品，偶尔她也从轮椅上站立起来，在旁人搀扶下走两三步再坐回轮椅。当众记者争先恐后将她围得水泄不通时，她年轻时的作风则又显现了出来，她急促地说道："再距我这么近，我就要把你们的摄像机给摔了。"当记者闻此言而与她保持适当距离后，宋美龄则又恢复其最佳风度姿态。宋美龄参观完毕后，与艺术博物馆馆长蒙特贝罗共进了午餐。蒙特贝罗对宋美龄的评价是：她是一个贵夫人，一个镇定自若、宁静祥和的人。

中国香港《90 年代》杂志 1996 年第 9 期对宋美龄有如下的报道："5 月初，刚接任经济部中小企业处处长的原台湾驻香港代表黎昌意有美国之行，在纽约见到了宋美龄，并单独谈了一个半小时。他说宋美龄以近百之高龄，看起来依然健康美丽。"

黎昌意和蒋家渊源颇深，因为父亲黎玉玺的关系，双方可说是世交。黎昌意从小和蒋家的小孩玩在一起。读大学的时候关系更密切，几乎每个星期天一起去做礼拜，有时完了还一道吃饭。黎昌意说他四年多前去香港任职曾到美国见过蒋夫人，这次也趁着访美的机会去看一下，还带了包括《90 年代》和刚出版的《在宋美龄身边的日子》在内的几本书去向蒋夫人请安。

黎昌意说蒋夫人当天的心情看起来很愉快，穿高跟鞋和旗袍，美丽依旧。她把这本当年抗战时期她的秘书张紫葛所写的书翻了很多次，一再问"这个人现在是不是还活着？现在在哪里？"当看到书前面她们三姐妹当年的照片时，则说"她们都不在了"。显然对书感到相当有兴趣。

由于宋美龄视力不很好，黎昌意事先把要说的话用大字写在几张纸上，宋美龄戴着眼镜看。事实上她的听力也不好，但她拒绝戴助听器，所以，讲话要大声一点儿。她说话时夹杂着英语和带上海腔的国语。她不只一次问黎昌意：Are you happy？并说"做人 happy 最重要"。

黎昌意与宋美龄边吃乳酪蛋糕边聊了一个半小时。他说蒋夫人仍非常关心台湾，但少谈政治，大多是闲话家常，她关心黎的家人和孩子的近况。

1996 年 12 月 20 日中国台湾《联合报》报道："总统府"资政蒋彦士与"考试院长"许水德昨日证实，海基会董事长辜振甫夫人辜严倬云女士，曾在 11 月中旬将两位蒋故"总统"奉安移灵小组所拟的两项方案带给在美国的蒋宋美龄女士，蒋夫人在公文上以红笔批了"同意"二字，奉安移灵小组于是在前天会议上，作出"先在台湾国葬，等统一后再迁葬大陆"的决定。

中国台湾《中国时报》12 月 20 日报道：据了解，在蒋宋美龄女士同意两位"总统"遗体在台湾奉安后，高层将积极规划奉安事宜，以隆重的"国丧"仪式为两位蒋"总统"举行奉安大典，而李登辉"总统"可望担任奉安委员会之主任委员。

针对蒋夫人宋美龄同意两位蒋故"总统"以"国葬奉安台湾，并等两岸关系变化之适当时机予以迁葬大陆"的处理原则，在台北"荣总"接受洗肾治疗的蒋纬国将军表示，老夫人所有指示，大家应该参照办理，把两位蒋故"总统"早日送回大陆安葬是最重要的。

第一家族子嗣凋零

岁末，家家户户都在做着庆圣诞、迎新年准备，有关蒋氏家族的消息又接踵而来，宋美龄最心爱的孙子蒋孝勇日前在台北病逝。几年光景，蒋家已是"一门五寡"了。

蒋孝勇于 1996 年 12 月 22 日晚上 8 点 15 分去世，享年 49 岁。他是蒋介石第三个英年早逝的孙子。

据台湾《中国时报》1996 年 12 月 23 日的特写称：

编者按：蒋孝勇是一位坚强的病人，他的病故虽然是在预期之中，但是没有想到会这么快。他在生前因为知道自己的生命已经进入倒数计时的阶段，所以无论病痛有多么不舒服，都强忍着接受本报记者访问。他说，他希望在咽下最后一口气前，能为他一辈子沉默的母亲蒋方良留下只言片语。

上周，蒋孝勇还告诉本报记者只要他不是那么不舒服，一定要再去采访他，因为他讲述母亲的故事还没有结束，没有想到时间却是快得令他措手不及。

重病在身的蒋孝勇因为有坚定的宗教信仰，所以并不害怕死亡，罹患癌症以后，化学治疗曾经给他相当的信心，通过中国大陆之行，他才了解自己的病并不简单，而且生命只有几个月的时间。他虽然一再表示不乞求出现奇迹，但是求生的意志十分坚强，每次在记者访谈时，他都要数度休息吃药、吃点心以补充营养。

化学治疗让他感到十分不舒服，但是他思路清楚，声音洪亮，如果不是那消瘦的身子，很难从他的谈话中知道他是一个临终的病人。

他的一辈子充满了争议，临终前他还是不改这个个性。他不仅对蒋经国生前选择接班人的过程留下了"最后的声音"，也为他母亲一辈子的孤苦留下记录。如果有遗憾的话，应该是他十分坚定地反对国民党处理他的祖父和父亲的移灵事件，他担心死后别人自作主张为蒋家做决定，特别叮咛他母亲的这个案子由他全权做主，即使死后也交代了他的太太方智怡处理，不过他的祖母蒋宋美龄已经表达了意见，蒋孝勇也就不再坚持了。报纸上对蒋孝勇最后访谈这样写道：

"孝勇啊！你怎么瘦成这个样子！"

自从年初罹患食道癌以来，蒋孝勇不忍见母亲蒋方良女士再一次白发人送黑发人，他一直不敢告诉母亲有关自己的病情。第一次开刀时，他还特别叮咛家人把报纸收起来，就是怕他母亲知道，但是在媒体不断报道下，不仅蒋孝勇自己天天看报纸怎么写他的病情，蒋方良也终于知道她仅存的这个儿子，生命已十分有限。在一次赴"荣总"探望儿子时，蒋方良问儿子怎么这么消瘦，说了上面饱含怜爱与心酸的话，母子两人忍不住泪眼相向。

蒋孝勇的病故，令人不禁同情蒋家这个曾经在两岸执政半世纪，权倾一时的政治豪门，近十年来迅速凋零的凄清与孤寂。

坚强求生

其实，对于自己的病情，蒋孝勇了解得十分清楚，年中他赴大陆求医，就是他在了解病情并不乐观的情况下的，一趟求生之旅。可惜并没有成功。

那时候他的病况虽然不好，但是毅力很坚强。所以他曾经回浙江老家扫墓，本来还想去黄山代替他父亲蒋经国了一个心愿，因为他父亲蒋经国跑遍了整个的中国大陆，就是没有去过黄山。遗憾的是他想代父亲完成的心愿也没有达成，因为当时他得知癌细胞已经蔓延到脑部，必须赶回来开刀治疗。

蒋孝勇在生病过程中，神志一直十分清楚，不论治疗有多痛苦他都很能配合，包括戒烟戒酒，原本不离手的烟酒也没有再碰过。虽然他在病榻前数度接受本报记者访问时，一再强调对病情并不企求奇迹出现，但是从每一次的谈话中，都不难了解，他坚强的求生意志，以及他还有很多事要做，包括祖父、父亲迁葬的问题，明年为祖母100岁庆生，陪他老迈孤独的母亲回故乡大陆和俄国走一趟，还有他年幼的儿子也需要照顾，等等。

但是他知道这一切都因为自己的即将离开人世，而无法实现。所以在治疗过程中，不论有多不舒服，他还是数度往返台湾和美国两地，为自己和蒋家善后。他在病榻前接受本报记者专访时曾经表示，本来担心他的母亲会为他的死伤心，所以他考虑到美国，为不让蒋方良再度抚尸痛哭，但是想想母亲如果连他最后一面都见不到，岂不是更伤心，因此数度往返台湾和美国之后，这次回国他就是在等待最后一刻的来临。

直面争议

蒋孝勇可以说是含着金汤匙出生的权贵子弟，他的一生充满了争议。对于自己一生的诸多争议，蒋孝勇曾经自己剖析说："年轻时都会闯一些祸，但是有时是被别人利用，有些是别人假借我的名义去做。"他对自己的过去坦然面对，一点也不回避。有一次他还把三个儿子叫到面前，交代他们好好念书，他说，"你们只要看到爸爸到这个年纪还要念书念得这么辛苦，就知道小时候念书的重要。"

即使已经褪去蒋家的光环，走出蒋家的阴影，但是随着政治环境的改变，蒋孝勇还是摆脱不了争议。为此，他特别交代三个儿子："你爸爸做错的事一堆，但是有一件事可以记得，就是没有人可以买你爸爸。"他要在是非与争议中建立儿子对父亲的信任，也婉转地告诉儿子"别人荣华富贵是别人的事"，一语道破蒋家的兴衰与没落。

蒋孝勇临终颇有所悟，当知道自己病情已不轻时，他找来亲近的朋友谈道："生命的长度在上苍，生命的宽度在自己。"

挂念老母

蒋家的女人可以说个个都是坚强的女性，从蒋宋美龄、蒋方良、蒋徐乃锦、蔡惠媚到现在的方智怡，蒋家已"一门五寡"，但是她们都是蒋家男人的最大精神支柱。

蒋孝勇在病榻前有一次就告诉记者，他身后有两个令他最放心不下的女人，一个是他孤寂的母亲蒋方良，另一个是他最大的精神支柱太太方智怡。每一次提到他的母亲，他的意志力就崩溃地潸然泪下，他不断告诉记者有关母亲的轶闻趣事，他希望在自己有一口气时，帮个性保守、辛苦一辈子却无怨无悔的母亲说点话，留点纪念。至于他的太太，他说："我下一辈子还要娶她。"

临终前，他找来朋友说，对于死"我看得很开，也能够接受命运，唯一放心不下的不是妻儿，而是我这80多岁多病的母亲，老人家怎么受得了在八年里去了在俄国冰天雪地以柴房为家，做工维生相依为命的丈夫和都在中年而去的孝文、孝武和我这三个孩子"。

坚持己见

即使生命即将走到尽头，蒋孝勇在某些方面还是相当坚持己见。例如他对两位蒋"总统"迁葬一事和叔叔蒋纬国意见相左；他对同父异母兄弟章孝严的不谅解，甚至不惜公开撰文批评章孝严的"外交政策"与他父亲坚持原则背道而驰。他说，对章氏兄弟的事，在蒋家是他第一个和章孝严兄弟来往，但是现在章孝严的从政表现，使他觉得双方已是桥归桥，路归路，没有什么好谈的。即使蒋家日趋没落，但是政治观点的分歧又可以说仍然是甚于亲情。

在一个初冬的午后，记者前往荣总采访蒋孝勇，他介绍了好几本写他父亲的书给记者，他说那些书对他父亲大陆时期的生活有很翔实的描绘。话锋一转，他提到"我叔叔昨天晚上也住进来了，就在隔壁"，记者本来以为他们叔侄两人在医院反而有个伴，但是他摇摇头说："他的那本回忆录，我没有看，但是人家告诉我对我父亲伤害很大。"原来蒋纬国一本回忆录，伤害了好不容易才建立起来的叔侄感情，让他们即使在医院比邻而住，都不相往来。蒋孝勇说，他一生就是有点孤傲，不管人家喜不喜欢。

在这圣诞、新年都即将来临的日子里，可想而知，宋美龄又不太好过了。亲人们一个个离她而去，作为母亲和祖母她一次次为儿、孙们送葬，这对老年人确实是太残酷了一些。可是对这种事情，上帝也是无可奈何、爱莫能助的！

三十三、百年华诞

宋美龄生于1897年农历二月十二日，公历1997年3月20日是她的百年华诞。为此，国民党早在年初就开始为宋美龄的大喜日子筹办祝寿活动。

中国国民党秘书长吴伯雄于1月间趁率团参加克林顿总统就职典礼之便，顺道访问纽约，在与纽约地区中国国民党党员同志集会时开始作指示：今年3月20日是蒋夫人百岁华诞的大喜日子，派驻纽约的专职党工与旅居纽约地区的党员同志届时应该有所表示。

随着日期的临近，经过不断地规划、研究、沟通、协调，终于确定了为宋美龄庆祝生日的活动项目：

1. 由国民党中央筹组祝寿代表团专程至纽约向蒋夫人祝寿；

2. 在"纽约华夏文化中心"（即国民党驻纽约组织办公室）设置寿堂，供国民党党员及侨胞前来行礼祝寿；

3. 举办祝寿餐会。

在台湾，中国国民党中央党史委员会为彰显宋美龄对国家社会各方面的卓越贡献和懿行德范，特于2月27日在台北市阳明山的阳明书屋（原蒋介石的阳明山官邸）举办了"庆祝蒋夫人期颐嵩寿座谈会"。由国民党副主席俞国华主持，特邀了国民党的元老、追随蒋介石夫妇的侍从人员、亲友、旧属以及对宋美龄个人经历多有研究的学者、专家等各有关方面32人，对宋美龄的百年华诞表示祝贺，同时以座谈的方式对宋美龄进行了评价和颂扬。参加座谈会的有：郝柏村、蒋纬国、秦孝仪、辜严倬云、周宏涛、熊丸、曹圣芬、唐振楚、楚崧秋、孙义宣、蒋孝肃、赵筱梅、李钟桂、邵梦兰、林建业、潘振球、李云汉、石之瑜、夏功权、夏黄新平、文立徽、胡忻、胡章蕴文、孔令晟、邹坚、陈宗璀、钱义芳、魏小蒙、陈在俊、黄昭顺、陈鹏仁、乔宝泰、楼文渊等。他们在座谈会上各抒己见，以自己的亲身体会从各个角度阐述了宋美龄在复兴民族、建设国家上的贡献及她的懿德风范。

李登辉也亲自参加了"妇联会"在台北举行的"庆祝宋美龄女士百龄华诞茶会",并作了题为"蒋夫人无私奉献爱心无远弗届"的致词。

李登辉回顾了宋美龄历史上的重要贡献:民国十八年,创办国民革命军遗族学校,照顾孤苦无依遗族;二十六年抗日期间,率领妇女同胞慰问前线官兵、探视战地医院、救济流离难民;二十七年成立战时"儿童保育会",抢救战地儿童;在台湾创办华兴育幼院、复健医学中心;成立"中华妇女'反共'联合会",开始有组织、有系统地关怀三军、服务妇女,以及济助老弱、残障、贫苦同胞,成为建设社会的一股重要力量。

李登辉评价说:"蒋夫人不但是先'总统'蒋公的得力助手,并以全部的智慧和力量,投入国家各阶段建设,蒋夫人成功的因素很多,但最重要的有两点:一是在美国所接受的教育,二是虔诚的基督教信仰。"

他认为,美国的教育非常重视学生自由民主精神的培养,这对蒋夫人一生都有重要影响。对她来说,自由民主的精神还在学生时代早已根深蒂固,并奉为行事准则。所以她在襄助蒋公的数十年中,一方面主张加入自由民主的国际阵容,另一方面向国人宣扬自由民主的真谛,积极致力实践自由民主的建国理想,虽然因为长期内忧外患,导致政局不稳定,无法逐一落实,但是此一正确而鲜明的目标,对台湾后来的民主发展,影响非常深远。作为虔诚的基督徒,蒋夫人的所作所为,都在上帝的道路上,依个人的体会,整本《圣经》的精髓,也是其中最伟大的一个字,就是"爱",蒋夫人领受了上帝的旨意,以"爱"作为起点,实践力行,在全国广大土地上,留下了无数"爱"的痕迹。

在致词的最后,李登辉总结说:"蒋夫人在数十年奉献的事工中,始终坚守一个原则:把'爱'送到最基层,把'爱'分享给弱势同胞,没有锦上添花,只有雪中送炭,因此成为大家心中'永远的蒋夫人'。"

在美国的曼哈顿,由于前来祝寿的人太多,宋美龄私邸主持日常事务的主管安排每日分别接见二人(或二组),为期一周。

3月14日下午,首次受到接见的贺寿来宾是前国民党台湾当局驻日代表蔡孟坚。他与蒋介石关系已有六十余年。他为宋美龄送来了一幅著名画家欧豪年所绘的《寿桃图》作为寿礼。宋美龄按时下楼,见到老朋友后兴致极好,一会儿用中文,一会儿用英语,不断发问着。当她看到《寿桃图》时,手指寿桃说,"欧豪年确是名画家,经国在世时常买他画赠我"。随后她将自己在台湾时亲绘的山水、花卉画册各一本回赠蔡孟坚。

　　3月18日下午，中国国民党祝寿代表团在团长俞国华（国民党副主席）的率领下，前往宋美龄寓所进行拜寿。这个代表团，台北部分除了团长俞国华外，包括中评会主席团主席沈昌焕及夫人、中央常务委员郭婉容、副秘书长钟荣吉、"妇工会"主任黄昭顺、中央委员蔡铃兰、"海工会"专门委员郑志诚等，另外再加上在美东地区的两位中央评议委员马克任与李达平，以及两位中央委员胡志强与巫和怡，一共由12名成员组成。每位团员的现职或经历都十分显赫，有前任的"行政院长"、"总统府秘书长"、"部会首长"，也有现任的"总统府""资政"、"行政院"政务委员、"立法委员"、"国大代表"、"驻美代表"等。

　　是日下午2点50分左右，宋美龄首先接见了台湾驻美代表胡志强夫妇及驻纽约台北经济文化办事处处长吴子丹夫妇，胡志强以"政府官员"身份代表李登辉、连战"副总统"向宋美龄拜寿，并呈献了贺函与礼物。继而，于3点10分左右宋美龄继续接见了祝寿代表团，此时胡志强又以"中央委员"的身份加入祝寿团。

　　祝寿团代表国民党主席李登辉及全党同志向蒋夫人行礼祝寿，俞国华并当面呈送李登辉的贺函，以及由欧豪年教授所绘的《山高水长》国画贺礼，宋美龄显得十分高兴，并一再表示谢意。

　　由于宋美龄与代表团部分团员都有长达五六十年的交情，所以在接见代表团的整个过程中充满了幽默的对话与亲切的交谈，宋美龄富于情感的表达，使在座的人都感到百岁老人宋美龄的精神健康较往年为好。

　　代表团在结束了拜寿活动后，特地前往纽约中华公所举行记者会，向关心此事的新闻媒体说明拜寿经过与细节。

　　晚上由国民党及纽约侨界共同主办祝寿餐会，参加的侨胞人数近800人，餐会分别在两个餐厅举行，祝寿团成员也先后参加了两处的祝寿餐会。餐会上，俞国华先代表国民党主席李登辉与国民党向侨胞致意问好，接着代表宋美龄感谢在座各位的盛情，同时也向在场侨胞详细地说明了代表团向宋美龄拜寿的过程。代表团成员沈昌焕以其追随蒋夫人超过50年的时间与经历，以"我所知道的蒋夫人"为题，用风趣幽默的口吻向在场侨胞简短扼要地述说有关蒋夫人的一些生活故事，在座侨胞无不听得津津有味。最后，全场高唱生日快乐歌。与此同时由代表团成员与中华公所陈炳基主席等一起合切预先准备好的十层巨型蛋糕向蒋夫人祝寿。

　　3月19日晚上，在宋美龄的外甥女婿黄雄盛、孔令仪夫妇的曼哈顿寓所内有一场为蒋夫人暖寿的家庭聚会，这也是近几年来蒋、宋、孔三家亲戚最大规模的一次聚会。参加者除了宋美龄至亲外，她的几位至交好友如国民党祝寿团成员俞国华、中评委沈昌焕夫妇等亦应邀参加。

3月29日中午，祝寿活动达到高潮，50多位宋美龄的至亲、故旧，包括国民党祝寿团成员俞国华、沈昌焕夫妇等人齐聚于宋美龄的寓所，以作感恩礼拜、唱诗、读经、祈祷的方式欢度宋美龄的百岁华诞。在由周联华牧师主持的感恩礼拜后，宋美龄神情愉悦地对大家说："不要只为我祝福，更要为我们的'国家'、人民多祷告，祈求上帝赐福。"这次聚会历时约两个小时。

晚上，由蒋夫人的外甥女孔令仪夫妇代表她在曼哈顿万寿宫餐厅设宴，答谢数日来向宋美龄拜寿的团体与个人，孔令仪女士代表蒋夫人致赠每位参加者一本宋美龄的画册留念。

这场历史性的祝寿经过周密的设计、协调和联系，终于圆满地结束了，结果当令宋美龄十分满意。

三十四、兄妹情

在中国近现代史上，很少有一个家族的子女，像宋家一样，无论权势、地位、金钱都能堪称第一。宋氏三姐妹更是中国近代最具传奇色彩的女子。老大宋蔼龄嫁给了当年曾担任国民党政府财政部长及行政院长的孔祥熙；老二宋庆龄嫁给了国民党的创始人国父孙中山先生；老三宋美龄嫁给了蒋介石。由于这一系列独特的政治婚姻，她们的三个兄弟，特别是宋家长子宋子文自然在中国近代史上也占有了特殊的地位。20世纪40年代末，兄弟姐妹中唯有宋庆龄分道扬镳，留在了祖国大陆担任国家副主席。其他五人四散在海外。蒋夫人宋美龄因政治观点和家族利益则常与海外的手足们聚一聚。同时，也尽其所能，对兄姐们时有关照。

1949年，宋子文夫妇流亡美国。当他6月9日抵达纽约时，有记者问他此次赴美的任务是什么，宋子文回答当然是为了私事。这位在中国政坛曾经叱咤风云的国民党要员为何落到流亡海外的地步，这要从两年前说起。

1947年3月1日，宋子文被迫辞去行政院长的职务。3月4日，被免去"最高经济委员会"委员长；3月8日，被免去行政院绥靖区政务委员会主任委员；5月11日，被免去中央银行、中国银行、交通银行、农民银行联合办事处理事会副主席一职。宋子文一连串华冠落地，但有人还在穷追不舍痛打"落水狗"，7月29日，居然在C.C.系控制的国民党最高喉舌——《中央日报》上刊登了宋、孔两家族利用特权牟取暴利的详细事实。很显然，53岁的宋子文成了60岁妹夫蒋介石的替罪羊，之所以曝光这些具体数字，就是要把老百姓对时局的不满集中到宋子文身上，以此来转嫁统治危机。于是，宋子文辗转到了美国。

事实上，宋子文是一个在政界不甘寂寞的人，此行赴美并不完全是为私事，另一个目的就是乞求美国政府再为已经在垂死挣扎的蒋介石政权输血打气，寄希望于大量美援能成为挽救败局的"回天之术"，如果从为亲属帮忙的角度上说，也可算是他为妹夫办点"私事"吧。

宋子文和长女宋琼颐

驻美大使顾维均的回忆录中对宋子文在美活动有如下的记载：

1949 年 6 月 11 日，宋子文在约见顾"大使"时说："委员长本不想让他离开中国，但他到这里是以一个公民的身份来尽自己的力量。中国的局势已经十分危急，他感到国家兴亡匹夫有责。"①

为了这个政权，这位"国舅"不惜厚着脸皮，找昔日的"朋友"乞求援助来了。

1949 年 8 月，宋子文在小妹宋美龄的授意下，草拟一份援华备忘录。他的计划是："美国提供 2 亿美元，其中包括经济合作署中国专款结存的约 8500 万美元，国会批准的对整个中国地带军事援助款 7500 万美元，以及向美国政府预支并以中国的锡、钨、锑和猪鬃等战略物资偿还的 4000 万美元。总数分五个月使用，每月用于轻武器 1000 万美元，用于军饷 3000 万美元。"②

对于内容如此具体的计划，顾"大使"认为要美方予以认可会有很大困难，特别是把大部分款项用于军饷，会遭到美方的激烈反对。但是宋子文为了蒋介石政权的前途也顾不上那许多了，他说："没办法，我们现在只得把死马当做活马医了。"③ 千方百计想挽回显然已告失败的事业。

由此可见，宋子文在他政治生涯的最后岁月，为了小妹和妹夫的"事业"真可谓是不计前嫌，鞠躬尽瘁。

在宋子文夫妇赴美之前，他的大姐、大姐夫和小妹曾先后飞往美国。宋美龄

① 《顾维钧回忆录》，第 132–490 页。
② 《顾维钧回忆录》，第 132–490 页。
③ 《顾维钧回忆录》，第 132–490 页。

自 1948 年 11 月赴美后，在华府上下、内外，奔走呼吁，乞求美援。但是，在许多官方场合，杜鲁门总统不给她一点儿面子，宋美龄时时处于十分尴尬的境地。

宋子文的到来，无疑是给一筹莫展的蒋夫人送来了一份精神安慰，兄妹俩可以携起来手，利用他们在美的一切社会关系，开始新的一轮公关。

宋子文先是同顾"大使"商议，请陈纳德组织一支空军志愿队，乞求美国派一个正规军事代表团，在军事方面来挽救国民党的败局。

有了宋子文的支持，顾"大使"马上同陈纳德讨论了中国的军事形势，陈纳德当即表示，只要有他的"空军志愿队"，国民党军队在湖南衡阳地区很容易防御。

由于蒋介石派出代表在美国国会议员中进行了大量串联活动以求尽快得到美援，造成了各方代表提交的美援方案互不一致，而使美国国会中蒋介石的支持者们感到无所适从，他们希望得到一份统一的计划。为此，宋子文准备在纽约的蒋廷黻家中召开会议讨论协调各项援助计划。很快，他把此消息通知给了宋美龄，宋美龄欣然同意召开这样一个协调会议。

宋子文为求美援全力奔波，同时他内心又对飞速变化的时局颇感悲观。他对国民党派驻美方的代表们说："剩下的时间不多了。"并几次询问有关人士是否可以轰炸上海发电厂（上海的主要供电单位），因为如果能炸掉上海发电厂，就会使上海的工业生产陷于瘫痪。可见，宋子文为了"党国"事业，真到了绞尽脑汁、孤注一掷的地步。

此后，宋子文曾多次求见美国出席联合国大会代表团成员杜勒斯，请求美国派出一个军事代表团。1949 年 8 月，杜勒斯向宋子文表示，赞成宋的想法，即提供两亿美元的借款和向中国派出一个军事代表团，同时又问宋子文下一步的打算。由此，宋子文似乎看到了一线希望。

但是，无论宋子文如何竭尽全力为妹夫效劳，中国人民解放战争胜利的大局已定。

4 月下旬，中国人民解放军百万雄师过长江，解放了国民党反革命统治中心南京；

5 月中旬，解放了华中重镇武汉；

5 月下旬，解放了中国最大的工业城市——上海；

8 月上旬，解放军占领了长沙；

9 月至 10 月，从衡阳到广州几十座城市相继解放。

目睹国民党军队的节节败退，宋子文也感到，无论他的"陈纳德计划"还是"军事代表团方案"都已无法挽回蒋介石在中国大陆的败局。宋子文只有另辟蹊径，另起炉灶了。

宋子文来到美国，一方面与小妹宋美龄联手乞援，另一方面又开始谋划另一个"救国方案"。他明确向顾"大使"表示："赞成一个由归国的留美学者组成的自由主义内阁的人选。"①

之后，宋子文就如何挽救残局同国民党驻美国一些官员进行多次磋商，也同他所接触到的美国朝野的官员、人士多次交换意见。很快，刚到美国一个多月，宋子文就与一些人有了共识："组织一个其成员主要是美国熟悉的留美学者同时又掌握实权的内阁，是挽救国家的唯一的出路。"② 他们认为，只有这样才有把握使国民党取得全面的美援和合作来扭转局面，还天真地提出什么不要害怕美国侵犯我们的主权，只要我们告诉他们或暗示我方意图，他们就会随时随地撤离；要得到美国的充分关心和甘心情愿的支持，就必须让美国分享控制权。

组织新内阁的方案一经提出，宋子文就紧锣密鼓地干了起来。顾"大使"认为，为使这项试验能付诸实施，必须说服委员长自己退居幕后。宋子文认为这能做到，蒋介石也将这么办。

正当宋子文寄极大希望于这个"新内阁计划"得到美国主子的认可来挽救败局之时，10月1日，中华人民共和国中央人民政府成立的消息传遍了全美。紧接着，以苏联为首，相继多个国家承认新中国的消息又不断传来。就这样，宋子文等人挽救国民党政权的梦想又一次在现实面前被击得粉碎。

对于宋子文的打击不仅来自徒劳的乞援，还在于这个国民党官员中有名的"亲美派"，此行赴美，一改过去的"座上宾"殊荣，却成了美国一些官员和记者津津乐道地谈论的国民党各种丑闻的核心人物之一。一些很尖锐的说法令宋子文十分地难堪和不安。让他感到尽管此行是想为妹夫雪中送炭，可时时感到的却是自身难保。

本来，宋子文从纽约一下飞机，就打算到华盛顿去为"国家"效犬马之劳。因为这些传言，宋子文很快就改变了主意，他对顾"大使"说："他已被华盛顿的共产党分子或同情共产党分子诽谤中伤到如此程度，使他感到访问首都毫无意义。"③

① 《顾维钧回忆录》：第 132—490 页。
② 《顾维钧回忆录》：第 132—490 页。
③ 《顾维钧回忆录》：第 132—490 页。

其实，早在 1949 年 5 月，宋美龄访美几个月后，杜鲁门总统已听到了银行界人士对国会议员们提出关于宋家和孔家在美国的曼哈顿实际上积蓄了 20 亿美元的指控。总统立即命令联邦调查局对这些传闻进行秘密调查，查明涉及款额的确切数目和钱存在什么地方。这次调查以及调查结果是如此敏感，以至于其详细情况在 1983 年事隔 34 年后才销密，但仍然受到严格的控制。

首先，联邦调查局找出关于宋家战时情况的档案材料，重新发现宋子文"开始担任公职时财力十分有限，而（1949 年 1 月）他已经积蓄 7000 多万美元"。同时指出，孔夫人宋霭龄在美国一家银行存款 8000 万美元；蒋夫人宋美龄在美国一家或两家银行共存款 1.5 亿美元。①

对于美国人的指责以及秘密调查，宋美龄极为不快。她愤怒地离开了华盛顿，隐居到了里弗代尔孔祥熙的别墅。然而就在这时，宋子文却毫无准备地踏上美利坚的土地。

令宋子文大伤脑筋的并非什么共产党分子，而是美联邦调查局的调查。因为联邦调查局确实发现了一些有价值的情况，查明这个家族的成员包括宋美龄在内，从美国的东海岸到西海岸都拥有公寓楼和办公大厦，调查人员还发现这个家族在美国拥有或控制着多家公司。

在确凿的事实面前，难怪杜鲁门总统要大骂："他们都是贼，个个都是贼……他们从我们给蒋送去的 38 亿美元中偷去 7.5 亿美元。他们用这笔钱在圣保罗搞房地产投资，他们有的房地产就在纽约市。"②

就连曾经支持过蒋介石的美国将军魏德迈也不无讥讽地说："不要再派出像中国要求的那种正规军事代表团……派少量美国顾问，分配给每个中国师长，则所费不大也许只需几百万美元，是可以做到的，这笔经费让宋子文单独筹措就可以了。"③他显然认为，宋子文应从私人财产中拿出这笔钱来。

宋子文面对着美国朝野的指控，显得束手无策。他更没有想到的是：在这山雨欲来的形势后面，还有更多的棘手问题在等着他呢！

1950 年年初，宋美龄在蒋介石一再要求下，告别美利坚，一无所获地回到了台湾。随后，宋子文也收到一纸电文，这是蒋介石向妻兄发出的紧急邀请电。接着，宋子文又得到了一条消息，国民党中央委员会常务委员会通过一项决议，要

---

① ［美］斯特林·西格雷夫著：《宋家王朝》，第 622 页。

② 《顾维钧回忆录》：第 132–490 页。

③ ［美］斯特林·西格雷夫著：《宋家王朝》，第 622 页。

求海外的国民党员限期返回台湾，否则将被注销护照。

此时的宋子文刚刚在美国的新居中安顿下来，所以他无意马上回台湾。但是蒋介石固执己见，毫不客气地向宋提出，要么回台"操持政府公务"，要么就被开除国民党的领导核心。宋子文回绝了返台的邀请，开始留在美国当寓公。

何去何从，十分精明的宋子文心中早已有了打算。他之所以不愿返台，自有他的道理。

其一，宋子文对台湾的"前途"十分悲观。1949年末到1950年初的那段时间，台湾的形势用苟延残喘来形容最为恰当，在美国几乎没有人认为蒋介石能在台湾待上一年以上。所以，宋子文不会冒这个险。

其二，宋子文与蒋介石及退台后的蒋介石集团中的许多人都有宿怨，历史上的这些"恩恩怨怨"必会成为日后的麻烦。显然，对宋子文来说，此时去台湾凶多吉少。

表示从此不问政治的宋子文，大概是出于家族血缘关系，在美国依然关注着台湾的时局变化。不仅小妹几度赴美，他都必送往迎来，而且隔段时间他就要与国民党驻美要员探讨美国对台政策的利害得失。同时，宋子文也密切关注着台湾政坛的风云变幻。在有条件的情况下，他也会替妹夫做点工作，甚至被蒋介石赶出台湾的前台湾省主席吴国桢到了美国，宋子文也出面劝阻吴不要发表对台湾不满的演讲。应该说，客居美国的宋子文的表现是对得起妹夫蒋介石的。

在宋美龄的鼓动下，1963年2月，宋子文接到了，也终于接受了蒋介石的访台邀请。这是宋子文逃离大陆后唯一的一次台湾之行，也是宋子文与别离、隔膜了14年的妹夫的再度相聚。此时蒋介石76岁，宋子文69岁，宋美龄66岁。这三位作为曾经在南京官场上叱咤风云的人物大概都感到了岁月的无奈，世事的多艰，历史的无情。

1971年4月，77岁的宋子文在一次晚宴上，因食物卡住气管而猝然死亡。据悉：宋子文去世后，美国总统尼克松曾想通过宋氏三姐妹奔丧的机会推进中美两国建交，他找到热衷于为中美建交而奔走的华裔政治家，提出邀请大陆的宋庆龄、台湾的宋美龄，以及在美国的宋蔼龄前来参加宋子文的葬礼。

美国当天就收到了中方的信息："宋庆龄副主席赴美参加宋子文的葬礼，由于中美尚未建交，没有直通航班，现在通过美国航空公司联系专机，经伦敦飞美国。同时，尼克松获告宋蔼龄赶来参加胞弟的葬礼；宋美龄已经乘专机启程来美，当晚在夏威夷休息，翌日直飞纽约。"[1]

很快，尼克松收到了一份意外的情报，暂息在夏威夷的宋美龄得到了夫君的通知，勿入中共统战的圈套，停止参加葬礼。时至中午，宋子文的亲属又收到孔家的电话，宋蔼龄临时决定不来参加葬礼了。几天过去了，留在夏威夷的宋美龄仍无登机的消息。就在宋子文葬礼的前一天，中国政府通知美方，由于包租不到专机，宋庆龄副主席也不能应邀赴美参加葬礼了。宋美龄唯恐是政治圈套，索性飞回台湾。就连在美国的宋蔼龄也仍然犹豫不决，为了等她的到来，宋子文的葬礼只好由上午改在下午进行。尼克松为之瞠目。据说，他只说了一句话："我真不理解你们中国人。"[2] 其实很好理解，政治分歧无时无刻不介入他们的感情交流，政治的沟坎阻碍着他们寻找回手足之情。

尽管由于上述原因，宋美龄没能向哥哥的遗体告别，但她与兄长之间的感情仍不可谓不深。她的侍者发现，葬礼的第二天，宋美龄眼睛红肿得厉害。毕竟宋子文与她是一奶同胞，而且早年赴美留学，哥哥是她的保护神，他们互相照顾，感情笃深。

---

[1] 《宋氏家族秘史》，第 229 页。
[2] 《宋氏家族秘史》，第 229 页。

三十五、姐妹情

　　在宋氏子女中，三姐妹的杰出似乎比兄弟们更为显赫、光灿，她们个个都在中国政治舞台上乃至世界政治舞台上直接或间接扮演过重要角色。但姐妹三人的角色又各具特色，用民间流传的俗语来概括就是：大姐蔼龄爱钱；二姐庆龄爱国；小妹美龄爱权。以中国人的"富贵"标准来衡量，三姐妹中，大姐宋蔼龄最"富"，小妹宋美龄最"贵"，被中国人称为"国母"的二姐宋庆龄却是既不富也不贵，因为她除了刚与国父孙中山结合那几年享受到了一点人间的温暖外，一直颠沛坎

宋家三姐妹在中国的政治舞台及世界的政治舞台上直接或间接地扮演过重要角色

坷，但奉行三民主义的精神至死不渝。直到新中国成立，宋庆龄才有了安详的晚年。她的一生既没有拥有如宋蔼龄那么多的财富，也未享受过如宋美龄那般的权力和殊荣，但她却以坚持爱国主义的高尚人格为国人所称道。宋庆龄的两位姐妹可称得上是集权势于一家并且富可敌国。1949 年由于政见不同，三姐妹天各一方，庆龄直到 1981 年去世，也未能与姐妹们再见上一面，是二姐不近人情吗？

台湾作家是这样评价宋庆龄的："接近宋庆龄的亲友都了解，在政治问题上，宋庆龄历来有着十分坚定的原则性，但'宋庆龄很重视跟她亲属之间的感情'。她的一位亲戚说：'二表姐跟她的兄弟姐妹感情很好。即使后来政见不同，但私人感情并没有破裂过。'"

"'文革'期间的一天，宋庆龄跟秘书张珏在寓所内的湖边散步。她问张珏：'你有兄弟姐妹吗？'张珏说：'三兄弟三姐妹。'宋庆龄感慨万端地说：'我跟你一样，也是三兄弟三姐妹。'说毕，她若有所思，眼睛凝望着远方。她曾向美国亲友打听孔祥熙一家的消息，得到的答复都说不知道，使她十分怅惘。20 世纪 50 年代以后，只要有熟悉宋子安的海外友人来访，宋庆龄总要详细打听这位幼弟的境况。她还请中国银行香港分行经理郑铁如捎带口信，说：'二姐非常相信他，希望在有生之年能跟他见一次面。'然而，尽管长期从商的宋子安并未直接卷入政治，但姐弟聚首京华的愿望始终未能实现。当宋子安去世的噩耗传来，性格刚毅的宋庆龄流了泪。怀着万分遗憾的心情，她亲拟唁电，让秘书打字后拍发给宋子安的家属。她还给上海的亲戚写信，详细询问宋子安的死。"[1]

与宋庆龄有着长期交往的经历，又是宋庆龄最信赖的朋友伊斯雷尔·爱泼斯坦是这样介绍宋庆龄与她的亲属的感情的：

> 她从来不允许因为这种亲属的感情而放弃自己的原则立场，但除此之外，她是很重亲情的，并且只要有利于历史进步，她也会发挥这种亲属关系的作用。

1979 年，宋庆龄在给理查德·杨的信中打听她在美国的亲属，因为杨同他们是很熟的："你有没有见过戴维（指孔令侃，宋蔼龄和孔祥熙的长子），同他谈过话？我所有亲属的地址我都没有。最近听上海的一个老朋友谈起，子安（她最喜

① 李达编著：《宋美龄与台湾》，第 151 页。

欢的小弟弟、已故）的妻子婷婷（胡其瑛）嫁给了一个埃及人！大约六七年前，我亲爱的小弟弟在中国香港突然去世之后，她就到美国斯坦福大学去念书了，他们有两个儿子，但我从来没有见过他们，因为子安是战时在美国结婚的。"①

其后不久，她就同子安的遗孀婷婷联系上了：

"婷婷终于把子安的照片寄给我了。我真难以相信他已经离开了我们！他是我的多好的弟弟，他从不伤害任何人。对他的猝然去世，我止不住掉泪。"②

在宋庆龄逝世前三个月，廖承志给她来了一封信（当时廖承志在中国外事部门工作，在对台工作中是一位重要人物）。他在信中告诉宋庆龄"来自可靠的人"、"从您的亲戚和妹妹（指宋美龄）那里得到"的消息。信上说："有趣的是知道您妹妹是怎样看您的。而我相信这并不是不可想象的。不仅如此，在一个美国人——里根的信使，和一个中国人到过北京后，她表露了她的感情，而这种感情，我相信，要比家庭感情的含义更多些。""更有趣的是，大卫·金把您妹妹的地址和电话告诉了我们。如果没有弄错的话，我想大卫是为您而这样做的。"③

据邹韬奋夫人沈粹缜（她曾任中国福利会秘书长，在宋庆龄最后那些日子里一直陪伴着她）的回忆，宋庆龄确实渴望宋美龄北京之行能够实现，既是为了私情，也是为了此行的政治意义。沈说：

> 宋庆龄有一个未能实现的愿望，她很思念宋美龄。她告诉我，如果美龄来了，觉得住在她家里不方便，可以安排她住到钓鱼台（国宾馆）去。她把许多细节都想到了。现在她已经故去了，但我还是要把话传给宋美龄：她姐姐思念她，甚至于想到她可以在哪儿住。我愿意亲自到台湾去传这个口讯。④

1980 年，与美国总统一同访华的陈香梅女士回忆说，她在访问中国大陆时曾为宋庆龄给宋美龄捎过一信，当时宋庆龄已病重，由廖承志代笔，她签了名。信的主要内容是自己重病在身，希望宋美龄能回大陆在有生之年姐妹相见，如果不成也希望把在宋美龄处保存的孙中山的遗物还给她。陈香梅等了许久，宋美龄传来了一句话说，信收到了。

---

① 伊斯雷尔·爱泼斯坦著：《宋庆龄》，第 656–666 页。
② 伊斯雷尔·爱泼斯坦著：《宋庆龄》，第 656–666 页。
③ 伊斯雷尔·爱泼斯坦著：《宋庆龄》，第 656–666 页。
④ 伊斯雷尔·爱泼斯坦著：《宋庆龄》，第 656–666 页。

1981 年年初，宋庆龄在这个世界上的日子已经不多了，她却仍还关心着远在海外的弟妹、亲友。据悉，在宋庆龄病危之时，大陆方面为了给她们姐妹相见创造条件，曾邀请过客居美国的宋美龄回国，但为宋美龄峻拒。以至于在二姐临终前，姐妹俩未能见上最后一面。

宋庆龄去世后，治丧委员会向在台湾和海外的宋庆龄亲属和好友发出邀请，欢迎他们前来参加丧礼。亲属中包括蒋介石夫人宋美龄、孙科夫人、宋子良夫人、宋子安夫人，蒋经国、蒋纬国及宋蔼龄和孔祥熙的子女们等。治丧委员会还通知，台湾"中华航空公司"的专机可在北京及上海降落，一切费用由该会负担。

又一次接到了赴大陆参加二姐葬礼的邀请函的宋美龄，为了维护台湾当政者蒋经国所推行的海峡两岸"三不"政策，仍没有作出任何反应，自然也没有达成此行，这是怎样的一幕为政见不同而牺牲亲情的人间悲剧啊！

据说，北京这些邀请宋美龄参加葬礼的电报发出后，"蒋经国很恼火，又派人到美国去，又写信去，又如何如何，又通过孔令侃，怎么样怎么样"[1]。（想必是要孔令侃阻止宋美龄回复）

宋美龄虽然一直没有做什么表示，但是中国香港《百姓》半月刊曾有报道：接近宋美龄的人士透露，1981 年 5 月下旬，她在得知宋庆龄病危及逝世的消息时，曾多次流泪，并为二姐向上帝祷告，可见她对二姐仍然怀有深沉的感情。

在宋氏兄弟姐妹中，宋美龄与大姐宋蔼龄联系是最多的。对于宋蔼龄，宋美龄一向是尊重的。早在 20 世纪 40 年代初，名义上，蒋委员长夫人地位要高于孔夫人，但宋美龄仍以大姐之礼对待宋蔼龄，不仅因为大姐是蒋宋联姻的促成者，而且宋蔼龄的精明、能干也为小妹所佩服。

由此，有人评论说：也正是由于姐妹情深，大姐宋蔼龄又挟恩自重，得以利用小妹及妹夫蒋介石的权势，造就了丈夫孔祥熙，使之成为当时中国最富有的人并为今日其子女在美国的庞大财富打下了基础。

孔祥熙当上了国民党的高官，掌握着民国政府的财政大权，他未能使国家的财政金融步上正轨，但是他们夫妇却借工作之便和皇亲国戚之利，成功地发展和维护了他们自身的经济利益。一直到新中国成立之前，孔家还是全中国最有钱的人家之一。

宋大小姐的精明还表现在：在国民党政权行将在大陆覆灭之前，她早已有

---

[1]　伊斯雷尔·爱泼斯坦著：《宋庆龄》，第 656–666 页。

"先见之明"，将家族的财产的大部分转移到海外，其中大部分在美国，少部分在中国香港、日本和欧洲等地。开始她把目光投向经营房地产业和股票，后来转投资到银行金融、旅游业。在她熏陶下的孔家儿女们在石油投资方面大收其利。他们大概不会不知道由于裙带关系，孔家能有今天是一直受惠于蒋夫人宋美龄的荫庇的！

但是当年孔祥熙夫妇也并非是一帆风顺的。1947年，就是他们最倒霉的一年，孔祥熙在丑闻不断曝光的情形下，以"忽接家人自美来电，谓夫人染患恶疾，情况严重"为由，匆匆忙忙地离开了上海，飞往美国。从此以后，他一直与宋蔼龄在美国过着客居他乡的生活。

孔氏夫妇虽身居海外，但因姐妹情深，他们与蒋介石夫妇、与台湾各界的来往始终没有断线。有时，为了台湾的利益和前途，他们又成为了同一个战壕的"战友"。

1948年，宋美龄赴美为蒋乞援。由于在华盛顿受到冷遇，很快，她就住进了大姐家里。她与大姐、大姐夫大部分精力用于对美国朝野的游说活动，有时为了研究对策，他们又都集中在孔宅开会。

美国专栏作家德鲁·皮尔逊，对宋氏一家人在美的活动颇感兴趣。他对宋、孔家人活动的报道可以作为见证。

皮尔逊称孔祥熙控制的中国银行是"院外援华集团"的"神经中枢"，他认为孔祥熙博士对美国政治熟谙的程度不亚于他对中国财政的精通。在路易斯·约翰逊参加杜鲁门内阁以前很早，孔祥熙就选择约翰逊作为他的私人律师。

后来，约翰逊当了国防部长，成为主张美国支持台湾最坚决的倡导者之一。孔祥熙曾多次拜访新罕布什尔州参议员斯泰尔斯·布里奇兹，而这位参议员也一直积极敦促给台湾和蒋介石流亡分子以援助。

1948年，布里奇兹竞选连任时，他的表上登记了纽约的阿尔弗雷德·科尔伯格的2000美元竞选捐款。而科尔伯格是"院外援华集团"的前台人物，也是孔祥熙的朋友。意味深长的是，布里奇兹参议员不仅投票支持"院外援华集团"的政策，并就此发表演说，为孔、宋王朝帮了一次大忙。1948年，布里奇兹指派前参议员沃思·克拉克为参议院拨款委员会的公正代表，到中国去提出关于国民党政府情况的"公正"报告。布里奇兹当时占有拨款委员会主席的重要职位。

然而，关于这次所谓的公正考察，人们有一点情况没认识到，这就是克拉克所处的地位使他很难做到公正。因为这位前参议员长期以来，一直是代表宋子文进行法律诉讼的律师事务所的成员。换言之，克拉克是"院外援华集团"花钱雇用的说客。另外，克拉克此行的部分费用是"中华民国"支付的，尽管他表面上是为美国参议院和美国纳税人进行工作的，但他的屁股实际上早已坐到了台湾一边。所以，回国后，克拉克极力建议增加对蒋介石的援助。

孔家还有一个为宋美龄忙碌的后人孔令杰。美国人说，孔令杰是这个家族中最忙碌的一员。在1950年尼克松竞选参议员期间，孔祥熙派这个小儿子去洛杉矶，给这位参议员送去了大笔的捐款。他还劝说加利福尼亚州众多华人选民帮助选举尼克松。孔令杰的援助之手巩固了孔家与尼克松夫妇之间的交情。此后多年里，尼克松夫妇时常造访里弗达尔的孔府。

1952年8月，当台湾驻美"大使馆"还未得到确切消息时，8月8日，广播中就播出，孔祥熙夫人宋蔼龄已赴檀香山迎接小妹宋美龄的到来。

10月17日，宋美龄又通过大姐夫传话给"大使馆"：她于18日到达纽约。顾维钧"大使"告诉孔祥熙已为宋美龄安排好了住所，而孔则毫不迟疑地说，蒋夫人还按惯例住到她的大姐家去。可见姐妹情深。

宋美龄对外声称此行是赴美就医。可是，10月30日，她刚到纽约不久，美国一些新闻记者就怒气冲冲地抱怨："蒋夫人一直在私下为美国总统候选人艾森豪威尔的竞选奔走。"

12月初，顾维钧应宋美龄之约，赶赴纽约茶叙，双方见面刚刚几分钟，宋蔼龄和孔祥熙便相继参与了这次谈话。当"大使"提到报载孔祥熙可能要去台湾时，孔祥熙发作了，他说那都是谣言，他根本不想去。顾"大使"认为这显然是因为台湾各报过去对他喷有烦言，对他这次台湾之行都表示反对之故。但是宋美龄却说她一直在劝孔回台，1950年返台时就曾请他同行。她回台湾后又为孔回台做好了安排。

艾森豪威尔当选了总统，于1953年1月20日在华盛顿举行盛大的就职典礼，这是几十年不遇的大事，宋美龄也很想参加。临近典礼，突然，宋美龄让秘书转告"大使馆"，因为感冒，加重了她的荨麻疹，所以决定不访问华盛顿了。于是，宋蔼龄也因要陪伴小妹，忍痛放弃了几十年不遇的共和党总统就职庆典活动。

由上述可见，姐妹情相当浓厚了。难怪一位亲台的美国官员说，蒋公是喜欢宋美龄的，但宋关心的更多的似乎是她自己的家族。

1956年宋蔼龄回到台湾，念及手足情和多年的效力，蒋氏夫妇盛情接待了她。

　　1962年10月23日，以为75岁的蒋介石祝寿之名，82岁的孔祥熙飞抵台北。蒋介石为这位国民党元老送了一个"中央评议委员"的虚衔。孔祥熙夫妇决定留居台湾，度过余生。

　　1966年，孔祥熙健康突然恶化，他又再度踏上美国的土地。1967年7月，已88岁高龄的孔祥熙忽感不适，虽经全力抢救，但未能挡住上帝的召唤。

　　孔祥熙死后，宋蔼龄又活了六年，但她再未回过台湾。1973年10月19日，宋蔼龄已到弥留之际。此时，宋美龄匆匆从台湾赶来，但没能赶上与大姐做最后的诀别。这在1975年宋美龄赴美就医辞中写得很清楚："近数年来，余迭遭家人丧故，先是姐丈庸之兄世，子安弟、子文兄相继溘逝，前年蔼龄大姐在美病笃，其时总统方感不适，致迟迟未行，追赶往则姐已弥留，无从诀别，手足之情，无可补赎，遗憾良深……"①

　　宋美龄对于她的大姐及她大姐的家人一贯是关怀备至的，无论是大陆时期，还是到了台湾，甚至面对这些亲人的丑行，她也是宁负国人不负家人。手足情可以理解，但是违反民意的曲意袒护，无论何人都是同样会受到国人的指责和唾骂的。

---

　　① 李达编著：《宋美龄与台湾》，第170页。

三十六、母子情

宋美龄一生没有自己的亲生子嗣，但是她却要扮演一个后母的角色。如果说，在大陆时期，体会了一下当后母的滋味，由于大部分时间蒋介石把两个公子都送到了国外，宋美龄还没有太多的母子关系要处理，那么，国民党退到台湾后，他们却抬头不见低头见，因此宋美龄经常要面对蒋氏的后裔。宋美龄扮演这个角色到底做得如何？众人对此的评说是见仁见智，众说纷纭。

笔者认为：宋美龄的晚年时期与蒋介石的儿子的关系可以称作"和平共处"，特别是与蒋介石的大公子，没有出现过像在大陆时期，宋美龄为了孔家、宋家的利益搬蒋介石出面"训子"，因而与蒋经国关系异常紧张的情形。他们双方都看在蒋介石的面子上，看在同舟共济、"反共"复国的最大利益上，彼此恭恭敬敬、和和睦睦。所以，几十年来，在母与子的关系上始终没有什么"家丑"外扬。即使在蒋介石去世后，大公子继位，坐上了台湾的头把"金交椅"。过去是老子的"天下"，现在是儿子的"天下"。宋美龄还是以蒋氏家族的大局为重，尽力维护台湾政局的"安定团结"。她发表的一些文章和讲话，大多是本着这一立场，从未因计较已经过去的"恩恩怨怨"，去给"经儿"出什么难题。相反地，由于孙子辈的"纽带"作用，甚至在关键时刻，宋美龄还"大度"地表现出一些"提携"与"帮助"。对于二公子蒋纬国更是视同己出，关心备至。

赏画的"伯乐"

宋美龄晚年非常喜爱绘画，这是众人皆知的事情，但是蒋经国在此方面也有些造诣却是鲜为人知的。

20世纪60年代初期，蒋经国的大儿子蒋孝文曾对此有过披露。他说，蒋夫人宋美龄这一段时间常和蒋经国谈画、论画，尤其是蒋经国新作了一幅墨竹，大受宋美龄赞赏。蒋孝文还对他的客人说道："这一幅画现在正在中山北路的裱画店裱褙，你们有空的话，我就带你们去看看。"于是，客人们就搭乘蒋孝文自驾的一辆洋铁皮篷的吉普车驶往中山北路去看画。

　　这是一幅使用一丈二尺高六尺宽的玉版宣纸画的大墨竹，落款是高逸鸿写的："经国兴到之作，笔墨苍劲，饶有古趣，至可喜也。壬寅（1962 年）新春高逸鸿题。"客人们围在裱画店的墙壁前欣赏、观看，一致认为：这巨幅墨竹，不论气韵、意境、布局、笔法、用墨，无一不具大家风范，虽未必迈越古人，即与古人名家相较也不多让。还有人吹捧说，甚至蒋经国的老师高逸鸿也是画不出这种大气魄的画的。

宋美龄与蒋经国

　　在此情况下，蒋孝文又说出蒋家有关绘画的秘闻：在这幅墨竹未付裱之前，蒋夫人宋美龄一边看一边指着画对蒋介石说："从这一幅画的气势看来，经国是可以做大事体的人。"蒋孝文还说道："公公（他称蒋介石为'公公'）听了也十分高兴。"

　　"行家"对蒋经国绘画的肯定，是要说明，做大事体的人"画风"也与常人不一般。

20世纪60年代中期陈诚的健康已成问题，他向蒋介石提出请辞"行政院长"的兼职，由严家淦继任组阁，从蒋家亲信传出来严家淦组阁时，蒋夫人宋美龄为蒋经国抱打不平而进言的事：

在组阁之前，严家淦到士林官邸商量"八部二会"及政务委员等名单，等到名单大体已经决定的时候，蒋夫人宋美龄看到了阁员的名单上，蒋经国仍是政务委员——退除役官兵辅导会主任时，就发话说："经国呢？总不能让他一辈子做特务，做见不得人的事。"蒋介石听了一愕，迟疑半晌：难道要给自己儿子做部长？他行吗？继而蒋介石又说："给他到'国防部'做个副部长，跟俞大维见习见习吧！"蒋夫人宋美龄继续帮这个儿子说情："你不给他机会，怎么知道他不行？"

这一次可不是什么虚夸画风，而是实实在在的帮助了。

上述传闻不易考证，但台湾政坛此时的变化却是实实在在证明了，陈诚过世之后，1965年起，蒋经国出任台当局"国防部长"，1969年出任"行政院副院长"兼"财经委员会主委"，党政历练渐趋完备。蒋介石选择的"副总统"兼"行政院长"严家淦是财经专家，性情温和，权力欲不强，明显是个过渡性人物。

宋美龄对这个儿子如此"厚爱"是事出有因的。据台湾媒介报道：

1950年年初，宋美龄求美援未果，悻悻地飞回台湾，回到蒋介石的身边。当时，蒋经国亲到菲律宾的马尼拉迎接，第一个登上飞机欢迎宋美龄，大声呼唤："妈呀！你回来了！我们向你献花！你辛苦了！"此时宋美龄已经差不多两年没有见过蒋经国了，蒋经国忽然变得判若两个人。此时的蒋经国有礼貌、热情、恭顺，是妈妈面前的乖孩子。飞回台北时，他又亲自扶着妈妈下了飞机。在贵宾室中等着接机的蒋介石，看到蒋经国的恭敬孝顺，也乐得合不拢嘴。自此之后，不论任何公私场所，蒋经国对宋美龄都是毕恭毕敬，前一声妈！后一声妈！长一声妈！短一声妈！令宋美龄乐不可支。从此后，宋美龄与她的"经儿"的关系大大改善了。

能让宋美龄对蒋经国"刮目相看"，母子关系改善，孙子们起到的"润滑剂"作用是不可小觑的。

"孝"字辈的兄弟姐妹和蒋方良，在1949年的暑假前就已先期抵达台湾。那时台湾省主席陈诚给他们安排住在中山北路四条通（现为长安路一段十八号）落脚，所以门口挂的是"蒋孝文"的门牌。那时候，蒋孝文13岁、蒋孝章12岁、蒋孝武4岁、蒋孝勇还未满周岁。蒋介石重视长孙，宋美龄则对两个小的孙儿特别钟爱。没两三年，善于讨得奶奶喜欢的孙子们就成为改善宋美龄和蒋经国"母""子"关系的润滑剂。

蒋经国个人的事情多，公务忙得实在没有时间多尽孝心时，他的四个孩子会每天围在宋美龄的身边，奶奶长，奶奶短，嘴甜如蜜，笑靥如花，溶化了宋美龄对蒋经国的芥蒂之心。

特别是孝武、孝勇，他们俩每到士林官邸，总会拉住奶奶撒娇，亲吻她的脸颊，惹得蒋夫人宋美龄十分欢心。士林官邸中的侍卫们每逢宋美龄心中不快，总会打电话把这两个小宝贝接来给蒋夫人开心。因此，侍卫们也对他们客气得不得了！

所以，蒋孝武、蒋孝勇自懂事后，所见所闻，无非都是奉承之色、阿谀之言。在他们幼小的心灵中，除了公公爸爸"真伟大"之外，即使秦皇、汉武、唐宗、宋祖、成吉思汗……统统看不上，他们只要能够得到这个能够"管"得住公公的奶奶的钟爱，就自是非同一般，而且是要什么有什么，为所欲为，成为天字第一号的"太保"。

蒋家兄弟长大以后，就各有所亲了。据闻：蒋经国去世后，蒋孝武在大直官邸陪妈妈蒋方良，蒋孝勇却一直住在士林官邸陪奶奶宋美龄。两人在处理问题的态度上也有很多争执。

蒋夫人宋美龄 1986 年从美国返台后，蒋孝勇几乎每天都到士林官邸向她请安，并承欢膝下。同时，他也成为宋美龄向外发布消息的代言人。

在台湾还有一则传闻称：等到蒋经国黄袍加身，成为第六任"总统"时，"母亲"由美国打来电话，非要"经儿"把孔令侃"聘"为"总统"的"国策顾问"不可！在"母命难违"的情形下，蒋经国纵有一百个"不愿意"，还是为宋美龄办了此事。虽然没有发布新闻消息，但是当他下"聘书"时，怎能不勾起当年"打老虎"失败的回忆？

如果此事属实，给个空头高位的顾问怎能和当年在上海打老虎失败，在全国人民面前威信扫地时的情形相提并论呢？对此时的蒋经国来说，为了维护母与子的关系，为了维护蒋家人在台湾人民心目中的"形象"，这点"让步"又算得了什么呢！

曲折的升迁

1975 年 8 月，蒋介石的丧事已告一段落。蒋夫人宋美龄打算赴美静养。士林官邸的秘书、侍卫们都帮着收拾行李和恭送，蒋家的两个公子自然也被通知前往送行。士林官邸的侍从回忆说：

这一天，蒋纬国同往常一样比送行启程的时间早一两个小时先到了。而不同于往昔的是，这一天他穿着军常服，佩戴勋章勋标前往。在以前，士林官邸的家庭聚会每年总有几次，如蒋介石、宋美龄的阴历生日家宴，农历的除夕团圆饭，端阳、中秋等节日聚会，王太夫人（蒋介石的生母）的冥诞和忌辰、双十节等，这种家庭团聚的场合，所有人一般都是穿着便装前往。

所以，当宋美龄看到蒋纬国全副戎装出现，并先行了一个军礼，难免有些怪怪的，就仔细端详了他一下说："你穿军装的确很有精神，啥事情今天给我送行又穿军装，又行军礼？"

"因为再过不久，我就没有资格再穿军装了！所以今天给妈妈送行，特别让妈妈看看穿军装的印象。"

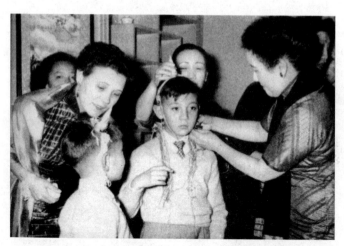

蒋氏家族过圣诞节，宋美龄帮蒋孝武系圣诞帽

宋美龄绝没有想到过蒋纬国会有"没有资格再穿军装"的事，经这么一说，更加奇怪了，问："为什么？"蒋纬国乃把国民党军中强制限龄退役的制度，大略地说了一遍。然后他又说道："今年已到了我中将限龄退役的年龄，我已在报请退役了，妈妈回来时，我退了役自然不能再穿军装来看妈妈了！"

国民党军有关限龄退役的规定，对蒋夫人宋美龄来说，无疑是从来没听过的新鲜事。在她的印象里，自己的丈夫穿了一辈子军装，她常见到的军人，如何应钦、薛岳、顾祝同等，这些人到了拿拐杖的年龄时还在穿。宋美龄又问："何敬之（何应钦）为什么可以继续穿？"

"那是一级上将，功在国家，终身的。"

这才使蒋夫人宋美龄弄明白了是怎么一回事儿。说着说着，蒋经国一家也到了，给蒋夫人送行。

侍从回忆：蒋夫人宋美龄远行未定归期，蒋经国自必须和蒋夫人宋美龄有所请示。在往常，都是到夫人单独的会客室中谈，可是今天情形特殊，行李已在整装待发，侍卫人员进进出出在搬运，所以大家都在大客厅里坐着谈话。

蒋纬国也站起来向哥哥行了一个军礼，蒋经国说："在家里干什么来这一套？"宋美龄忽然指着蒋纬国问蒋经国："纬国做军人行吗？"

"他本来就是个军人，干得很出色。"蒋经国一时还未能进入情况，所以就只能这么回答。

"既然他干军人很出色，为什么听说他在办报请退役，要脱掉军装？"

"纬国中将年龄到了，也听说他报请及龄退役，不过我已经交代给他办升级上将的事体。"

以上就是蒋纬国在做了二十多年的中将，临了及龄退役的最后时刻，而晋升"上将"的一段曲折故事。

这段本是士林官邸侍从们不该听到而听到的母子谈话，其真实性可从时间上来验证。在 1975 年 8 月 15 日，蒋介石过世后四个月又十天，蒋纬国就顺利晋升"上将"军衔。

事实上，宋美龄到台湾以后对二公子蒋纬国一向是关爱有加、视同己出的。在对"湖口兵变"的处理上，可以说，有没有宋美龄的参与，结果大不相同。

史称为"湖口兵变"，是指 1964 年 2 月 21 日上午，位于台湾新竹湖口装甲兵基地发生了震惊中外的"兵变"事件。这次事件的主角是由蒋纬国一手提拔的台湾装甲兵团副司令赵志华，他在例行的"战备检查"大集合中突然提出"清君侧"的问题，并表示了对于高级将领只顾自己享受、不顾部队生活的不满，号召装甲兵挺身而出，向腐败势力作战！

赵志华是国民党中央陆军官校第 10 期毕业生，曾任蒋介石和宋美龄的侍卫，算起来亦是官邸派的出身。后来，他追随蒋纬国任职于国民党军装甲兵团，逐级升至"副司令"。

国民党军的装甲兵团，从武器到人员，都是接受"美援"最多的军事单位，其战斗力亦号称陆军中第一。这支部队的很多将领由美军训练，故与长期主持国民党对美外交的宋美龄关系较为密切，先后出任装甲兵"司令"的徐庭瑶、蒋纬国等，都是亲宋美龄的将领。

蒋经国夫妇、蒋纬国夫妇与蒋孝勇迎接宋美龄返台

由于宋美龄同美国方面的渊源甚深，故她在对待蒋介石的两个儿子态度上是有所区别的。她一向喜欢自幼受西方教育的蒋纬国，而对在苏联成长的蒋经国心存芥蒂，再加之蒋介石退台后刻意培养大公子。所以，蒋纬国在台湾的主要靠山就成了宋美龄。

蒋纬国的军事学历和才干，在国民党军队的将领中堪称上乘。到台湾后，蒋介石为更好地控制军队，任命蒋纬国为"装甲兵团司令"。但由于蒋纬国与黄埔系和政工系无缘，加之蒋介石考虑到各方面的影响，以后便一直没有再提拔蒋纬国。而从未打过一次仗的蒋经国，却在军队中迅速扩张势力。

蒋纬国在任时，如遇离台外访，均由赵志华代理"司令"。1963年，蒋介石下令免去蒋纬国"装甲兵团司令"，调任"陆军参谋大学校长"。他卸任时，正式推荐赵志华接任。然而，蒋介石却另派一位资历才干都不如赵志华的人来任"司令"，这一下使赵志华在下属面前无地自容，他向蒋纬国哭诉冤屈，要求立刻离职，但被蒋纬国百般劝阻。

1964年2月，台湾突然传出装甲兵中有人图谋发动"兵谏"失败，赵志华被拘押的消息。据外电及港澳报刊消息，赵志华被捕后，又相继有30多名装甲兵团的中高级将领被捕。蒋纬国当时虽已调离装甲兵团司令部，但他作为装甲部队的创建者、赵志华的提拔者，本人亦向蒋介石"自请处分"。

据知情人透露：这时，宋美龄出面说情，劝蒋介石下令将赵志华的死刑改为"终身监禁"，受到株连的30多名将、校级军官，亦因宋美龄的力保，而获得"原职待退"的处理，即表面上维持原职，实际上夺去军权，到任期一满，退役了事，不再追究。

而蒋纬国本人，则从"湖口兵变"后便被冷落了多年，未得到重用。他一直担任"三军大学副校长"，中将官阶。经他所调教出来的学生，如蒋仲苓、刘和谦、许历农、宋心濂、陈守山等，却一个个荣任军中要职，声势、权位都在他之上。蒋纬国的好友认为，这一事件至少反映了他缺乏"知人之明"和治军不行，在蒋介石的天平上的分量大大减轻是必然的。而负责处理"湖口兵变"的"国防部"副部长蒋经国则彰显应变能力，证明了"此才可大用"，而打下了以后接班的基础。

时至今日，台湾官方，甚至包括蒋纬国在内仍矢口否认"湖口兵变"的实在性，坚持宣称"只是一个军官发表了些不相宜的讲话"。人们不禁会问：以赵志华的身份、地位，若无人支持，岂敢随便发表"不相宜的讲话"？耐人寻味的是，事变发生时，蒋纬国已不在装甲兵团，他为何要"自请处分"？如若只是一个"讲话"，又为何影响到蒋纬国此后多年不得升迁？况且，港台报纸的消息出自曾任蒋介石侍卫长和"三军大学校长"的皮宗敢这样的"近臣"，并非捕风捉影，所以，台湾当局的说法实在不能令人信服。

即以1964年发生的"湖口事件"而言，没有宋美龄作为蒋纬国的后援，主事者蒋纬国的部下赵志华是不会从死期改判为"无期徒刑"的。对于这一点，蒋纬国始终感激宋美龄。

1975年，宋美龄赴美后，她在美国的侍从，都是由蒋纬国亲自挑选的。万里之外，老夫人也仍对蒋介石的二公子关怀备至。

当蒋纬国出任"台湾国家安全会议"秘书长的消息传到宋美龄那里时，宋美龄特拍电报致贺，勉励他坚守岗位，做好"政府及国家"所交付的一切任务。据悉，在台湾，政界人事变动获得宋美龄专电祝贺的，蒋纬国似乎还是第一人。

日后，宋美龄听说蒋纬国因病住进"荣民总医院"时，还曾打电报询问他的病况。电报由台北转到"荣民总医院"蒋纬国手中时，据闻，蒋纬国甚为感动，立即回电告之病情，只是细菌性的白细胞过多症，而非一般所谓的"血癌"，其后又以长途电话详述，才使得纽约那边的蒋老夫人放下心来。

20世纪80年代末期，蒋纬国先是被卷入"非主流"政争，1989年又被老"国代"推出与林洋港搭档竞选正副"总统"，台湾社会出现了拥立蒋纬国竞选下任"总统"的声浪，蒋纬国表现得像热锅上的蚂蚁，他怕引起李登辉误会，说他在中间捣鬼。于1989年12月底，蒋纬国主动借《中央日报》访谈之机，急于向李登辉表明心迹。他申明：

"我是一个中国国民党的党员，一定遵守党的制度与规定，绝不会违反党纪，自行参选。""对于'总统'、副'总统'候选人，党有一定的提名程序与规定，任何党员自行参选，就是违反党纪，就要开除党籍。我是一个忠贞党员，如果有一天'蒋纬国被开除党籍！'我何以见人？如果有那么一天，我要到慈湖先'总统'陵寝前切腹自杀。"

蒋纬国还曾怀着极其矛盾的心情去见宋美龄，宋美龄告诫他说：

"你的个性最容易遭受误会，因此，过去你受了很多的委屈，这一点我最了解了，我们蒋家从你父亲到你哥哥对党和国家已经尽了责任，对于历史也有交代，一切自有公论，你不必考虑为了蒋家而刻意去做或者不做一些事情，只要国家需要你，大家需要你，你就去做。"

经宋美龄指点迷津，蒋纬国心情平静多了。为了"避免卷入是非"，蒋纬国与拥蒋派大将滕杰协商后，于1990年3月声明放弃竞选，并偕夫人邱如雪赴美度假。

此时的蒋纬国已步入了"无官一身病"境界，他面对台湾日益恶化的，只知"吃果子"、不知"拜树头"的气氛，感到无比的压力和悲哀，尤其是一旦有了不可预测的变化，则父兄的遗体如何保障？特别是近年来，虽然父兄的一些昔日旧属依然主政，但是，一连串的事情出现，使他忧心，也寒心：介寿路的改名；他父亲在台湾的几处铜像，不是"守"着厕所，就是被凌辱；他自己的住房被拆除；更有人借新闻媒体算蒋家的老账……这一再呈现着的世态炎凉，人情冷暖，促使蒋纬国很想在有生之年把父兄的遗体迁葬回大陆，于是他向住在美国的老夫人宋美龄提出了他的想法，在得到了"同意"之后，蒋纬国在党的小组会上正式提出他的个人要求，等待国民党中央的处理意见。

在等待国民党中央答复的日子里，蒋纬国委托他的好友武宦宏将军、旧属张辅教授、装甲兵团老战友胡仪敏将军，于 1996 年 3 月至 10 月间，先后到大陆做了些了解和前期的准备工作。特别是张辅教授曾与大陆海协会负责人汪道涵会面，征询过大陆方面的意见，甚至还谈到移葬的细节。并根据蒋纬国秉承父兄的遗命，说出的几个安葬的地点，蒋纬国的朋友们都前往察看过。蒋介石属意的地方是南京紫霞湖和江宁县的房山（现已改名为方山），蒋经国属意的是浙江故乡奉化溪口镇，他的母亲毛福梅墓旁的空地。蒋纬国被告之：毛太夫人的墓地在一个村落里，杂草丛生，空间有限，似不适合经国先生的迁葬，倒是蒋介石母亲的墓地，因中共当局修葺得庄严堂皇，还有一间厅房，陈列了蒋氏家人的彩色照片，许多游人，拾级而上，是奉化县知名的一个风景点。

朋友们回来后，不仅携带了一些资料和照片，还带来了一篓奉化的特产水蜜桃，以慰解蒋纬国的乡愁。可是对于病情不见好转的蒋纬国来说，展阅这些资料，感觉距离完成心愿的时机尚远，更增添忧愁。蒋纬国的担心不无道理，如果上天不借时间给他，这件事的后续发展，委实难测。此时的蒋纬国，其无奈的惆怅、落寞的情怀，真是别有一番滋味在心头。

迁葬之事搁浅，蒋纬国为尽孝心，决定为父亲正名，也算完成一件他的"精神"心愿。他针对有些人对蒋介石的歪曲，他要为父亲讨回一个"公道"。蒋纬国用了四年的时间，请到四位学者来执笔，写了一部 170 万字的著作——《历史见证人——蒋中正》，亟待公之于世。

宋美龄庆百岁活动刚过半年，蒋家门里又传出坏消息。1997 年 9 月 1 日，蒋纬国因肺炎并发急性呼吸性衰竭，被送进了加护病房。不久又发现白细胞数目及黄疸指数急速升高，败血症感染严重，医生用高氧和呼吸器治疗，但延至22 日的午夜 11 点半，终于在昏迷中病逝。到宋美龄百岁之时，蒋家已是一门六寡。

美国的"士林官邸"

1998 年 12 月 12 日，台湾《中央日报》驻纽约特派记者阮玟芬发出专电："蒋夫人宋美龄女士在纽约长岛蝗虫谷的故居今（十二日）日正式对外开放，豪宅内包括蒋夫人卧室内的寝具和家具古董，将在明年元月（1999 年 1 月 2 日、3 日）公开拍卖。"该报还以"蒋夫人长岛故居，惊叹豪门风华"大字标题，诉说这栋深具传奇色彩的豪宅 85 年的历史。

1998 年，孔家将长岛蝗虫谷的房舍出售

　　1998 年 12 月 13 日，一向幽静恬寂的长岛蝗虫谷小镇，突然热闹非凡，涌来的数百名华人都想一睹宋美龄在美国的"士林官邸"，一时间，川流不息的车队，惊扰了小镇上的白人居民，他们向镇长、警察局告状，警局出动大批警员维持秩序，甚至封闭高速路口，并请华人代写中文警示牌："同胞们，路已封，请回吧！"据说，这是开镇三百多年来前所未有的"盛况"。

　　位于美国纽约长岛蝗虫谷的宋美龄的故居，是一幢三层楼建筑的豪宅，这栋占地 37 英亩（约 14.97 万平方米）的大型庄院，已有 85 年的历史。大宅内楼房，绿顶白墙的外观为意大利风格，而内部保留的大部分家具洋溢着浓厚的 14 世纪法国风味，兼具富丽堂皇和古典雅丽，屋内拍卖的物品有在中国历史上举足轻重的人物画照，包括宋美龄一帧大幅玉照、孔祥熙和前国民政府主席林森画像等；接连大厅和餐厅的一层长廊中，两个长型橱柜，有象牙饰品和陶器，以及镶有中国国民党中央委员会的徽章，厨房、餐厅和书房内各有价值上万美元的意大利和法国的画作，其中一幅底价逾 1500 万美元，是宅内标价最高的物品。

　　蝗虫谷故居原为孔祥熙家族产业，1949 年孔家购自一名纽约富商，宋蔼龄和孔祥熙、孔令伟均在这里度过数十年的旅美岁月。随着宋美龄迁往目前居住的曼哈顿东上城的高级公寓，孔家因无力照顾闲置的豪宅，委托普天寿房地产公司以超低市价不到 300 万美元出售。而据了解，买主后以 650 万美元脱手，一转手之间赚进超过 300 万美元。

买主史地门（STATEMAN）集团负责人史地门表示，在买下这栋豪宅时，已言明接收屋内所有留下的家具，有大部分的物品原先打包存放在储藏室中，经过重新整理，共有600多件家具、古董、器皿准备拍卖，并授权布莱思威尔（BRASWEL）艺廊处理拍卖事宜，一连三天开放参观，第二年元月3日（指1999年1月3日），于康涅狄格州该艺廊内举办"蒋介石夫人物品拍卖展"，对无法出售的物品将全数捐给中华儿童社区。

负责拍卖的艺廊主持人布莱思威尔表示，据估计当天下午预览会上共吸引逾400名华侨与熟知中国历史的美国民众前来参观，每人25元的门票收入，将全数捐给当地社区及慈善机构。展示的物品对了解中国近代史的华人特别深具意义，民众也有机会第一次走入孔宋大宅，亲眼目睹宋美龄闺房寝室和法式风格气派的大厅。

宋美龄本人并未在这次家族用品拍卖时露面。但是这所豪门巨宅出售的消息引起了不小的轰动。当地警方不得不出动了近30名警察维持秩序。正式对外开放后，这所豪宅使许多前往参观的人感受到宋美龄当年生活的奢华。

102岁的宋美龄，1999年9月21日，当她得知南投县发生大地震，且受灾惨重的消息后，很快就捐助新台币一亿元，以表示她对受灾同胞的关怀之情。

跨过新千年

宋美龄在千禧年之首又为画坛增添新作盛事。这位寿跨三个世纪的传奇人物，在国画方面确实有相当高的造诣。但是其作品真迹，外界罕有流传。

2000年的1月1日，年近103岁的宋美龄在纽约举办了个人画展，把她自己珍藏多年的画作，展现于爱好艺术的中外人士面前。宋美龄坐着轮椅亲自出席了开幕式。开幕当天，她穿着一件黑色的长外套，低跟船鞋，佩戴着钻石耳环和一枚硕大的钻石戒指。两千多人蜂拥而至，大多数都是来看宋美龄的画作。两个月后，她的这些国画精品又在西海岸的旧金山再次展出，获得很高评价。

宋美龄从50岁起步拜名师黄君璧学画，已有不少佳作问世。据说，在台北时张大千也曾夸她很有长进，画山水花鸟都有自己的特色。这次画展既是她心爱佳作的集中展示，又是她今后封笔不再作画而划上圆满句号的象征。

虽然宋美龄早不怎么看重台湾的政事，但宋美龄曾紧绷神经地对人说过：台湾世事变幻的日历已很厚很厚，翻得最多的是正义与邪恶、正直与虚伪那几页。她说："那个李登辉，当年是在宋楚瑜向她说了一些好话后，才被同意推举到国民党代主席的位置。可是，他在手握大权后，培植亲信，排斥异己，清除蒋介石旧部力量，让人一年又一年惊魂，当年上台之初拜会她时那种毕恭毕敬的样子已全然不见，以后又不断发表'两国论'，公然主张分裂国家，把两岸关系推到中国人难以忍受的警戒线。"她认为李登辉会唱政治戏，十分虚伪，不能相容。

2000 年，台湾"总统"大选，国民党形势吃紧。国民党中评委有人请她出面支持连战。秦孝仪执笔代她起草了一封信，经她过目，发往台湾。想不到她的支持并没有发挥太大作用，最终结果仍是民进党的陈水扁上台，令她十分不安。

不过宋美龄还是很忠于国民党的，2001 年 9 月国民党罢免了李登辉的职务，重新登记党员。她按规定交了两张照片和一万元新台币党费，亲笔签字支持绝不参加其他政党的党员规约，完成了重新登记手续，成为国民党的终身党员。

进入 21 世纪，宋美龄仍然是人们关注的重要人物。元旦的上午，照料她生活起居的护士告诉她当天是 2001 年新年时，宋美龄那浓缩世纪风云的脸就绽开了舒心的笑靥，并回答说："对，对，我没有忘却元旦。"因她清醒记得去年元旦时，纽约《世界日报》为她举办了有意义的个人画展。

2001 年 3 月 20 日，在宋美龄 104 岁华诞之际，台湾的民间团体——"中华四海同心会"特为她在台湾举办寿宴，为她祈祷，也为她祝福，并发行纪念特刊。刊物中收集了若干篇纪念回忆文章，并刊登了不少政界名人祝贺宋美龄华诞的亲笔题词。

她为跨越三个世纪而欣慰，回忆中流露出喜悦的心情。2001 年元旦又逢跨入 21 世纪的第一年，依稀记得自己在清朝后期出生，至今已成为生命跨越三个世纪的幸运老人，她那微红的双颊露出笑容。尽管行动不便，但看上去她的面容要比其百岁出头的实际年龄年轻些，牙齿也只补了四颗，头发没有全白且长到腰际。老态未发展到完全龙钟，往年那种雍容气质并未丧尽。这是她长期注重自身保养、遇事不烦躁的结果。难怪美国化妆美容师们也说，百岁老人还保持如今那样不太难看的面容很难得，每年要为她做几次美容，算是在她尊贵的仪容上，为垂暮老人作免费宣传。

曼哈顿的最后时光

宋美龄在曼哈顿的公寓位于格雷西街 10 号，是纽约最雅致的建筑之一，为

曼哈顿格雷西街 10 号九楼，是宋美龄最后的家

孔令侃生前购买的一处房产。虽然住在高高的第九层，不及原台北士林官邸那样舒适，但屋俯瞰东河，临窗眺望，视野广阔而一览无遗；旁边有一座中央公园，空气新鲜，可以坐着轮椅自由环游，在碧草绿树中寻找一份自然野趣，这让她十分开心。美国作家汉娜著的《最后的"皇后"》一书详细描述了这套公寓的装饰情况，共有 18 个房间，包括 7 间主人卧室和许多仆人间。房内装饰以红色为主色调，大量运用了锦缎，地上铺满地毯。宋美龄的卧室放置着她的画像，起居室里有着美丽的翡翠、象牙、精妙的油画以及中式橱柜。

与宋美龄关系最密切的是外甥孔令侃。早在南京和台北时，不论宋美龄有什么大的外交活动，总少不了孔令侃在幕后帮忙助阵。当年宋美龄到美国国会演讲，其英语稿就经过孔令侃的润色。到美国这几年，孔令侃为她改善居住条件而不惜花费重金购买了这套大公寓。孔令侃在世时，就曾经多次对小姨宋美龄表示："将来您老人家一旦不习惯在城外居住，随时可以搬到这座公寓里来。"不过那时，住惯了瓦房和低层楼房的宋美龄，并没有马上住进人声喧嚣的曼哈顿高层住宅区，直到 1995 年，她的身体实在难以承受城外就医不便等诸多实际困难，才在孔令仪的多次劝说下，搬进了这所高层住宅。

孔大小姐令仪也是在纽约时与宋美龄来往最多的外甥女。宋美龄到美国居住后，孔令仪一次又一次来看望和陪伴她，有时与她谈天说地，有时陪她到户外散步，十分亲近。

正是外甥女们对她的孝顺和悉心照料，安慰她那形单影只的心灵，化解了她心中的种种郁结。

宋美龄人生最后的岁月可以说是深居简出，但是她却从不缺席她自己每年 3

月的生日庆祝会,《最后的"皇后"》一书中提到:来宾包括朋友、亲戚及身着喜庆红衣的台湾"妇女同盟会"成员。盛会为期两天,前一夜先在宋美龄侄女罗丝密德的家里欢聚,然后在格雷西街 10 号的宋美龄寓所用晚餐。走下楼梯露面的那一刻,她总是光彩照人,在孩子们一拥而上一番亲吻之后,她被护送进餐厅。而当告别客人上楼时,她总是像"女皇"般挥手,并用坚定的嗓音说:"各位,再见!"

从总体上说,由于一批"老臣"尚且健在,他们竭力说服台湾当局继续关心宋美龄侨居美国的生活。所以,才由台北"荣民"医院派出四名得力护士照料宋美龄的生活,每日轮流做饭、洗衣、药疗、陪伴全部负责;同时派出以一名中校为首的保安组,负责其寓所的警卫任务,即使外出散步,也有警员紧跟在后。因此,百岁老人宋美龄的日常生活虽然不免孤独,却无后顾之忧。

生活在这样的境遇里,宋美龄却并不是无所事事的。她每天生活极有规律。散步、看报、读《圣经》是她生活的主要内容。只要不刮风下雨,她总要在护士和保安人员的陪伴下,坐轮椅到寓所边的东河岸或中央公园走走,呼吸新鲜空气,接受大自然的恩赐。有时甚至不让护士推车,自己双手用力缓缓向前推,借以锻炼衰老的身体。

虽然中文已有些陌生,宋美龄每日戴老花眼镜看的是《纽约时报》等几份当地的英文报纸。1 月底,她就从报上看到美国新总统小布什上任的新闻,认为此人的相貌与其父十分相似。印度发生大地震死伤几万人,令她十分惊讶。

生活在新的世纪,宋美龄不能不产生寂寞之感。孔令侃、孔令伟、孔令杰三个她至亲的外甥都没有跨过新世纪,而蒋家第三代的蒋孝文、蒋孝武、蒋孝勇,以及庶出的章孝慈,也未能延寿,因此,前来看望和照料她的亲人大为减少。目前唯一尚存的外甥女孔令仪也因自己年纪大而精力有限,来看望她的次数不及过去多了。过去常去看望她的一些美国故旧,不少也已"黄鹤东去"。以往门庭若市的常客已不多见。

在宋美龄人生的最后十年,她的内侄每年来看她两次,她对侄子说:"我的姐妹们死了,我的兄弟们也死了,我不知道为什么上帝留下了我。"在整整一周内,她每天都提起同样的问题,有一天她似乎找到了答案,认为上帝留下她,是为了让她带领那些没有皈依耶稣基督的家人。对宋美龄来说,她的一生中家人永远是她关注的重点。

2002 年,宋美龄如常庆祝了她的 105 岁生日,"她在紫色锦缎上佩戴了翡翠珠宝，看上去状态极好"。

2003年3月20日是宋美龄106岁华诞。华兴中文学校早就开始在筹办庆祝活动。就在筹划这个特殊的寿庆时，媒体传出宋病重的消息。宋美龄被肺炎击垮，并因此住院。所以，台湾"妇联会"临时决定打破惯例不准备去美国贺寿。她106岁的生日是在美国纽约曼哈顿的寓所度过的。

七个月后，她的感冒再次发展成轻微的肺炎症状。美国东部时间10月23日23时17分，宋美龄在美国纽约寓所于睡梦中非常平静地去世，享年106岁。她的侄女、侄女婿和另外一位不知名的家庭成员在她临终时陪伴着她。

移灵的过程宁静、庄重而神圣，由一名年轻的护卫在车道上守卫着宋美龄的遗体上灵车。街道上却乱成一片，摄影记者试图冲破警察的封锁，抢拍几张照片。2003年11月，宋美龄的葬礼在纽约公园大道举行。

高龄辞世，遗恨他乡

宋美龄生前曾表示过不希望葬在美国，但她还是于十多年前在纽约芬克里夫墓园为自己选定了一处墓室。该墓室内有六个墓穴，宋美龄的墓室紧挨着大姐宋蔼龄、姐夫孔祥熙的墓室。孔氏夫妇的子女孔令侃、孔令伟、孔令杰的灵柩也都安放在这里。

此时的芬克里夫墓地悄然无声。曾记否，宋美龄当时在选定的穴位前对外甥女孔令仪说过一席话："令仪，我痛恨政治……如果不是我青年时过于热衷政治，我死后为什么要安葬在这里呢！我本来是有自己祖国的啊……"是政治成就了宋美龄，还是政治毁了她？

宋美龄的逝世，在海内外引起不小的轰动。各界对她进行了多方面的评价：

正在美国洛杉矶访问的国民党主席连战听到宋美龄逝世的消息后，立即改变行程，赶赴纽约。24日上午，国民党紧急召开治丧委员会会议，决定连续三天降半旗以表哀悼。

台湾当局通过"行政院"会议决议，"总统"陈水扁颁布褒扬令给予褒扬，并致送"国旗"覆棺。由于家属认为宋美龄已经入殓，陈水扁致送的"国旗"与连战致送的党旗到纽约后并未举行覆棺仪式。

在中国大陆，人们对宋美龄的辞世反响也是相当大的。全国政协主席贾庆林于2003年10月24日马上作出反应，第二日就发出唁电，高度评价宋美龄女士曾致力于中国人民抗日战争，反对国家分裂，期盼海峡两岸和平统一、中华民族兴盛的历史功绩。党报《人民日报》及全国各地报纸，几乎都转发了这一消息。

大陆史学界对宋美龄的评价在主流上是肯定的，例如，南京大学中华民国史研究中心副主任陈谦平教授说："宋美龄的去世标志着一个时代的结束。""宋的一生值得肯定。"

但也有一部分学者认为不应夸大她的历史功绩，不应该过分美化她。由于历史和阶级的局限性，宋美龄对共产主义的仇视也是终生的。作为那个阶级的代表人物，宋美龄的价值观决定了她毕生的选择。

在美国，各主流媒体都以显著位置报道宋美龄逝世的消息。《纽约时报》、美联社、CNN等主流媒体都及时发布了相关消息。《时代》周刊称宋为"钢铁塑成的花朵"，并以此为主题发表悼念文章。欧洲和日本等国的报纸刊物，把宋美龄逝世当做新闻事件一样，都将有关文字和图片放在了突出的重要版面。

宋美龄永远地走了，是这个人生跨过三个世纪、在世界知名度甚高的爱国者没有等到国民党重掌台湾权柄的时光，更没有看到台湾与大陆统一的那一天，却将自己的遗恨留在了异国他乡。

结束语

　　国民党退到台湾之后，宋美龄进入了她的晚年时期。尽管她不再在政坛上担任要职，但是她仍然异常活跃在台湾和世界的政治舞台上，她仍旧追随夫君蒋介石，在台湾政治舞台的台前与幕后做了大量的工作。她成立了"中华妇女反共抗俄联合会"，鼓动广大的台湾"半边天"走出家门，去保卫蒋家唯一可以立命的台湾；她曾四度以"第一夫人"的身份访美，充当着一位"亲善大使"的角色；她不仅要为蒋氏政权争取一切经济的、军事的外援，还要在背地里利用金钱外交、度假外交去打开台湾的困局；她协助夫君著书立说宣传"反共抗俄"，夫唱妇随地在一切公开场合大骂共产主义；她既要在家政中说了算，又要在朝政中参与人事的决策，同时也应该承认，退台后的宋美龄一直坚决反对美国某些人分裂中国的企图……客观地说，宋美龄在台湾的发展、建设中确实占有一席特殊的地位，发挥了一种无人能取代的独特作用。

　　直到蒋经国去世后，宋美龄作为一个特殊政治人物的作用才开始有所变化。但她的一举一动在相当长一段时间内，仍然曾引起中国台湾、中国大陆、美国和有关方面的关注。她对台湾政局和台美关系，仍然存在自己的特殊影响力。

　　定居美国的宋美龄不仅关注着中国大陆，也关注着华人，关注着两岸关系，特别是与当时台湾某些甚至不承认自己是中国人的政客相比，宋美龄至少是爱国的。晚年的宋美龄强调"一个中国"是应当充分肯定的，这说明她是爱国的，具有强烈的民族主义思想。从维护国家独立角度看，宋美龄无疑是对中国历史有贡献的人物。

　　因此笔者认为，研究中美关系问题，台美关系问题，国共两党关系问题，台湾的政治、经济发展问题等都不能离开对宋美龄这样一个关键人物的了解和研究。

　　宋美龄之所以能有这种作用，其原因不外乎：在两代"蒋氏王朝"中，她要么是"第一夫人"，要么是"国之太母"，她都拥有着顶峰实权人物才能拥有的影响力，所以，她虽没有什么政治名分，其力量却足以牵制"朝政"。甚至在蒋经国死后，她的"余威"也能进逼权力核心的文臣武将。正是有了这一必要的前提条件，才有了宋美龄晚年如此的"作为"。

　　时至今日，宋美龄作为中国近现代历史上的"政治人物"，有关她的方方面面，无论是政治作为，还是私人交往，甚至其长寿、养生之道，依然能成为海峡两岸许多人关注和津津乐道的话题。为此，本人在完成教学任务之余，利用所能找到的一切历史的、现实的资料，使用勾勒式的笔法，把晚年的宋美龄呈现在对她依然感兴趣的人们面前。

佟　静

本版于 2019 年修改完成

宋美龄晚年大事年表

一九四八年　五十一岁 [①]

12月1日，宋美龄到达美国首都华盛顿机场。此行目的是向美国政府乞求军事、经济援助。

12月8日，宋美龄参加了美国援华联合总会华盛顿委员会举办的义卖活动。

12月10日，下午5点杜鲁门总统夫妇接待了宋美龄一行，宋美龄希望美国政府能允诺下列三件事，即总统发表支持中国"反共"的政策声明；派遣高级军官率领的军事代表团；增加援华军用物资。

12月27日，宋美龄拜会了代理国务卿洛维特，重申了以前的援华请求。

一九四九年　五十二岁

宋美龄主要活动是在美国促使蒋介石集团在美的游说机构进行改组和扩大，使美国的"院外援华集团"更加有效地工作。

一九五〇年　五十三岁

1月9日，宋美龄在纽约电台发表了告别美国的演说词。

1月13日，在马尼拉小停后，返抵台北。

3月8日，发表了《妇女节致词》，提出"应以美国妇女工作和奋斗的精神为借鉴"，号召台湾妇女"应为前线的伤患员服务"，并提出组织一个"中华妇女'反共抗俄'大会"。

4月3日，宋美龄在召开"中华妇女反共抗俄联合会"第一次全体委员会上发表了《今日中华妇女的重要使命》的讲话。

4月17日，台湾"中华妇女反共抗俄联合会"宣布正式成立，宋美龄主持大会，并致开幕词。

---

① 参见本书第2页注释。

同日，为宋美龄在台北特建的"孺慕堂"揭幕。

一九五二年　五十五岁

8月，飞往美国。名曰就医，实则是去观察一下美国政坛在大选年的风向。

一九五三年　五十六岁

3月9日，在宋美龄写信的请求下，艾森豪威尔礼节性地为宋美龄在白宫安排了一次非正式的茶会。

同月，返回台湾家中。

一九五四年　五十七岁

年初，宋美龄决定赴美就医。

4月至10月，宋美龄在美指挥着一些人千方百计游说于美国朝野和一些国家驻美使节，鼓动反对恢复新中国在联合国的合法席位。

一九五五年　五十八岁

年初，一江山岛被中国人民解放军占领，台湾方面又被迫放弃大陈岛。一时间，"'反共'无望"的沮丧气氛笼罩台湾全岛。此时，以宋美龄为支柱的"华美协进会"，借空军总部大礼堂，举行岛上有史以来首次服装表演会，介绍流行于美利坚的"H"线条洋装，并将这场展览会美名为"服装义演"。显然，服装表演会的轻快气氛，与一江山岛失守的凄厉气氛格格不入，但因"华美协进会"的来头大，且应邀赴会的有美国驻台湾"大使"蓝钦等各国"使节"夫人，所以，一般人都是敢怒不敢言。但是未料想，"军人之友"总干事江海东带头，率领一批军官在马路上拦阻赴会贵宾的汽车，对"丧师失土"的悲痛时刻出现这种"虚华的社会现象"，表示抗议。

江海东竟敢在太岁头上动土，激怒了宋美龄，她向蒋介石诉说此事，蒋介石下令将江海东逮捕下狱。

一九五六年　五十九岁

主要协助蒋介石翻译其大作《苏俄在中国——蒋中正七十概述》

9月，宋美龄公开发表她的见解——《三十年来中国史略》。她借回顾"中华民国"三十年来的历史，为其夫蒋介石大唱赞歌，也为其历史罪责开脱。

一九五八年　六十一岁

6月，宋美龄飞抵纽约，此次她充当了一位"亲善大使"的角色。

7月11日，宋美龄在密执安大学成为了该大学的名誉法学博士。她登台发表了题为"生存与容忍"的演说。

7月13日，宋美龄赶往新奥尔良，探望了她的老朋友陈纳德将军。

同日，宋美龄出席宴会，接受了新奥尔良市市长赠送给她的新奥尔良市金钥匙一把和名誉公民证书一张。

7月15日，艾森豪威尔总统及夫人于白宫设午宴款待宋美龄一行。

10月23日，蒋介石在夫人宋美龄和"外交部长"叶公超的陪同下，与美国国务卿杜勒斯在台北蒋介石的书房会谈。

一九六〇年　六十三岁

6月18日，蒋介石与宋美龄兴高采烈地迎来了美国总统艾森豪威尔。据记载，美国在任总统访台，尚属首次。

一九六二年　六十五岁

1月，宋美龄提出访美道贺请求，总统约翰逊以"不欲铺张，一切从简"为由，谢绝了蒋夫人宋美龄的来访。

10月23日，孔祥熙夫妇以"为75岁的蒋介石祝寿"为名，飞抵台北，宋美龄念及姐妹情，对其大姐一家人热情款待。

一九六三年　六十六岁

2月，宋子文夫妇回到了台湾，宋美龄陪同兄嫂一周。

一九六五年　六十八岁

8月22日，宋美龄最后一次以"第一夫人"的身份出现在美国首都华盛顿。约翰逊政府以"元首夫人"礼节接待了她，白宫的红地毯终于再次为她铺开。她一直待到1966年10月才回到台湾。

一九六六年　六十九岁

4月，在美国做了胆结石手术。

10月，返回台湾。

一九六九年　七十二岁

7月，蒋介石与宋美龄在避暑途中路遇车祸，宋美龄的腿部受到了严重的创伤。

一九七一年　七十四岁

4月，宋子文因食物卡住气管而死亡。因种种政治原因，宋美龄没能向哥哥的遗体告别。

一九七三年　七十六岁

10月，宋蔼龄已到了弥留之际。宋美龄匆匆从台湾赶赴美国。

一九七五年　七十八岁

4月5日，蒋介石去世。

4月16日，宋美龄在蒋经国、蒋纬国的陪侍下参加了"奉厝大典"。

9月17日，宋美龄称病赴美就医，行前她发表了《书勉全体国人》的告别词。

一九七六年　七十九岁

4月2日，为了追念夫君蒋介石逝世一周年，宋美龄特别搭乘专机返回台北，参加了追思礼。之后，再度返回美国。

10月，宋美龄在纽约公开发表了长达四万字的大作——《与鲍罗廷谈话的回忆》。

1976年至1986年宋美龄在美国居住了十年。期间基本上闭门谢客以养生为主。

一九八一年　八十四岁

5月，宋庆龄在北京去世，治丧委员会向宋美龄发出邀请，欢迎她前来参加丧礼，宋美龄没有作出任何反应。

一九八二年　八十五岁

8月17日，宋美龄在美国发表了致廖承志函，作为对廖承志致函蒋经国的复信。

一九八四年　八十七岁

2月16日，宋美龄致函邓颖超，谈了她对海峡两岸统一的见解。

一九八五年　八十八岁

年初，美国作家斯特林·西格雷夫撰写的《宋家王朝》一书出版。宋美龄认为该书丑化了蒋介石及孔宋家族，于是组织了有关人士赶写文章进行反击。

一九八六年　八十九岁

10月25日，在蒋经国三公子蒋孝勇的陪侍下，宋美龄乘专机返抵台北。

10月31日，台北举行了历时40分钟的蒋介石百年诞辰纪念大会，宋美龄参加了大会，并于同日发表了《我将再起》的专文，引起人们的各种揣测和评说。

宋美龄返台后，《近代中国》发表了一篇《蒋夫人畅谈年来所思所感》的文章。

一九八八年　九十一岁

1月23日，蒋经国病逝。宋美龄主持了蒋经国遗嘱签字仪式。

1月26日，宋美龄致函国民党中央秘书长李焕，提出此时选举国民党代主席时机不当理应缓议的建议。

1月27日，国民党中常会经过事前的激烈斗争，拒绝了宋美龄的建议，急急忙忙地通过了由李登辉代理国民党主席的决定。

7月8日，宋美龄亲自到国民党"十三大"会场，请李焕代为宣读了她那篇"老干新枝"的讲话。

一九八九年　九十二岁

1月31日，宋美龄接受了卵巢瘤切除手术。

6月12日，美国波士顿大学决定在台北举行授予宋美龄荣誉博士的颁赠典礼，宋美龄到会出席。

一九九一年　九十四岁

9 月 21 日，宋美龄再度离开台湾，流寓美国。

一九九四年　九十七岁

9 月 10 日，宋美龄飞抵台北探视她的已生命垂危的外甥女孔令伟。

一九九五年　九十八岁

7 月 26 日，宋美龄在家人簇拥下，连续参加了美国国会向她致敬的酒会和台北驻美代表在双橡园举行的茶会。

一九九六年　九十九岁

3 月，在美国纽约大都会艺术博物馆"中华奇观"预展上，移居纽约多年的宋美龄到了现场。据称这是近十年来她第一次在公开场合露面。

12 月 20 日，宋美龄在台湾奉安移灵小组所拟的方案上，以红笔批了"同意"二字。由此，台湾有关方面作出了将两位蒋故"总统""先在台湾'国葬'，等统一后再迁葬大陆"的决定。

12 月 22 日，蒋孝勇因癌症在台湾去世，享年 49 岁。蒋家已一门五寡。

一九九七年　一百岁

3 月，在美国曼哈顿家中庆祝百岁华诞。台湾国民党中央组织祝寿团前往美国祝贺。李登辉捎来了贺函和贺礼。

9 月 22 日，蒋纬国因病去世。

二○○○年　一百零三岁

1 月 1 日，宋美龄在纽约举办了个人画展。

二○○一年　一百零四岁

3 月 20 日，台湾的民间团体"中华四海同心会"为她在台湾举办寿宴。

二○○三年　一百零六岁

10 月 23 日，宋美龄在美国纽约寓所于睡梦中平静地去世。

主要参考书目

1. 高惠敏编著　　　　《中国第一夫人》　　　　档案丛刊编委会
2. 江南著　　　　　　《蒋经国传》　　　　　　中国友谊出版公司
3. 龙流编译　　　　　《宋美龄传》　　　　　　农村读物出版社
4. 陈廷一　　　　　　《宋蔼龄传》　　　　　　青岛出版社
5. 翁元口述　　　　　《我在蒋氏父子身边的日子》中华书局
6. 蒋经国　　　　　　《蒋经国自述》　　　　　湖南人民出版社
7. 司马春秋等　　　　《蒋纬国外传》　　　　　档案出版社
8. 李松林著　　　　　《蒋介石晚年》　　　　　安徽人民出版社
9. 王俯民　　　　　　《蒋介石传》　　　　　　经济日报出版社
10. 李勇等　　　　　　《蒋介石年谱》　　　　　中共党史出版社
11. 辛慕轩等著　　　　《宋美龄写真》　　　　　档案出版社
12. 沈剑虹　　　　　　《使美八年纪要》　　　　世界知识出版社
13. 杨树标　　　　　　《宋美龄传》　　　　　　江西人民出版社
14. 尼克松著　　　　　《改变亚洲历史的人物》　洞察出版社
15. 尼克松　　　　　　《尼克松回忆录》　　　　商务印书馆
16. 顾维钧　　　　　　《顾维钧回忆录》　　　　中华书局
17. 李桓编译　　　　　《宋美龄传》　　　　　　海峡文化出版社
18. 王松等　　　　　　《宋子文传》　　　　　　武汉出版社
19. 李达编著　　　　　《台湾接班问题》　　　　广角镜出版社
20. 李达编著　　　　　《台湾风云名人录》　　　同上
21. 李达编著　　　　　《台湾权力核心》　　　　同上
22. 李达编著　　　　　《宋美龄与台湾》　　　　同上
23. 黄植诚李大维　　　《我所了解的台湾》　　　解放军战士出版社
24. 统战部三局　　　　《台湾政党和部分社会政治团体介绍》　团结出版社

25.	风云论坛社	《蒋夫人与元老派》	风云论坛编委会
26.		《"总统府"内幕》	华文出版社
27.	丁闻等	《台湾名人剪影》	团结出版社
28.	龙中天	《蒋经国的死后生前》	新梅出版社
29.	黄嘉树	《国民党在台湾（1945—1988）》	南海出版社
30.	李松林	《中国国民党在台湾40年纪事》	解放军出版社
31.	鸿鸣	《蒋家王朝》	中原出版社
32.		《台湾命运机密档案》	海峡评论杂志社
33.	韩舞燕等	《蒋氏家人今何在》	百花文艺出版社
34.	陈香梅	《春水东流》	山东人民出版社
35.	李与王	《神秘的孔二小姐》	海天出版社
36.	李敖	《蒋介石研究》	华文出版社
37.	斯特林·西格雷夫著［美］	《宋家王朝》	中国文联出版公司
38.	莫斯利［英］	《马歇尔》	解放军出版社
39.	布莱恩·克罗泽著［美］	《蒋介石》	内蒙古人民出版社
40.	罗斯·Y.凯恩著［美］	《美国政治中的"院外援华集团"》	商务印书馆
41.	李纯青	《台湾问题研究》	华艺出版社
42.	李纯青	《望台湾》	经济日报出版社
43.	张铁男等	《国共两党关系历史与现状研究》	东北师范大学出版社
44.	李达	《台湾五十名世家子弟》	广角镜出版社
45.	罗比·尤恩森著［美］	《宋氏三姐妹》	世界知识出版社
46.	伊斯雷尔·爱泼斯坦著	《宋庆龄》	人民出版社

杂志类：

《近代中国》（台湾）

《中外杂志》（台湾）

《海外文摘》

《传记文学》（台湾）

《台湾年鉴》（台湾）